KB202943

위 대 한 두 진 리

TWO GREAT TRUTHS
: A New Synthesis Of Scientific Naturalism And Christian Faith

TWO GREAT TRUTHS

위대한 두 진리

과학적 자연주의와 기독교 신앙의 새로운 종합

데이비드 레이 그리핀 지음

김희헌 옮김

동연

한국어판 서문

이 작은 책이 한국어로 번역된다는 소식을 듣고 매우 기뻤던 것은 저와 한국과의 인연 때문입니다. 대학에서 가르치는 동안 저는 뛰어난 한국 학생들을 많이 만났고, 또 한국이라는 아름다운 나라에 한 번 간 적도 있습니다.

이 책은 과학적 자연주의와 기독교라는 두 가지 거대한 운동에 대하여 다루고 있습니다. 독자들이 보게 되겠지만, 이 두 운동을 필연적 대립관계로 보면서 한쪽을 지지하기 위해서는 다른 쪽을 거부해야만 한다고 생각하는 널리 퍼진 견해에 대해서 저는 반대합니다. 저는 이 두 운동이 적절한 방식으로 이해될 수만 있다면, 서로 실제적인 도움의 관계를 갖게 될 것이라고 논증할 것입니다.

이 두 운동 사이에 발생한 명시적인 대립은 양자가 적절하게 이해되어 오지 못했기 때문에 생긴 것입니다. 한편으로 과학적 자연주의 자체가 무신론적이면서 유물론적인 세계관을 옹호하는 매우 제한된 형태의 자연주의와 동일한 것으로 널리 이해되어 왔습니다. 다른 한편으로는, 기독교 신앙이 종종 역사 속에서 형성된 특정 형태의 이차적이고 삼차적인 교리로 환산되어 이해되면서, 기독교 신앙이 복음의 근간을 이루는 본래적인 주장들primary affirmations을 적절하게 해명하지 못했습니다. 그 본래적 주장들이란 우리 세계가 신적인 창조자의 산물이라는 것, 이 창조자는 모든 피조물을 사랑한다는 것, 창조자의 목적과 세상에서의 활동방식은 나사렛 예수를 통해 결정적으로 드러났다는 것, 창조자는 이 땅에 하나님 나라를 이루기 위해 사랑의 설득loving persuasion이라는 동일한 방식의 활동을 한다는 점, 그리고 창조자는 육체적 죽음 너머의 삶에서도 우리로 하여금 성화된 경지에 이르도록 사랑의 활동을 멈추지 않을 것이라는 점 등입니다.

마지막 장에서 나는 이 책이 제공하는 유형의 기독교 신학은 근대 기독교인들이 가졌던 오만과 소심이라는 두 가지 불행한 태도를 다시 예의바른 확신으로 대체할 수 있는 토대를 제공할 수 있다는 점을 이야기할 것입니다.

이 번역서가 나올 수 있도록 수고한 나의 제자 김희헌 박사에게 감사의 마음을 전합니다.

2010년 10월

데이비드 레이 그리핀 David Ray Griffin

서문

근대 세계는 기독교 신앙에 실제적인 면과 지적인 면에서 심각한 도전을 제기하였다. 이 책은 기독교 신앙에 제기된 이런 지적인 도전들 중 하나에 집중하고 있는데, 그것은 기독교 신앙이 근대과학의 세계관과 갈등 속에서 보여준 널리 알려진 광경이다. 이것은 종종 "과학과 종교," "과학과 기독교 신앙," 또는 "과학과 신학"의 관계에 대한 문제로 여겨졌다. 그러나 이러한 표현들은 기독교 신앙이 과학 자체와 갈등을 가질 수도 있음을 뜻하는 것으로 비교적 이른 시기를 반영하고 있다. 이 시기의 기독교 신앙은 여전히 지구가 우주의 중심이라는 생각, 지구의 나이가 단지 몇 천 년 정도밖에 되지 않는다는 생각, 혹은 인간은 직접 창조되었지 긴 진화의 과정을 통해 생겨나지 않았다는 생각 등 천문학이나 지질학 그리고 생물학과 같은 경험과학이 새롭게 발견한 것들로 인해 도전받는 여러 관념들과 여전히 결합되어 있었다.

분명히 그러한 관념들과 결합된 보수주의에서 근본주의에 이르는 형태의 기독교 신앙이 여전히 존재하고, 이들에게 신앙과 과학의 관계에 관한 질문은 여전히 뜨거운 감자이다. 그러나 보다 심각한 도전이 오늘날 제기되고 있는데, 그것은 과학 자체로부터가 아니라 과학이 결합하고 있는 세계관, 즉 **과학적 자연주의**라고 널리 불리는 세계관으로부터 생겨난 것이다. 이 도전이 보다 심각한 이유는 그것이 보수주의에서 근본주의에 이르는 기독교인 뿐만 아니라, 경험 사실의 문제를 결정하는 데 있어서 과학의 권위를 충분히 인정하는 근대 자유주의적 기독교인들을 포함하여 모든 기독교인들과 대항하고 있기 때문이다. 이러한 도전이 존재하게 된 까닭은 과학적 자연주의가 단지 보수주의에서 근본주의에 이르는 기독교 신앙뿐만 아니라 중요성을 지닌 그 어떤 종교적 세계관이라도 제어를 하는 하나의 세계관으로 널리 이해되어 왔기 때문이다.

　　이 문제를 해결할 부분적인 실마리는 과학적 자연주의가 기독교 신앙과 조화를 이룰 수 있는지에 대한 토론에 깊은 혼동이 존재한다는 사실을 깨닫는 것과 관계되어 있다. 이 혼동은 과학적 자연주의의 두 가지 의미와 연관되어 있다. 기초적generic 혹은 최소한의minimal 의미에서, 과학적 자연주의는 단지 이 세계의 기본적인 인과과정에 초자연주의적 개입이 있을 수 없다는 것을 의미한다. 이런 의미의 자연주의는 새로운 개념이 아니다. 그것은 소크라테스 이전의 그리스 철학자들에 의해 발전되어, 플라톤과 아리스토텔레스의 철학에서 완전히 구현되었다. 분명히 이런 의미의 과학적 자연주의가 그동안 나타났던 여러 모양의 기독교 신앙과 갈등하기는 하였지만, 그러나 그것이 기독교 신앙 자체와 갈등을 빚는다거나 건강한 형태의 기독교 신앙까지 억제한다고는 분명히 말할 수 없다. 나는 거기에 갈등이 있지 않다는 것을 논증할 것이다. 나는 참으로 이런 기초적 의미에서의 과학적 자연주의는 기독교인들이 열렬하게 채택해야만 할 위대한 진리라고 생각한다.

하지만 19세기에 이르러 이 위대한 진리가 재생되었을 때, 그 이유에 대해서는 나중에 설명하겠지만, 그 위대한 진리는 내가 과학적 자연주의쌤(Naturalismsam)이라고 부르는 극히 한정적인 형태의 자연주의로 구현되었다. 이러한 형태의 과학적 자연주의는 기독교 신앙은 물론이요, 우주에 관한 다른 중요한 종교적인 관점과도 양립할 수 **없다**. 따라서 오늘날 기독교 신학의 중심과제는 **과학적 자연주의**의 이 두 의미를 명확하게 구분하고, 그러고 나서 가능하다면 기독교 신앙과 조화를 이룰 수 있는 또 다른 형태의 자연주의를 가려내는 이중적 과제를 가진다.

그러나 이 왜곡된 형태의 과학적 자연주의를 극복하는 것이 그 자체로 기독교 신앙과 과학적 자연주의 사이의 명백한 갈등을 극복하지는 못한 것이다. 그럴 수밖에 없는 이유는 오늘날의 기독교인이 일반적으로 수용해 왔던 최근 수 세기 동안의 주도적 형태의 기독교 신앙이 이런 기초적인 의미에서의 과학적 자연주의와도 양립하지 못하기 때문이다. 이 문제와 관련하여, 나는 과학적 자연주의가 왜곡된 위대한 진리라면, 이와 똑같이 기독교 신앙도 그러하다고 논증할 것이다.

　　여기서 가장 주요한 왜곡은 2세기 후반경에 도입된 "무로부터의 창조"라는 비성서적인 교리와 연루되어 있다. 이 성서후기의postbiblical 교리는 악이라는 풀리지 않는 문제를 끌고 왔던 신의 전능에 관한 교리를 생산해냈을 뿐만 아니라, 기독교 신앙이 기초적 의미에서의 과학적 자연주의와도 어울릴 수 없다고 생각하게 하는 근원적 토대가 되어 왔다. 기독교 신앙과 과학적 자연주의는 신의 창조에 관한 이 왜곡된 견해가 극복될 때에만 완전한 조화를 이루는 것으로 보일 수 있다. 나는 이것이 다음과 같은 니콜라스 베르자예프의 제안을 따를 때 가능하다고 생각한다: 우리는 "무로부터의 창조"라는 말에서 "무"가 **절대적인** 무라기보다는 **상대적인** 무를 의미한다고 봄으로써, 신이 우리 세계를 혼돈chaos —"혼돈하고 공허한a formless void"(창 1:2-역자)—상태에서 창조하였다는 성서적 견해로 되돌아가야 한다. 이 외견상의 작은 변화는 악의 문제로부터 기독론, 그리고 종교다원주의에 이르는 실제적인 모든 논쟁에 대하여 엄청난 함축성을 가진다.

　　나는 기초적인 의미에서 이해되는 과학적 자연주의와 좋은 소식(복음)에 관한 기독교의 본래적인 가르침 양자 모두 위대한 진리라고 진실로 믿는다. 만약 그렇다면, 진리란 하나이기 때문에 과학적 자연주의와 기독교 신앙이 서로 조화로워야만 할 것이다. 이 양자는 각각의 전통이 자신의 진리를 왜곡하여 스스로를 오류에 빠뜨렸기 때문에 결국 서로 갈등하게 되었다.

내가 둘 다를 진리로 보면서 또한 왜곡되었다고도 보는 것은 과학과 기독교 신앙 사이의 명백한 갈등에 대한 나의 처리방식이 주로 하나를 진리로 보고 다른 하나를 오류로 보는 유행하는 대부분의 관점들과는 다르다는 것을 의미한다. 과학 공동체의 많은 선도적 대표자들은 과학의 세계관이 우주에 관한 최종적인 진리에 가깝다고 여기며, 기독교나 다른 종교의 믿음의 방식들이 오늘날 과학적 세계관과 다르면 그건 단지 신화나, 환상, 오류에 불과한 것이라고 생각한다.[1]

이와 마찬가지로 수많은 보수주의로부터 근본주의적인 신학자들은 그들 공동체의 세계관이 실재에 관한 최종 진리에 가깝다고 확신하면서, 과학적 자연주의는 완벽한 오류이고, 과학과 종교 간의 갈등은 오직 과학 공동체가 초자연주의적인 사고틀로 복귀할 경우에만 해결될 것이라고 믿는다.[2]

나의 관점은 양자 간의 토론에서 양자 모두 동일한 정도의 잘못을 하였지만, 또 한편에서는 각자가 매우 위대한 진리를 방어하고 있다는 것—이 점은 양자 간의 논쟁이 왜 그렇게 격렬하고 또 거의 끝나지 않을 것처럼 보이는지 설명하는 것을 돕는다—을 주장한다. 그러나 나는 그 논쟁이 해결될 수 없다고 보진 않는다. 양편의 잘못으로부터 진리를 갈라냄으로써, 우리는 양편 모두 받아들일 수 있는 세계관을 발전시킬 수 있다. 이것은 과학과 기독교 신학이 동일한 것이 된다는 것을 의미하지 않는다. 그것들은 각각 전체적인 진리의 다른 면에 집중하는 서로 매우 다른 학문적 기획방식이고 또 앞으로도 그럴 것이다. 그러나 그것들은 서로 어떤 믿음을 공통적으로 소유할 수도 있다. 한 공동체는 다른 공동체가 하는 작업의 정당성을 인정할 수 있고, 또 어떤 사람들은 일요일에는 이런 세계관을, 주중에는 다른 세계관을 신봉하는 일이 없이 양쪽 공동체에 충분히 참여할 수도 있다.[3]

이 책은 미시간 주 스프링 레이크에 있는 Center for Religion과 Life at Christ Community Church의 초대로, 2002년 10월 4- 6일 동안에 있었던 일련의 강의에 기초하여 저술했다. 이 주제에 대하여 나의 견해를 밝힐 수 있는 기회를 준 이 훌륭한 연구소와 교우들, 그리고 리처드 렘 목사님께 진심으로 감사를 드린다. 하워드 반 틸 박사께도 감사드린다. 그분이 제안하여 이 초대가 제공되었을 뿐만 아니라, 내가 강의를 이 작은 책으로 바꿀 때 그분은 몇 가지 소중한 제안으로 이 책의 질이 향상될 수 있도록 도우셨고, 또 고맙게도 추천의 글도 써주셨다. 크게 환대를 해준 반 틸 박사와 그 부인 베티 여사에게 깊은 감사의 마음을 전한다.

항상 그렇듯 도움을 준 나의 아내 앤에게 감사한다. 나는 이 책을 출판하면서 언젠가 우리의 손자들, 다코타, 딜런, 매튜, 마이클, 니콜라스, 밴이 도움을 얻을 수 있는 책이 되기를 희망한다.

마지막으로 이 책에 대한 열정을 보여주면서, 출판 과정을 가능한 쉽게 만들어준 웨스트민스터 존 녹스 출판사의 잭 켈러 씨에게 감사드린다.

원주

1 이러한 견해의 예들은 나의 책, *Religion and Scientific Naturalism* 3장을 보라.
2 이 중에서 보다 정교한 사고를 소유한 사람들에 대한 나의 비판에 관해서는 위의 책 3장에서 내가 필립 존슨과 앨빈 플란팅가와 나눈 토론을 보라.
3 나의 입장은 이안 바버가 "통합주의integrationist" 접근법이라고 불렸던 형태이다. 그의 분류법에 대해서는 그의 책, *Religion in an Age of Science* (San Francisco: Harper & Row, 1990)을 보고, 보다 간략한 설명은 『과학이 종교를 만날 때, *When Science Meets Religion*』, 이철우 역 (서울: 김영사, 2002)를 보라.

옮긴이의 말

기독교의 본래적인 믿음과 가르침을 유신론적 자연주의로 복원시켜낼 수 있는가? 그리핀이 던진 이 질문은 전통적인 기독교 신앙인뿐만 아니라, 이 시대 대부분의 지성인에게도 매우 낯선 것이다. 근대 후기(19세기 중반 이후)에 접어들면서 '자연주의'라는 개념은 매우 한정된 세계관 즉, 감각주의적 인식론과 유물론적 존재론의 조합으로 구성된 세계관의 대명사가 되었고, 이에 맞서 교회는 과학이나 철학과의 대화에서 반지성주의라는 오명을 뒤집어쓰면서까지 초자연주의적인 세계관을 고집하며 기독교 신앙을 이어왔기 때문이다.

　　그렇다면, 기독교적 유신론과 과학적 자연주의 사이에 존재하는 이 적대적인 관계는 불가피한 것인가? 이 책에서 그리핀은 서구 지성사에서 벌어진 **기독교 신앙과 과학/철학과의 관계**를 살펴 양자의 애증관계를 먼저 해명한다. 이로써 현대 기독교의 초자연주의적 관념 체계 안에 깊이 자리 잡고 있는 반지성주의를 극복함과 동시에, 무신론으로 귀착된 근대의 과학적 자연주의의 한계와 모순을 밝히려 한다. 그리핀은 양자의 대립이 불가피한 것이 아니라는 점을 밝힐 뿐만 아니라, 양자의 관심과 해명을 종합하려는 데까지 나가면서 자신의 구성주의적 포스트모던 신학constructive postmodern theology을 전개한다. 탁월한 과정사상가인 그리핀에

게 이 작업은 "경험의 모든 요소를 해석해낼 수 있는 일반적 사유
체계"를 구성하고자 하는 과정철학의 핵심적 이상을 구현하는 일
이기도 하다.

　　(신)전통주의적 신학에 익숙한 기독교 신앙인은 그리핀
의 **통합**적 방법론을 받아들이기 힘들 것이다. 왜냐하면 근대 기독
교 신학의 역사에 한 가지 뼈아픈 교훈이 있기 때문이다. 그 역사
를 간추려보면 이렇다. 과학적 신념과 종교적 신앙이 조화로운 관
계를 누렸던 17세기가 지나고, 기독교 신학이 이신론deism으로
굳어져 가던 18세기에 과학과 종교는 갈등과 균열을 경험하게 된
다. 이 시기에 기독교 신학은 과학적 자연주의와 계몽주의 철학의
파고를 넘기 위해 이들과 **대화**를 시도한다. 그러나 이 대화를 시도
한 "자유주의"라는 이름의 신학이 오늘날 우리에게 그다지 믿음을
주지 못하는 까닭은 그 신학 방법론이 열정의 진실함에서는 의심
할 바 없지만 해명의 깊이에서는 실패한 것으로 평가되기 때문이
다. 물론 만일 자유주의 신학이 등장하지 않았다면 유럽의 기독교
교회는 19세기를 통과하지 못했을 것이다. 하지만 자유주의 신학
은 19세기의 신학으로 만족해야만 했다. 그리핀에 따르면, 그 이
유는 자유주의 신학이 결코 종교적 세계관을 담을 수 없는 왜곡된
자연주의(Naturalismsam)를 자신의 도구로 활용했기 때문이다.

자유주의 신학의 몰락 이후 기독교 교회가 선택한 방식은 크게 보면 두 가지다. 하나는 평화로웠던 (17, 18세기적) 과거의 기억(이신론)으로 회귀하여 안전(무신론으로부터의 문단속)을 도모했던 유아론적 시대 역행이다. 이 시대착오적 흐름은 교회의 안전에 대한 열망이 진실했기 때문에 신앙인들을 사로잡을 수 있었지만, 새로운 시대에 재등장한 옛 정신으로서 자기 시대와 할 수 있는 일이라곤 전투밖에 없었다. 이 전투적인 정신이 근본주의 신학이란 이름으로 19세기 말에 등장하여 한 시대를 풍미했다. 그러나 근본주의 신학이 교회 안에서 승리할수록, 교회는 시대정신과 **갈등**을 일으킬 수밖에 없었다. 그리고 자기 시대를 이탈한 정신은 결코 안전할 수도 없다는 뚜렷한 가르침만 남겼다. 다른 하나는 소위 신정통주의 신학이다. 이 신학은 자유주의 신학의 지성을 흡수했지만, 그 방법론(과학적 자연주의의 활용)을 활용하지는 않았다. 대신 기독교 신학의 성격과 과제를 **독립**시켜, 기독교 신학의 독자성을 얻으려 했다. 어쩌면 이것은 밀려오는 시대사조에 대한 소심한 대응이요, '진정한 진리는 서로 대립될 수 없다'는 직관을 언어에 담으려고 했던 기독교 신학의 이상에서 이탈한 현상학적 차이에 대한 호소라고 하겠다.

　　이안 바버가 『과학이 종교를 만날 때』라는 책에서 **갈등**도

독립도 **대화**도 오늘날의 기독교 신학의 모델이 될 수 없다고 말하며, **통합** 모델을 제시했던 점을 주목할 필요가 있다. 거기엔 갈등의 독선으로, 독립의 순수만으로, 대화의 열정만으로 오늘날 기독교 신학이 위치한 포스트모던 시대를 헤쳐 갈 수 없다는 가르침이 담겨 있다. 하지만 그리핀처럼 이안 바버 역시 과정철학의 세례를 받고 있다는 점을 눈치 챈 사람들은 그 주장의 진정성을 의심할지도 모른다. 특히 "일반적 사유체계로의 통합"이라는 사상적 목표에 대해서 포스트모던의 해체주의 정신은 정당한 비판을 하기도 한다.

그러나 그리핀이 이 책에서 주장하고 있는 것을 따라가며 배우는 것은 매우 유익한 일이 될 것임에 분명하다. 특히 기독교 신학이 (초)자연주의와 맺어 온 다채로운 관계를 훑어가다 보면 초자연주의에 경도된 오늘날 기독교 교회의 사고방식이 지닌 편향을 보게 될 것이고, 과학적 자연주의가 근대 초기에서 후기로 이행하는 동안 겪게 된 변화를 이해할 때 자유주의 신학의 사상사적 가치와 한계를 알게 될 것이며, 유신론적 자연주의 세계관의 가능성을 발견할 때 교리주의적 집착을 끊을 수 있는 지혜를 얻게 될 것이며, 이를 통해 보다 풍요로운 기독교 신학의 전통을 경험하고 보다 창조적인 기독교 신학의 미래를 꿈꾸게 될 것이다.

실로 기독교 신학의 전통은 오늘 신봉하는 교리보다 훨씬 크다. 책임 있는 기독교 신학은 교리를 단순히 "희화화해서 전복" 시키려하지 않고, 교리의 잘못된 기제를 무력화할 수 있는 "창조적인 긍정"을 통해서 전통의 참된 의미를 오늘에 되살려 갈 것이다. 그리핀의 신학은 기독교의 "본래적 가르침primary doctrine"을 창조적으로 긍정하는 방식을 취해 온 과정신학의 이 전통에 충실하다.

이 책은 그리핀 박사가 은퇴할 무렵에 출판된 것(2004년)으로, 그의 사상적 원숙미가 잘 드러나 있다. 다른 저술에 비해 비교적 작은 분량으로 한정된 주제를 다루고 있지만, 그리핀의 과정신학적 특징을 압축적으로 보여주는 책이다. 한국 교회에 널리 퍼진 반지성주의적 타락을 염려하는 이들, 보다 나은 교회의 미래를 꿈꾸는 이들에게 도움이 되기를 바라며 이 책을 번역하였다. 첫 번역의 미숙함을 지닌 글을 교재로 삼아 먼저 꼼꼼히 읽어 준 한신대학교 신학대학원의 학생들과 성공회대학교 신학과 학생들에게 감사드립니다.

2010년 가을
김희헌

차례

한국어판 서문   004
서문   006
옮긴이의 말   013

1장 과학적 자연주의 – 왜곡된 위대한 진리   021

1. 과학적 자연주의   023
2. 과학적 자연주의의 출현   026
3. 중세시대 그리스 자연주의의 수정   031
4. 초자연주의적 기계론: 초기 근대의 종합   041
   초자연적 개입으로서 기적   046
   영혼의 불멸성   048
   전능한 신   050
5. 초자연주의적 이원론에서 무신론적 유물론으로   052
6. 왜곡된 형태의 과학적 자연주의   061

2장 기독교 신앙 – 왜곡된 위대한 진리   077

1. 기독교 복음의 본래 가르침들   079
2. 기독교 신앙의 초기 왜곡들   085
3. 주요 왜곡: 무로부터의 창조   093
4. 무로부터의 창조와 악의 문제   106
   전통적인 전–결정적 신론의 신정론   108
   전통적인 자유의지 신론의 신정론   123
5. 무로부터의 창조 교리로 인한 다른 왜곡들   127

3장 과학적 자연주의와 기독교 신앙 - 새로운 종합 137

    1. 근대 **자유주의** 신학   140
    2. **근대** 자유주의 신학   146
        신의 활동   147
        종교적 경험   156
        실제적 존재로서의 신의 실존   158
        죽음 이후의 삶에서의 구원   161
    3. 새로운 세계관의 부상   163
    4. 파악과 비감각적 지각   165
    5. 범경험주의와 정신-육체의 관계   167
    6. 범재신론   176
        범재신론과 악의 문제   186
        신의 존재   194
        다양한 신의 인과관계   196

4장 기독교 신앙 - 오만에서 소심으로,
        소심에서 예의바른 확신으로   207

        신을 삼위일체적으로 생각하기   215
        설득을 통한 창조   220
        설득을 통한 성육신   226
        설득을 통한 성화   231

참고문헌   240
찾아보기   251

1장

과학적 자연주의

—왜곡된 위대한 진리

기독교 신학자 존 캅은 기독교와 불교를 포함한 모든 위대한 전통은 설혹 다른 전통에 속한 사람이라 할지라도 바로 자기 자신을 위해 받아들여야 할 보편적인 진리를 소유하고 있다고 말하였다. 캅은 근대 과학이 그 위대한 전통 중의 하나라고 인정하면서, 동료 기독교인들에게 "근대 과학이 제공하는 보편적 진리를 누리는 일"[1]을 거부하지 말라고 권고한다. 누려야 할 바로 그 보편적 진리란 무엇인가? 나는 그것이 "과학적 자연주의"라고 불려 온 신조라고 생각한다.

1. 과학적 자연주의

수많은 기독교 사상가들은 과학적 자연주의를 위대한 진리로 생각하기보다는 위대한 거짓으로 여겨 왔다. 과학적 자연주의Scientific Naturalism는 누려야 할 무엇이 아니라 제거되어야 할 것, 그게 아니라면 최소한 회피해야 할 역병과 같은 것이라고 간주되며 상투적으로 표현되었다. 만약 과학적 자연주의라는 말이 보통 이해하듯이 유물론적이고 무신론적 세계관을 대변한다면, 나도 이 점에 동의한다. 그것은 기독교 신앙 그리고 실재를 통찰하고자 하는 어떠한 종교적 시각과도 양립할 수 없다. 그것은 거짓된 교설이며, 그 허위는 폭로되어야만 한다.[2] 그러나 그것을 "과학적 세계관"이라고 말한다면, 이 유물론적 무신론적 형태의 자연주의는 내가 왜곡된 형태의 과학적 자연주의라고 말한 그것에 해당된다 할 것이다.

과학적 자연주의를 위대한 진리라고 언급한 것은, 내가 자연주의라고 불리는 사상을 최소한 혹은 기초적인 의미에서 그렇다고 말한 것이다. 이 자연주의는 다음과 같은 생각을 대변한다: 우주는 극도로 복잡한 인과관계의 망을 형성하고 있으며, 모든 사건은 이 망 안에서 일어나는 것으로서 인과적으로 선행하는 것은 그에 따른 결과를 초래하고, 따라서 모든 사건은 인과율의 공통된 원리를 예증한다. 알프레드 노스 화이트헤드에 의하면, 이러한 과학적 사고방식은 "크고 작은 모든 사물이 자연 질서의 시종을 지배하는 일반 원리들을 예증하는 것으로 생각될 수 있으며, 따라서 모든 세부적인 사건은 완벽하게 명확한 방식으로 그것에 선행하는 것들과 관련을 맺을 수 있다는 사실을 본능적으로 신봉한다."[3] 자연주의란 이러한 인과관계의 망이 자신의 일반적인 인과원리를 지닌 것으로서 어느 때에도 훼방받을 수 없다는 것을 주장하는 신념이다.

이러한 최소한의 의미로 사용되는 자연주의는 무신론을 동반하지 않는다. 유신론적 형태의 자연주의가 있다는 말이다. 이 최소 의미의 자연주의는 오로지 초자연주의 즉, 이 세계의 보편적인 인과관계의 질서 밖에 실재하는 초자연주의적 존재가 그 인과율의 질서를 위반하는 행동을 할 수 있다고 주장하는 생각만을 배제한다. 내가 자연주의의 정당성을 주장할 때 염두에 두고 있는 것은 오직 초자연주의만을 배제하는 것이라는 점을 강조하기 위해 나는 이 기본적이고 최소한의 의미에서의 자연주의를 종종 "Naturalismns"라고 부른다. 여기서 "ns"는 "비초자연주의적non-supernaturalistic"이라는 것을 뜻한다.

내가 자연주의라는 말로 의미하는 것과 의미하지 않는 것을 보다 분명히 하기 위해 종종 이 개념에 부여되는 다른 의미와 비교해서 설명해 보겠다. 자연주의는 종종 "자연이란 존재하는 모든 것이다"는 주장으로 이해되었다. 여기서 "자연"은 유한한 사물들, 과정, 그리고 사건들의 총합을 의미하는 것이다.[4] "자연이란 존재하는 모든 것(nature is all there is)"이라는 말의 머리글자를 따와서 우리는 이 주장을 "Naturalismnati"라고 할 수 있겠다. 유한한 사물들의 총합 이외의 다른 것은 있을 수 없다고 주장하는 "Naturalismnati"는 유신론을 배제한다. 만약 자연주의를 Naturalismnati로 규정하는 어떤 사람이 와서 나에게 자연주의자인지 초자연주의자인지를 묻는다면 나는 초자연주의자라고 대답해야만 할 것이다. 그러나 내 견해를 표현하기 위해 초자연주의라는 말을 사용하기를 꺼려 하는 이유는 "초자연주의"라는 말이 자연을 넘어서 있는 어떤 신적인 존재, 다시 말해 자연의 가장 근본적인 인과율의 과정을 교란시킬 수 있다는 의미에서 자연을 초월한 신적인 존재를 불가피하게 상정할 수밖에 없기 때문이다. 이어지는 장에서 논증하겠지만, 이런 의미에서의 초자연주의는 이제껏 기독교 신앙을 왜곡시켜 왔고, 결코 극복할 수 없는 문제들을 만들어 기독교 공동체에 안겨다 주었다. 그 문제들 중의 하나는 초자연주의가 기독교 신앙과 과학 사이에 만들어 놓은 명백한 갈등이다. 이 갈등은 지난 3세기 동안 과학 공동체가 Naturalismns를 모든 사고활동에서 기본적으로 전제하여 왔으며 오늘날 그것을 거부한다는 것은 생각할 수조차 없는 엄연한 사실이 되었다는 사실을 반영한다.

　　내가 기본적인 의미에서 사용해 온 "과학적 자연주의"라는 용어가 무엇을 뜻하였는지를 이제껏 설명하여 왔다면, 이어지는 토론은 이 위대한 진리가 과학의 전통에서 출현하게 된 경위, 그리고 어떻게 이 진리가 안타깝게도 왜곡된 형태로 굳어져 가면서 결국 잘못된 허위로 귀착되게 되었는지 그 과정을 밝히도록 하겠다.

2. 과학적 자연주의의 출현

과학적 자연주의의 등장에 관한 토론에서 나의 논의를 서양에서 있었던 발전과정에 국한하고자 한다.[5] 이 토론은 주로 데이비드 C. 린드버그의『서양과학의 출발: 기원전 600년에서 1450년까지

철학, 종교, 제도적 상황에서 발생한 유럽의 과학전통』이라는 책에 의존하였다. 이 책의 부제가 말하고 있듯이, 서양의 과학적 정신은 기원전 6세기 그리스에서 최초로 발전되었다. 기원전 7, 8세기로 내려가 호머와 헤시오드의 저작을 보면, 그 시대의 다른 문화권과 마찬가지로 그리스 문화는 여전히 이 세계로 침범하는 초자연에 관한 관념을 여전히 완벽하게 수용하고 있음을 볼 수 있다. 린드버그가 지적하고 있듯이, 호머와 헤시오드의 세계는 "변덕스러운 세계로서 그 속에서 신은 무한히 자유롭게 이 세상사에 간섭할 수 있었기 때문에 그 어떠한 것도 안전하게 예상될 수 있는 것이 없는 세계였다."[6] 이러한 세계관으로는 과학적 탐구라는 전통이 발전될 수 없었다. 그러나 기원전 6세기가 되자, 세계를 "코스모스cosmos" 즉 질서화된 세계로 묘사하는 철학이 등장하였다. 이러한 접근방식을 발전시켰던 탈레스, 헤라클리투스, 아낙시만드로스, 아낙시메네스와 같은 철학자들은 우리가 과학적 정신 scientific mentality이라고 여기는 것들을 만들어 갔다. 그들의 설명은 원시적이고 소박한 모습을 분명히 띠고 있지만, 린드버그가 지적하듯이, "결정적으로 중요한 점은 그들이 세계를 설명할 때 신들을 배제하고 전적으로 자연주의적으로 하였다는 점이다."[7] 이런 전통에서 "자연과 초자연에 대한 구분이 생기기 시작하였고, 원인을 오직 사물의 본성 안에서만 찾아야 한다는 생각, 다시 말해 운동의 원인을 신의 개인적인 변덕이나 독단적인 기호에서 찾아서는 안 된다는 생각에 광범위한 동의가 형성되었다."[8]

이런 자연주의 전통에 속한 철학자 중엔 기원전 5세기가 끝나갈 무렵까지 활동한 데모크리투스 같은 유물론자도 있었다. 데모크리투스는 이 세계가 단지 무한한 공空, void 속에서 무작위적으로 움직이는 미세한 원자atom로 구성된 것에 불과하다고 여겼다. 그는 이러한 원자들이 서로 우연히 충돌하고 조합됨으로써 이 세계의 모습을 형성하고, 우리의 의식적인 경험도 여기에 속한다고 주장하였다.

그러나 자연주의자가 되려면 꼭 유물론자가 되어야만 하는 것은 아니다. 예를 들어, 수학의 아버지로 불리는 피타고라스는 수數를 궁극적인 실재로 보았다. 그리고 피타고라스와 소크라테스에게 영향을 받은 기원전 4세기의 플라톤은 수학적 형상form뿐만 아니라 윤리적 형상까지도 실재라고 주장하였다. 플라톤의 우주론적 가르침의 핵심은 인간의 영혼에 대한 것으로써, 이에 따르면 영혼이란 이러한 수학적이고 윤리적인 영원한 형상들을 알 수 있는 능력을 갖고 있다. 또한 이 영혼은 자유를 소유하였기 때문에 도덕적 책임성을 지니며, 신체를 죽음으로부터 지켜내는 능력을 가졌다. 플라톤의 우주론은 창조자와 세계영혼과 같은 신적인 존재를 포함하고 있다. 그러나 린드버그도 지적하듯, "플라톤의 신들은 자연의 경과과정을 흐트러뜨리지 않는다. 따라서 플라톤에 의해 재도입된 신에 대한 관념은 호머의 세계에서 나타났던 예상불가능성으로의 회귀를 대변하지 않는다."⁹ 참으로 플라톤은 유물론자들과는 반대로 이 세계의 질서란 그것이 단지 물리적 사물들 안에 내재한다고 말하는 것만으로 설명할 순 없다고 단언하였다. 이 세계의 질서는 오직 그것이 정신psyche 즉 마음mind이나 영혼soul에 그 출처가 있는 것으로 생각함으로써만 설명될 수 있다는 것이다. 이전의 수많은 철학자들은 만약 세계가 질서화된 우주로 묘사되어야 한다면 신들은 반드시 추방되어야 한다고 생각했다. 그러나 플라톤은 이러한 질서를 설명하기 위해 신을 복권시킨 것이다.[10]

플라톤은 이 세계가 신적인 창조자에 의해 형성되었지만 또 한편으로 창조자는 결코 세계의 인과과정을 교란시키지 않는다고 설명함으로써, **자연주의적 유신론** 즉 **유신론적 자연주의**를 제공하였다. 이러한 철학적 신학의 결정적인 요소는 우리의 세계가 절대적인 무로부터가 아니라 혼돈chaos으로부터 창조되었다는 관념이다. 이 견해는 어떤 특정한 과거의 시기에 창조된 **우리** 세계(*our* world)와 단지 유한한 존재의 영역으로 항상 있어 왔던 것으로서의 세계 **자체**(*the* world)를 구분한다. 즉 **우리** 세계가 지어지기 이전에, 세계 **자체**는 혼돈의 상태로 존재했었다는 견해이다. 신적 창조자는 이 혼돈의 상태에서 질서화된 우주를 불러옴으로써 **우리** 세계를 지었다. 이 점이 매우 중요한 이유는 그것이 바로 (창조의) 힘이란 이 세계에 본래적으로 속해 있으며 따라서 신적 창조자라 할지라도 자신이 원하는 어떤 사건의 상태를 단순히 만들려고 하는 의지만으로 만들 수 있다는 의미에서의 절대적인 전능을 행사할 수는 없다는 점을 주장하기 때문이다. 플라톤은 바로 이 사실을 강조하면서 말하기를, 신적인 창조자가 "가능한 최선의" 결과를 이끌어 오려고 함에도 불구하고 창조자가 작업하고 있는 물질의 다루기 힘든 고집스러움은 왜 우리 세계가 불완전한지를 설명해 준다 했다.

플라톤은 영원한 형상, 인간의 영혼, 신적 창조자와 같은 자신의 주장으로 매우 풍요로운 자연주의를 보여주었다. 그의 자연주의는 비록 모든 것을 설명하지 못한다 할지라도 악의 발생 문제를 포함하여 최소한 우리 세계의 많은 모습을 설명해 준다. 하지만 그의 사고체계가 지닌 장점이 후대의 사상가들에게 커다란 영향을 주었음에도 불구하고 모든 사람이 그가 주장한 사상 전부를 받아들이지는 않았다.

이렇게 다른 영향권에 있었던 사람 중 한 명은 플라톤의 가장 위대한 제자로 불리는 아리스토텔레스이다. 플라톤과 마찬가지로 아리스토텔레스의 우주론 역시 최고의 신을 상정하고 있지만, "부동의 동자(the unmoved mover)"로서의 이 신은 우리의 세상을 창조하는 인격적인 작인agent이 아니었다. 사실, 아리스토텔레스를 따르면, 우리 세계는 피조된 것이 아니라 영원한 것이다. 왜냐하면 그는 **우리** 세계와 세계 **자체**를 구분하지 않기 때문이다. 그리고 아리스토텔레스는 인간의 영혼에 대해서 말하지만, 육체의 형상으로 규정되는 이 영혼은 육체의 활동이 중지된 후에도 생존할 수 있는 독특한 현실태가 아니다. 따라서 아리스토텔레스에 의해 제창된 자연주의는 플라톤 이전의 유물론적 자연주의보다는 풍요롭지만, 플라톤의 자연주의보다는 상당히 제한된 의미를 지닌다는 것을 알 수 있다.

3. 중세시대 그리스 자연주의의 수정

따라서 기독교 사상가들이 성서적 우주론을 그리스 철학과 관련시키기 시작했을 때 그들이 플라톤에게서 가장 친근함을 느꼈다는 사실은 놀랄 만한 일이 아니다. 2세기의 많은 기독교 철학자들이 혼돈으로부터의 창조를 주장한 플라톤의 견해를 받아들였던 점에서도 알 수 있듯이, 기독교의 첫 두 세기의 대부분 기간 동안 기독교 사상가들은 창조에 관한 성서의 견해와 플라톤의 견해 사이에서 본질적인 모순을 발견하지 않았다. 물론 이 본질적인 호환성이 양자 사이에 긴장이 전혀 없다는 것을 의미하는 것은 아니다. 신에 기인한 기적 이야기를 다룬 성서의 전통을 수용한 기독교 사상가들은 실제로는 그리스 철학의 자연주의를 수정하여, 정상적인 인과관계가 때때로 초자연적인 개입에 의해 변경될 수 있다는 생각을 받아들였다. 상당 기간 동안 기적에 대한 이 믿음은 자연이란 직물fabric에 초자연적인 단절이 생길 수 있는 가능성을 배제하는 플라톤적인 창조에 관한 견해와는 불편한 긴장관계를 가졌다. 그러나 다음 장에서 설명할 이유들 때문에, 2세기 말엽에 이르자 몇몇 기독교 신학자들이 신이 세계를 무로부터ex nihilo 창조했다고 주장하기 시작하였다. 여기서 "무nothing"란 유한한 존재의 절대적인 부재를 의미하는 것으로 이해되었다. 이 생각은 매우 빠르게 기독교의 정통 견해로 존중받게 되었고, 그 결과 당연히 기적으로 자연질서가 중단될 수 있다는 생각은 다음과 같은 이론적 설명을 얻게 되었다: 만약 우리 세계에 실현된 인과의 원리들이 사물의 본성 자체에 놓여 있지 않고, 플라톤이 생각하였듯이 신에 의해 자유롭게 창조되었다면, 그 원리들은 자유롭게 침해당할 수도 있다.

그리스 자연주의에 대한 이러한 거부는 기독교와 그리스 전통의 관계가 양면성ambivalence을 지니고 있었음을 의미한다. 한편에서는, 기독교가 그리스 유산의 가치를 인정하고 받아들이면서 그것을 보존하고 전승하였다. 기독교는 헬레니즘 학파를 후원하고, 수도원을 통해 그 사본들을 보존하고 가르침을 이어가면서, 그리고 중세 후기 시대에 형성된 초창기의 대학들을 지원하면서 그리스 전통을 이어갔다.[11] 이러한 보존과 전승의 과제는 핵심적인 것이었으며, 그것이 없었다면 근대 자연과학—이것은 자연철학의 후대의 이름이다—도 등장하지 못했을 것이다.

분명히 기독교만 이러한 보존과 전승의 과정을 가진 것은 아니었다. 기독교 서방세계의 대부분이 지적으로 빈사상태에 있었던 8세기부터 12세기의 기간 동안, 그리스의 유산 특히 아리스토텔레스에 의해 구현된 사상들은 주로 이슬람 세계에서 생생하게 보존되고 발전되었다. 12, 3세기에 기독교 서방세계가 다시 그리스 사상, 특히 이제 플라톤의 영향을 대체해 가는 아리스토텔레스의 사상과 씨름하기 시작하게 된 것은 이슬람 세계에서 오는 자극 때문이었다. 그러나 서양 과학이 발전하게 된 것에는 이슬람의 공이 크다고 할 수 있겠지만, 이슬람이 13, 4세기에 그들의 탁월성을 상실해 갔던 이유는 부분적으로 이슬람 세계가 과학적인 사고의 근거지가 될 제도적인 기관들을 형성하는 데 실패했기 때문이라고 볼 수 있다.

이와 반대로 서방에서는 교회가 12세기부터 형성되기 시작한 대학에 상당한 자유를 부여함과 동시에 엄청난 지원을 하였고, 이로써 자연철학에 제도적인 근거를 마련해 주었다.[12] 따라서 비록 그것이 기독교의 유일한 공헌이었다고 할지라도 (그것만이 유일한 공헌은 아니었지만[13]) 근대 과학의 형성을 기독교의 제도적 지원 덕택이라고 봐야 할 것이다. 이 모든 것이 한쪽 측면의 모습이다.

다른 한편에서, 기독교는 무로부터의 창조라는 교리를 통해 지지되는 초자연적인 기적에 관한 관념으로 그리스 전통에 있는 자연주의를 침식시켜 갔다. 이 점에 관해 놀랄 만한 것은 아무것도 없다. 기독교인들은 자신들의 종교가 신의 최종적인 계시에 근거해 있으며, 다른 모든 생각들은 바로 이 계시에 종속되어야 하는 것으로 여겼다. 그리스 철학을 사용함에 있어서, 기독교 신학자들은 가능할 때는 그것을 "신앙의 보조적인 것"으로 사용하지만 필요할 때는 수정할 수 있는 것이라고 꽤 자연스럽게 생각하였다. 이러한 수정은 과학적 사고와 대립했던 호머의 것과 유사한 세계관을 지지했다. 내가 이제부터 다루려고 하는 『과학과 종교』를 쓴 존 헤들리 브루크는 다음과 같이 말하였다. "[신의] 간섭에 관한 믿음이 유럽 사회에 한번 퍼지자, 그것이 비판적인 자연과학과는 거의 어울리기 힘든 자연 질서의 분열에 관한 대중적인 이미지를 만들게 되었다는 주장이 과장된 것이라고 말할 수 없다."[14]

중세 기독교 신앙과 무로부터의 창조라는 교리 안에 수립된 강력한 초자연주의적 세계관에서 기적이란 관념이 중심적인 지위를 차지하고 있었음에도 불구하고, 놀라운 점은 어떤 기독교인들은 일단 그들이 아리스토텔레스의 자연주의와 그의 사상에 대한 이슬람 주석가들의 생각에 노출되었을 때 기적에 대한 관념을 그것들과 조화시키려고 어느 정도 노력했다는 점이다. 이미 12세기에 어떤 기독교 사상가들은 신적인 원인이란 오직 최초의 세계 창조와 관련해서만 언급될 필요가 있고, 그 이후로는 실질적으로 모든 사물들이 자연적 원인에 의해서 설명될 수 있다고 말했다. 오직 예외는 기독교만이 참된 종교라는 증거를 주기 위해서 신이 자연의 일반적인 법칙을 잠시 중단시킬 때 발생하는 기독교적 기적들일 것이다. 그러나 기적이 일반적인 인과과정에 임한 초자연적 개입이라는 이러한 생각조차도 제1원인과 제2원인이라는 구도에 의해 완화되었다. 이 구도에 의하면, 신은 모든 사건의 제1원인the primary cause이다. 하지만 대부분의 사건은 신의 간접적인 작용 즉, 제2원인the secondary cause으로 불리는 자연적 원인에 의해 발생한다. 기적이란 신이 제2원인을 사용하지 않고, 직접적인 방식으로 관여하려고 선택했을 때 발생하는 사건이다. 그렇다고 해서 기적이 정상적 질서의 전적인 예외는 아니다. 왜냐하면 신이 모든 사건의 제1원인이기 때문이다.

12, 3세기의 어떤 사상가들은 자연철학자로서의 자신들의 과업을 가능한 한 많이 순수한 자연주의적인 용어로 설명하는 일이라 생각했고, 그중 몇몇은 성서의 여러 기적들을 자연주의적으로 설명해야 한다고 주장하기까지 하였다. 이들 철학자 중 아리스토텔레스의 영향 아래에 있던 보다 급진적인 사람들은 오직 경험과 이성만을 사용하는 자연철학이 결국 기독교 교리와는 상충된 결론에 이르게 된다고 말하였다. 특별히 자연철학은 세계가 창조된 것이 아니라 영원한 것이며, 영혼은 불멸하지 않고, 육체의 부활을 포함하여 기적이란 있지 않으며, 신이라 할지라도 할 수 없는 일이 있다는 생각들을 지지하는 것으로 이해되었다. 이 주장들 중 마지막 문제에 대해서 기독교 신학자들은 신이 논리적으로 자기모순 되는 것 예를 들어 둥근 사각형을 창조하는 것과 같은 일은 할 수 없다고 줄곧 생각해 왔다. 그러나 아리스토텔레스주의 철학자들은 아리스토텔레스가 불가능하다고 주장했던 것들 예를 들면 진공상태와 같이 현실적으로 존재할 수 없는 것들에 대한 이해에 기반하여, 신 역시 논리적인 자기모순을 갖고 있지 않을지라도 존재할 수 없는 것은 만들 수 없다고 주장하였다.[15]

하지만 이 철학자들이 얼마 안 가 배우게 되었듯이, 교회가 용납하기 힘든 한계가 그들의 주장 가운데 있었다. 13세기 당시 선도적이었던 파리 대학에서 아리스토텔레스 사상에 뿌리를 둔 철학 명제들이 다섯 번이나 정죄되었고, 1277년에 있었던 그 유명한 유죄판결 사건에서는 아리스토텔레스의 저작에서 추출된 219개 명제를 가르칠 수 없도록 금하였다. ▪ 금지된 명제들 중 가장 중요한 것들은 세계가 영원하다는 것, 자연은 신의 섭리를 따라서 기적으로부터 차단된 자연적인 인과관계의 체계라는 것, 논리적인 자기모순이 없더라도 신이 할 수 없는 일이 있다는 것, 죽은 자의 부활은 없다는 것 등에 대한 주장들이었다.[16] 이러한 목록들이 보여주고 있듯이 여기에 연루된 논쟁들은 신의 전능과 자유에 관한 것으로서, 그 주장은 우리의 세계가 수많은 필요불가결한 원리들을 구현하고 있기 때문에 그 원리들이 무시되는 다른 어떤 세계도 근본적으로 받아들여질 수 없다고 믿는 아리스토텔레스주

▪ 13세기 대학의 성립과 더불어 형성된 자연철학의 새로운 부흥에 대하여 다키아의 보에티우스와 토마스 아퀴나스는 적극적으로 받아들이지만, 보나벤투라를 위시한 보수적인 신학자들은 극도로 경계하면서 새로운 흐름을 좌초시키려고 하였다. 이들은 파리의 주교 에티엔 탕피에르에게 호소하여 결국 아리스토텔레스의 철학적 명제를 파리 대학에서 가르칠 수 없도록 하였는데, 1270년에는 13개 명제를, 1277년에는 그것을 확대하여 219개의 명제를 가르칠 수 없도록 정죄하였다. 여기에는 신의 절대권능에 대한 도전이라고 여겨진 147번 조항, 즉 "절대적으로 불가능한 것은 하나님뿐만 아니라 그 어떤 대리자도 행할 수 없다"는 명제가 포함되었다. 1325년에 이 판결은 파기되었지만, 그 파급 효과는 14세기에도 여전하였다. 에드워드 그랜트, "중세 시대의 과학과 신학," 『신과 자연: 기독교와 과학, 그 만남의 역사』, 이정배 · 박우석 역 (이화여자대학교출판부, 1998), 85-89 참조.

의 사상을 반박하고 있다. 린드버그가 말했듯이, 이러한 신학적 정죄는 교회의 정치가들이 "아리스토텔레스의 주장에 반하여, 세계는 그 모습이 어떠하든지 전능한 창조자가 만들려고 선택한 것이다"는 주장을 공언하는 것이었다.[17]

　　이러한 갈등의 뿌리에 있는 관심사는 세상이 영원한 것인가 아니면 무로부터 창조된 것인가 하는 물음이었다. 아리스토텔레스의 견해는 영원한 것the eternal과 필연적인 것the necessary은 동일한 것이라는 생각에 기반하고 있었다. 다시 말해, 영원한 것은 그 어떤 것이든지 필연적이며, 필연적인 것은 그 어떤 것이든지 영원하다는 것이다. 아리스토텔레스는 이러한 통찰을 우리의 세계가 항상 존재해 왔다는 사실과 결합시키면서, "자연법칙"들로 일컬어지는 우리 세계의 모든 원리들이 필연적이라고 생각하였다. 기독교 신학자들은 이와 반대로 우리의 세계만이 아니라 유한성 자체가 신에 의해서 절대적 무로부터 창조되었다고 주장하였다. 토마스 아퀴나스가 그 대표자이다. 그는 아리스토텔레스를 가리켜 초자연적 계시 없이 이성이 도달해야 할 곳에 이른 "위대한 철학자the philosopher"라고 높이 존경하였으며, 이성은 세계가 시작을 갖고 있다는 사실을 증명할 수 없다는 아리스토텔레스의 견해에 동의한다. 그러나 토마스는 이러한 사실이 계시되었다고 주장하면서, "우리 신앙에 따르면 신을 제외한 그 어떠한 것도 항상 존재할 수 없다"고 말한다.[18]

　　이러한 주장이 암시하는 것, 그리고 또 다른 신학적 정죄가 강조하는 점은 무로부터 우리 세계를 자유롭게 창조한 신은 세계를 전혀 다르게 창조했을 수도 있으며 또 지금도 어떤 경우에는 세계의 정상적인 운행에 개입할 수 있다는 것이다.[19] 이런 주장은 19세기 칼빈주의 신학자 찰스 하지에 의해서 절대적 명료성을 띤 채 주창되었다. 그는 신이 자연법칙과 어떤 관련을 맺고 있는가 하는 물음에 다음과 같이 반응하였다:

> 그 질문에 대한 답은… 첫째, 그분(신)이 자연법칙들의 창조자이며… 둘째, 그분은 그것들로부터 독립해 있다는 점입니다. 그분은 당신의 만족을 위하여 자연법칙들을 변경하거나, 폐기하거나 혹은 중단시킬 수 있습니다. 그분은 그 법칙들과 함께 혹은 그것들 없이 활동하실 수 있습니다. "법칙의 지배"는 그것을 만든 그분에게까지 확대되어서는 안 될 것입니다.[20]

하지의 설명은 칼빈주의보다 더 신의 절대적 자유와 전능을 강조하는 기독교 신학의 형태가 존재하지 않았다는 사실을 보여준다.

16세기에 와서 칼빈주의가 등장하였지만, 그것을 13세기에 있었던 아리스토텔레스 사상에 대한 신학적 정죄와 연결시켜 말하는 것이 부당하다고 생각되진 않는다. 왜냐하면 이 13세기의 정죄가 14세기에 이르러 신의 전능이라는 관심사에 몰두하도록 이끌었으며 이것이 이후 칼빈주의의 등장배경이 되었기 때문이다. 자연철학이 전제하고 있는 규칙성을 무시하지 않은 채 신의 절대적 전능을 강조하려는 욕구는 신의 **절대적**absolute 힘과 제정된ordained 힘을 구분하도록 하였다. 린드버그는 이 견해를 요약하면서 다음과 같이 말하였다. "우리가 신의 힘의 절대적 행사방식을 생각할 때",

> 우리는 신이 전능하며 그가 원하는 대로 할 수 있다는 것, 그래서 창조의 순간에 그가 창조하고자 하는 바로 그 종류의 세계만을 산출해내는 모순이 없는 법칙 이외의 다른 요소는 없었다는 점을 인정한다. 그러나 사실 우리는 신이 그에게 가능한 무한한 가능성 중에서 하나를 택해 이 세계를 창조하였다는 것을 인정한다. 그리고 신은 시종일관한 존재이기 때문에 우리는 그분이 아주 드문 예외를 제외하곤 확립된 자연 질서를 따를 것이라는 것을 확신할 수 있고, 따라서 신이 자연법칙을 계속해서 어설프게 뒤바꿀 것을 염려할 필요가 없다.[21]

그러므로 이 견해를 따르면, 우리가 대부분의 경우 신의 절대적 힘은 무시해도 좋으며, 오직 신의 제정된 힘에만 집중해서 신이 최소한 대부분의 경우 이 세계의 법칙을 통해서 일하기로 결정했다고 이해해도 좋을 것이다.

이런 관점이 한번 확립되면 이 세계의 우연적contingent 법칙들을 이해하는 데 아리스토텔레스의 견해가 사용될 수 있다. 사실 그것은 요구되기에 이르렀다. 토마스 아퀴나스가 성인으로 추대된 1323년, 그의 신학체계를 세우는 데 도움을 주었던 사실은 성서와 아리스토텔레스 사상의 지속적인 종합이었다고 이해되었다. 1341년이 되자 파리 대학의 교수들은 그들이 "신앙에 위배되지 않는 한 아리스토텔레스의 철학체계"를 가르칠 것을 맹세해야만 했었다.[22] 이렇게 조금 개정된 자연철학은 완전히 뒤엎어지게 된 17세기가 되기 전까지 자연철학자들 사이에서 대세를 이루게 된다.

신의 절대적 힘과 제정된 힘에 대한 구분은 가끔 예루살렘과 아테네의 통합으로 불리는 성서와 그리스 사상의 네 번째 종합을 의미하였다. 첫 번째 종합은 혼돈으로부터의 창조라는 플라톤 사상의 차용이요, 두 번째 종합은 무로부터의 창조 교리 안에 플라톤주의를 수정한 것이요, 세 번째 종합은 전형적으로 토마스 아퀴나스에 의해 영향을 받은 것으로써 아리스토텔레스 사상의 채택이요, 네 번째 종합은 신의 전능과 무로부터의 창조를 강조하면서 토마스가 했던 것보다 더 과격하게 그리스 철학과 거리를 두는 것이었다. 주요한 차이는 토마스가 신의 **이성**을 강조하면서 신은 당신이 좋게 여기는 것에 근거해서 행동한다고 주장한 반면, 이 14세기의 신학자들은 신의 **의지**를 강조하며 신의 자유를 나타내는 신의 의지에 앞선 것이라고는 아무것도 (선이라는 생각 조차도)

있을 수 없다고 주장하였다. 어떤 것이 선하다면, 그것은 단지 신의 의지가 그것을 그렇게 만들었기 때문이라고 이해되었다. 신의 자유와 신의 의지의 우선성을 강조하였던 이들 신학자들은 "의지주의자들voluntarists"로 불린다. 이 의지주의적 종합은 종교개혁과 로마 가톨릭의 반종교개혁 운동 속에서 구현되고, 이것이 17세기에 다섯 번째 성서와 그리스 사상의 종합을 이끌게 되는데, 그 종합이 바로 초자연주의적 기계론이다.

4. 초자연주의적 기계론: 초기 근대의 종합

이 다섯 번째 종합을 과학적 세계관과 동일한 것으로 여겨 온 까닭에 그것은 오늘날에도 여전히 중요하다. 그 이유는 이 종합이 지속적인 권위를 가진 채 과학 공동체 내에서 "과학적 설명"이라고 믿어지는 것의 상당 부분을 여전히 결정하고 있기 때문이다. 지속되고 있는 이 유산의 일부는 바로 자연에 대한 기계론적 이해이다. 이전에 있었던 성서와 그리스 사상의 네 종합은 플라톤과 아리스토텔레스에 기본적인 연원을 두고 있다면, 이 다섯 번째 종합은 데모크리투스에게로 돌아갔다. 그의 생각에 따르면 모든 것은 허공the void 안에서 움직이는 원자로 환원될 수 있다. 그러나 17세기에 등장한 가톨릭의 마린 메르센이나 르네 데카르트 그리고 개신교의 로버트 보일과 아이작 뉴턴과 같은 사상가들은 모든 것을 이러한 환원주의적 용어로 설명하려 하지 않았다. 그들은 원자들이 임의로 움직이기보다는 세계를 무로부터 창조한 신이 계획한 대로 움직인다고 믿었다. 그리고 토마스 홉스와 같은 몇 안되는 극단주의자를 제외하곤, 이 초기 근대의 사상가들은 인간의 경험을 원자의 충돌이란 관점에서 해석하려 하지 않고 대신, 인간의 육체가 물질적인 원자로 구성된 기계이지만 육체는 정신적인 영혼에 의해 주도된다고 말하였다. 따라서 이 17세기의 종합은 자연에 대한 기계론적 이해, 인간 존재에 대한 이원론적 이해, 그리고 전체 우주에 대한 초자연주의적 이해를 지니고 있었다.

　　이런 새로운 종합이 발생하게 된 것은 아리스토텔레스 철학이 자연에 부여했던 힘을 점점 껄끄러운 것으로 여기게 되었다는 사실에서 부분적으로 기인한다. 아리스토텔레스에 대한 공격은 자연의 모든 사물은 자기 목적을 갖고서 운동한다는 의미에서 "목적인目的因, final cause"의 영향을 받는다는 학설에 집중되었다. 목적인에 대한 이 학설은 의지주의적 신학에 영향을 받은 사람들에겐 커다란 충격이 되었다. 의지주의자들에게는 사물의 운동이 다소간 사물 자체가 지닌 목적지향성 때문이라고 보는 것은 본래 신에게 속하였던 힘을 자연에게 부여하는 것으로 이해되었다.

　　이러한 견해에 반대하여, 메르센, 데카르트, 보일, 뉴턴은 자연에 대한 "법정적-기계론적 견해legal-mechanical view"로 불렸던 사고를 발전시킨다.[23] 이 견해에서 "기계론적"이란 말은 자연이 생명 없는 물질의 알갱이들로 이루어져 있고 전적으로 기계적 충격에 의해서만 작동한다는 것을 의미한다. 사물의 운동에서 목적을 가진 것처럼 보이는 것에 대해서는 이 견해의 "법정적法定的"이라는 부분이 설명하게 되는데, 그것은 모든 사물의 움직임은 신이 이 세계에 부과한 운동법칙에 따른다는 것을 뜻한다. "자연법칙"이란 말은 오늘날에도 여전히 자연과학자들(그들이 유신론자든 아니든)에 의해 사용되고 있는데, 이 말은 세계의 규칙성이란 신이 부과한 법칙을 따른 것이라는 생각을 반영하고 있다. 데카르트는 자연법칙을 가리켜 "신이 자연 속에 집어넣은 법칙들"이라고 하였다. 보일은 우리가 "자연"이라고 부르는 것은 단지 "어떻게 활동하거나 그렇게 되도록 정해진 법칙들의 체계로서, 이 세상에서 활동하는 작인agent이나 그것들이 활동하는 대상으로서의 사물의 본체는 모두 위대한 주관자의 뜻에 따른다"고 주장한다.[24]

확실히 운동의 법칙만이 아니라 운동 자체도 신에게서 기인한 것으로 이해했던 것이다. 이 사상가들은 물리적 세계란 운동을 자기 고유의 속성으로 갖지 않은 물질의 알갱이들로 이루어진 것이라고 강조하면서, **무로부터의 창조**라는 교리에 은연중 담겨 있는 생각 즉, 힘이라면 그것이 어떤 것이든 신에게 속한 것이라는 이해를 만들기에 충분한 자연에 대한 관념을 형성하였다. 자연이 지닌 본원적 힘에 의거하여 사물을 설명하였던 그리스 자연주의의 대항적인 사고방식은 전적으로 제거된 것이다. 자연 안의 모든 종류의 운동과 변화를 포함한 원리들과 법칙들은 이제 초자연적인 부과물로 이해되었다.

그러나 이러한 새로운 종합의 배후에 있었던 부정적인 동기는 일차적으로는 아리스토텔레스 철학에 대한 반대로 형성된 것이 아니었다. 내가 다른 곳에서 보다 자세하게 토론하였지만,[25] 한층 더 중요한 동기는 15세기 신플라톤주의적 문예부흥을 통해 형성된 이래 득세하여 갔던 또 다른 형태의 자연주의 전통을 좌초시키려는 노력이었다. 이 세 번째 전통은 신플라톤주의적, 헤르메스적Hermetic, 카발리즘적Cabalistic 사고들의 혼합물■로서 그것이 원거리에서 미치는 영향을 강조하기 때문에 종종 "마술적magical"이라 불린다. 예를 들어, 브라이언 에슬레아는 그것의 중요성을 다음과 같이 기술하였다.

"근대 과학"은 최소한 부분적으로는 이미 확립된 아리스토

■ 그리핀은 15세기 후반부에 일어난 이 전통을 지칭할 때 "신플라톤주의적-마술적-영적Neoplatonic-magical-spiritualist" 전통이라고 말한다. 이 전통은 14세기와 15세기 초반에 일어나 휴머니즘적 요소를 강조했던 라틴적 문예부흥을 대체해 간 것으로서, 철학과 신학, 수학과 과학에서 "마술적" 요소를 강조하였다. 여기서 "마술"이란 학문과 삶의 실천에서 광범위하게 사용되는 개념이다. 이 운동에서 마술적 차원은 고대 이집트의 작가로 추정되는 헤르메스 트리스메기스투스의 저작들에 기인하였다. 15세기 후반의 이 새로운 신플라톤주의적 문예부흥의 대표적인 인물인 피코 델라 미란돌라는 헤르메스의 "자연 마술natural magic"은 그 힘이 불충분하기 때문에 천사와 악마의 힘까지도 불러올 수 있는 "카발리즘적 마술"로 보충되어야 한다고 주장하였다. 위의 책 111-12에서 발췌. 더 자세한 연구는 그리핀이 참고한 Frances Yates, *The Rosicrucian Enlightenment* (Boulder: Shambhala, 1978), 79; Brian Easlea, *Witch Hunting, Magic, and the New Philosophy: An Introduction to the Debates of the Scientific Revolution 1450-1750* (Atlantic Highlands, N. J.: Humanities Press, 1980), 97-98을 보라.

렐레스주의 옹호자들, 새롭게 떠오르고 있는 마술적 우주론의 신봉자들, 그리고 이 둘을 비판하며 17세기에 재등장한 기계론적 세계관 주창자들 사이에 형성된 세 모퉁이의 경쟁으로부터 출현하였다. 다시 말해 그 경쟁은 스콜라적 아리스토텔레스주의 대 마술적 철학 대 기계론적 철학이었다.[26]

우리의 관심사에서 핵심적인 점은 이 세 번째의 전통이 자연주의의 한 형태로서, 자기 운동의 힘뿐만 아니라 원거리에서 영향력을 행사하거나 받을 수 있다고 본다는 점에서 아리스토텔레스주의보다 한층 더 자연에 힘을 부여했다는 것이다. 그러므로 우리는 이 전통을 가리켜 "마술적 자연주의"라 할 수 있겠다.

왜 법정적–기계론적 견해가 이 마술적 자연주의를 이기게 되었는가라는 질문에 대한 표준적인 가설은 그것이 보다 나은 설명을 제공하였기 때문이라는 것이었다. 그러나 에슬레아의 말을 인용한다면, "이 특별한extraordinary 기계론적 철학이 그것과 똑같이 특별한 라이벌(마술적 자연주의-역자)을 압도하고 승리를 거두게 된 것은 그것이 기반한 우주론이 상대적으로 더 효과적인 설명을 제공했기 때문이라고 이해될 수는 없고, 오히려 각각의 우주론과 제휴한 사회적 세력들의 운명과 관련된 것으로 보아야 한다"는 이해가 이제 그 시대를 연구한 역사가들 사이에 널리 퍼져 있다.[27]

이 대답은 간단히 말해서 법정적–기계론적 견해가 세계

관 쟁탈전에서 승리하였던 것은 그것이 기성 사회질서에 대한 지지 즉 부자들과 강자들의 관심사를 대변하는 반면, 마술적 자연주의는 그들의 이해관계를 위협하는 것으로 비쳐졌기 때문이라는 것이다. 당시의 사회질서는 "천국의 열쇠"를 가진 것으로 믿어진, 그래서 사람이 죽고 나서 천당에 갈지 지옥에 갈지를 결정할 힘이 있다고 여겨진 제도 교회의 권위에 의해 뒷받침되고 있었다. 법정적-기계론적 견해가 승리한 것은 주로 그것이 효과적으로 이런 교회를 위해 신학적 봉사를 하였기 때문이다. 나는 이 점을 어떻게 법정적-기계론적 견해가 기독교 기적이 지닌 초자연주의적 성격, 영혼의 불멸성, 전능한 신의 존재에 관한 관념들을 방어하는 데 사용되었는지를 보여주면서 증명하도록 하겠다.

초자연적 개입으로서 기적

신약성서에 나오는 기적은 기독교가 여타 세계 종교 가운데에서 궁극적인 진리와 구원의 유일한 매체(*the* vehicle)가 되도록 신에 의해 임명되었다는 주장의 주요 근거가 되었다.[28] 초자연적인 증명에 의해 제공된 신의 총애의 증거 없이는 천국의 열쇠를 소유했다는 교회의 주장은 근거 없는 것으로 여겨질 수밖에 없었을 것이다. 만약 토마스 플러드와 같은 마술적 자연주의의 대표자들이 그렇게 설명하였듯이, 질문 받고 있는 어떤 사건이 자연주의적으로 해석되어 버린다면, 이 신의 총애에 관한 증거는 훼손될 수밖에 없을 것이다. 예수의 치유와 같은 신약성서의 기적을 설명하기 위해서는 초자연주의적 개입이란 관념이 필요하다는 주장의 핵심은 아리스토텔레스도 지지했던 것으로 원거리에서 영향력을 행사하거나 받을 수 있는 능력은 자연적인 능력이 아니라는 생각이다. 그러나 플러드는 그것이 자연적인 능력이라고 주장하였으며, 성서에 기록된 기적들도 다른 전통들에서 발생하였던 특별한 사건들과 그 종류에서 다른 것이 아니라고 덧붙였다.[29]

메르센은 자신이 "기독교 종교의 주요 적"이라고 부른 플러드의 주장에 답하기 위해 기계론적 철학을 프랑스에 도입하였다.[30] 메르센의 눈에 플러드의 입장은 매우 위험해 보였다. 왜냐하면 "자연"이 할 수 있는 것에 대한 플러드의 견해는 자연 안에서 모든 종류의 경이로움이 발생할 수 있는 것을 허락하는 관대한 것으로서 자연과 초자연을 나누는 분명한 준거를 제공하지 않기 때문이었다. 따라서 메르센은 플러드의 철학을 패퇴시킬 대안 체계가 필요하다는 것을 깨닫고 자신에게 최근 이태리에서 갈릴레오에 의해 재부흥했던 데모크리투스적인 기계론적 철학을 소개해 준 피에르 가상디▪의 도움을 청한다.[31] 메르센은 아리스토텔레스

▪ Pierre Gassendi(1592-1655)는 수학, 과학, 천문학, 철학에 능통한 프랑스의 사제로서 에피쿠로스적 원자론을 기독교 신학과 조화시키려고 한 사상가였다. 수성의 자오선 통과Transit를 공식적으로 관측한 기록을 1631년에 출판하기도 한 그는 그 시대의 경험론적 경향에 공감하였다. 이러한 철학적 경향은 1642년 메르센에 의해 마련된 논쟁에서 그를 데카르트와 반대의 자리에 서게 한다.

의 견해보다 훨씬 더 제한적으로 "자연"을 본 이 기계론적 관점이 원거리에서의 영향력 행사 가능성을 보다 더 명료하게 부인한다는 것을 볼 수 있었다. 왜냐하면 이 관점은 한 사물이 다른 사물에 영향을 미치기 위해서는 마치 당구공이 다른 당구공을 치듯이 오직 접촉을 해야 한다는 점을 수반하고 있기 때문이었다. 메르센은 이 견해를 열렬히 받아들여 그것으로 기독교의 기적은 초자연적 개입 없이는 발생할 수 없고 그것이 "자연"에 대한 참된 이해라는 주장을 하는 데 사용하였다.[32] 플러드와 메르센 사이의 이 논쟁은 영국에서 곧 반복된다. 보일은 기계론적 철학으로 헨리 스투베▪의 기적에 관한 자연주의적 설명을 반박하였다.[33]

영혼의 불멸성

스투베는 육체가 죽을 때 영혼도 죽는다는 "사멸론mortalism"을 지지하기 위해 자연주의 철학을 사용한다.[34] 영혼 불멸이란 믿음에 관한 주요 논증은, 육체를 이루는 물질과는 달리 영혼은 스스로 움직인다self-moving는 플라톤적 사고였다. 종류에서 이런 차이를 지닌다면, 육체가 죽으면 썩는다는 사실은 영혼도 동일한 운명에 놓여 있다고 말할 수 있는 어떠한 이유도 제공하지 못한다. 그러나 스투베와 같은 마술적 자연주의자의 시각에서 본다면, 영혼

▪ Henry Stubbe(1632-76). 영국의 내과의사, 작가, 학자로 활동.

이 스스로 움직이는 것이라는 사실은 영혼이 육체의 구성요소와 다르다는 점을 말해 주지는 않는다. 왜냐하면 육체의 구성요소 역시 스스로 움직이는 존재들이기 때문이다. 스투베는 이러한 논점을 견지하면서 기성질서를 전복하려는 사람들이 교회에 복종하지 않음으로 말미암아 사후에 대하여 공포를 느낄 만한 무엇을 갖고 있다는 사실을 부인하였다. 기계론적 관점을 활용했던 보일은 다르게 생각하였다. 보일은 육체를 구성하는 물질이란 지각이 없고 활동력이 없기 때문에 우리의 의식과 자유에 대한 자각은 우리 안에 물질과는 종류에서부터 다른 어떤 것이 분명히 있다는 점을 증명하며, 따라서 그것은 물질적인 육체와 동일한 운명에 처해 있지 않다는 것을 추정할 수 있다고 주장하였다. 그러므로 보일은 육체의 죽음 이후에 있을 보상과 형벌에 대한 질문을 무시하는 것은 바보 같은 짓이라고 주장하였다.

이러한 논증의 효과성을 입증하기 위해 왈터 샬러튼▪이 기계론적-이원론적 견해와 나눈 대화를 지적할 수 있겠다. 샬러튼은 마술적 자연주의를 지지하는 여러 권의 책을 썼음에도 불구하고 나중에는 그것에 등을 돌리고 말하기를, 마술적 자연주의의 신봉자들은 "모든 종교의 근간이 되는 **영혼의 불멸성**을 제거하려 하며 **죽음 이후의 선행과 악행에 대한 보상**을 조롱하고 있다"고 하였

▪ Walter Charleton(1619-1707). 신학, 고고학, 자연사에 관하여 많은 저술을 하였으며, 찰스 1세와 2세의 주치의로 활동했던 그는 생리학 분야에서 공헌하기도 하였다. 그는 에피쿠로스의 사상을 영국에 심은 사람이라고 평가받기도 한다.

다.[35] 샬러튼은 영혼의 불멸성과 사후의 보상과 처벌에 대한 생각들을 지지하는 것으로 여겨지는 기계론적-이원론적 사고방식을 찬성하면서 이 견해의 가장 유명한 주창자인 데카르트의 논증을 따른다. 데카르트는 "현재의 제도는 실제적으로 항상 그 안에서 있을 변화보다도 더 참을 만하다"는 현상유지적 신념을 말하면서, 사람들이 신이 임명한 통치자에 대항하여 반역을 꾀하는 주요 이유 중의 하나는 인간의 영혼이 여타의 자연 사물들과 그 종류에서 다른 것이 아니라는 믿음에 기초한 한 가정 즉, "현재의 삶 이후 우리에게는 파리나 개미보다 더 두려워하거나 희망할 만한 것이 없다"는 가정 때문이라고 주장하였다.[36]

전능한 신

마술적 자연주의를 포기한 샬러튼은 또한 그 주창자들을 "전능하고 **영원한 존재**에 대해 받아들여 왔던 믿음의 근거를 허물려는" 무신론자들이라고 비난하였다. 만약 물질이 스스로 움직이는 것이라면, 마술적 자연주의자들 중 어떤 이들은 세상이 자기조직적 유기체self-organizing organism일 수 있기 때문에 세상의 질서는 질서의 초월적 원천이 있다는 것을 암시하지 않는다고 주장하였다. 그러나 물질을 비활동적이라고 보았던 기계론적 견해는 이러한 주장을 파괴하는 데 사용된다. 보일이 기계론에 대해서 설명하였듯이, "운동이란 본질적으로 물질에 속한 것이 아니기 때문에, 모든 물체bodies의 움직임은, 최소한 그것들의 시작에서만큼은, 외부의 비물질적 작인인 신에 의한 자극을 필요로 한다."[37] 이 최초의 운동자First Mover [38]에 대한 주장을 수용한 뉴턴은 또한 물질에 대한 기계론적 견해를 자신이 가장 관심하였던 중력의 인력 작용grav-itational attraction이란 현상으로부터 초자연적 신에 관한 증거를 주장하는 데 사용하였다. 뉴턴은 개인적인 작업에서는 마술적 (자연주의) 전통에 깊이 관여하고 있었지만, 공적으로는 그것과 거리를 두었다. 마술적 자연주의가 상호인력의 힘을 물질의 자연적 능력으로 간주한 반면, 뉴턴은 중력이 "물질에 내재적이고, 선천적이며, 본질적이라는" 주장은 "불합리한 것"이라고 선언하였다. 그리고 중력이란 "반드시 어떤 작인에 의해 원인을 제공받은 것"이라고 덧붙였다. 바로 이 점에 대해 뉴턴에게서 지도를 받은 리처드 벤틀리▪는 "상호인력 혹은 자발적인 끌어당김은 물질에게 선천적인 것도 아니고 본질적인 것도 아니며, 그것이 신의 힘에 의해 자극받고 주입되지 않았다면, 물질에 수반되지조차 않을 것이다"고 기록하였다. 벤틀리는 중력이 "신의 존재에 관한 새롭고도 절대로 폐기되지 않을 무적의 논증"을 제공해 준다고 결론 맺는다.[39]

　　이러한 논증들을 통해서 17세기 후반 자연에 관한 기계

▪ Richard Bentley(1662-1742). 영국의 신학자이자 고전문학 학자. 뉴턴의 역학을 이용하여 지적인 창조자의 존재를 증명하는 신학적 체계를 세우려고 하였다.

론적 학설과 인간의 영혼에 관한 이원론적 학설은 신에 관한 극도의 초자연주의적 견해가 성행하는 상황 속에서 그 사회의 지도적 구성원들, 특히 자연철학이나 자연과학을 움직이는 사고의 틀을 결정할 위치에 있는 사람들의 충성을 획득하였다.

5. 초자연주의적 이원론에서 무신론적 유물론으로

자연에 관한 기계론적 사상의 승리는 그 창시자들의 눈에 초자연주의적이고 기적을 행하는 신과 불멸의 인간 영혼에 관한 주장의 승리를 의미하였지만, 그 승리는 얼마 가지 않았다. 거의 즉시, 지도적 사상가들은 자연에 대한 기계론적 견해는 유지하지만 신과 영혼에 관한 사상은 폐기해 버린 자연주의적 세계관으로 전환하기 시작하였다.

이런 과정의 첫 걸음은 브룩의 용어를 빌리자면 "자연철학자 사이에서 신의 개입intervention을 이야기하는 것에 대한 반감"이 점점 커져 간 데 있다.[40] 이러한 반감은 이신론적인 사고로 움직이도록 하였다. 이신론에 따르면 신은 세상을 창조하여 그곳에 운동과 자연법칙을 세운 다음 더 이상 세상일에 관여하지 않는다. 이신론으로의 이러한 전환은 부분적으로는 악에 관한 문제로 인해 유발된 것이지만(이 점에 대해서는 다음 장에서 토론하겠다) 그것은 또 한편에선 기계론적-태엽장치적 우주에 관한 이해를 수용한 것에 기인하기도 했다. 역설적으로, 우주에 관한 이러한 이해는 초자연주의자들이 신의 활동에 관한 믿음을 지지하기 위해 만든 것이었지만, 이 견해는 우주가 움직이도록 한 번 정해진 이후 저절로 움직일 수 있게 되었으며 신적인 기계공의 매만짐이 더 이상 필요하지 않게 되었다는 확신으로 재빠르게 전환하게 된다.[41] 보일 스스로가 말하기를, 자연이란

> 진기한 시계와 같은 것, 어쩌면 모든 것들이 아주 기술적으로 고안되어 있는 슈트라스부르크[■]에 있는 어떤 것처럼, 그 엔진이 움직이도록 한 번 정해진 이후 모든 것이 발명자의 최초 구상대로 진행되고, 작은 조상statue들의 움직임은 마치 꼭두각시의 움직임처럼 어떤 시간에 이러저러한 일들을 수행하도록 정해져 있어서 발명자의 특이한 개입을 필요로 하지 않는다.[42]

뉴턴은 이 세상에 대한 신의 계속적인 활동이 필요한 것처럼 보이는 몇몇 현상들, 예를 들어 행성의 궤도와 같은 현상들을 지적하였지만, 대부분의 자연철학자들은 천문학자 피에르 라플라스[■■]가 말한 것으로 추정되는 주장 즉 자연철학자들에게는

■ 슈트라스부르크는 프랑스 북부에 위치한 주요 도시로서 많은 유럽의 제도들이 탄생한 역사적 장소이다. 특히 그곳은 중세 후기 화려한 역사를 자랑한 곳으로 제조업과 공학기술로 유명하였다.

"그러한 가설(세계에 대한 지속적인 신의 개입-역자)이 필요 없다"고 생각하였다. 이러한 이신론적 견해가 기독교 신앙과 그리스 자연주의 전통의 여섯 번째 종합을 구성한다.

최초에 이루어진 이신론으로의 이동은 얼마간의 (어쩌면 오직 한 번의) 신의 개입을 허용하는 단지 **가상적**virtual 이신론으로의 이동이었다. 이 견해는 유명한 지질학자 찰스 리엘▪에 의해 설명되었는데, 그는 "균일론uniformitarianism"의 아버지로 일컬어졌다. 이 이론은 우리가 과거의 일을 설명하는 데 오늘날 작동하지 않는 원인을 사용하지 말아야 한다고 주장한다. 다른 말로 해서, 우리는 세계의 인과 과정을 설명할 때 일률성uniformity을 가정해야만 한다는 것이다. 이 이론을 지지함으로 말미암아 보수적 기독교인들에게 매도를 당했음에도 불구하고 리엘 자신은 하나의 예외를 인정하였다. 그는 인간 마음의 기원이 자연적 원인에 관한

▪▪ Pierre Laplace(1749-1827). 수학자이자 천문학자로서 수리천문학과 통계학을 발전시키는 데 커다란 역할을 하였다. 약 1세기 전에 활동한 뉴턴(1643-1727)이 혹성과 위성의 기하학적 배치를 신의 섭리에 관한 믿음으로 이어간 반면, 그가 제창한 성운가설은 태양계의 특유한 배치의 직접적인 원인으로 신의 필연적 존재 이유를 부정한다.

▪ Charles Lyell(1797-1875). 법률가이자 지질학자로 활동하였으며 다윈에게 영향을 주었다. 그는 지질학자 James Hutton(1726-1797)이 처음으로 고안한 "균일론"을 발전시켰다. "점진론gradualism"으로 불리기도 하는 균일론은 지구가 오래전에 시작되어 오늘날까지도 작동하고 있는 아주 느리게 움직이는 힘에 의해 전적으로 형성되었다는 주장이다. 이와 반대되는 "파국론catastrophism"은 먼 과거의 알려지지 않은 힘 때문에 생긴 갑작스러운 변화를 주장하는데, 이 견해는 영국에서 노아의 홍수에 관한 믿음을 지지하기 위해 채택되었다.

것만으로는 설명될 수 없다는 것을 인정하면서 신이 개입하여 "지난 수백만 년 동안 그와 유사한 인과적인 개입이라곤 전혀 없이 진행되어 왔던 자연의 체계 속에 인간의 도덕적·지성적 능력을" 더했다고 주장하였다. 리엘도 인정하지만, 이러한 주장은 우리가 "일률성에 따라 작동하지 않는 시원적 창조적 힘을 인정"해야만 한다는 것을 의미한다.[43]

　　　이러한 가상적 이신론으로부터 철저한complete 이신론으로의 이행은 리엘과 다윈 사이에 있었던 사고구조의 변화 속에서 관찰될 수 있다. 다윈은 어떻게 인간이 임의적 변이들random variations의 자연선택을 통해 진화할 수 있었는지에 관한 이론을 발전시켰다. 그의 오랜 친구에게 쓴 편지에서 다윈은 인간의 정신이 지닌 독특한 능력을 설명하기 위해 신이 그것을 자연에 추가했다고 하는 주장을 거절한다: "만약 자연선택설이 진화의 어느 한 단계에서 기적적인 추가물을 요구한다면 나는 그것에 조금도 관심을 주지 않을 것이다."[44] 다윈은 여전히 창조자 신을 믿었고, 진화는 오직 세상을 창조한 신이 진화적 발전 법칙을 만들었다는 가정 아래에서만 이해될 수 있다고 생각하였다. 그러나 다윈은 이러한 법칙들이 단 한 번도 방해받지 않았다고 생각하며 시종일관된 이신론적 주장을 하였다. "과학적 자연주의"로 불리는 주장을 촉진하는 운동의 일원으로서 다윈은 이렇게 신의 개입을 철저하게 배제하는 것이 그 운동의 이상을 달성하는 데 필수적이라고 보았다.

　　　그럼에도 이 이신론적 견해는 그것의 시종일관된 형태에

서조차 완전히 자연주의적일 수가 없었다. 이 세계가 본래 무로부터 창조되었다고 주장함으로써, 이 견해는 이미 이 세상의 가장 근본적인 원리가 사물의 본성 자체에 있어야 한다는 견지에서 볼 때 실제로는 **자연적이지** 않다는 사고를 내포하고 있었다. 그러므로 원리상, 그 원리들은 그것을 창조한 신에 의해 간섭될 수 있다는 것을 의미했다. 완벽한 자연주의적 세계관의 길 위에 서 있는 신이 간섭할 수 있다는 이 가능성은 훗날 다윈의 후예들이 그의 이신론을 버리고 전적으로 무신론적인 세계관을 채택하게 되는 이유 중 하나가 된다. **신**다윈주의는 명시적인 무신론적 이론으로서, 진화 과정은 그 어떠한 안내 지침 없이도 이 세상에 존재하는 생명의 형태들을 창출해낼 수 있었다는 것을 보여주려 하였다. 보다 일반적으로 말하자면, 무신론적 자연주의는 1세기 이상 동안 과학 공동체가 신봉해 온 다소 공식적인 이데올로기였다. 이러한 설명을 통해 나는 무신론으로의 전환이 느리게 진행된 영어권의 세계에 집중해 왔다. 프랑스에서는 이 전환이 한 세기 정도 이전에 이뤄졌다. 우리는 그것을 프랑스 계몽주의에서 가장 중요한 인물로 여겨지는 데니스 디드로▪라는 사람의 사고에서 관찰할 수

▪ Denis Diderot(1713-1784). 프랑스 철학자이자 문필가로 당대의 사상가인 루소, 달랑베르, 볼테르 등과 함께 활동하였다. 특히 합리주의와 이성의 진보에 대한 믿음에 기초한 계몽주의 시기의 산물인 〈백과전서, *L'Encyclopédie*〉의 편집장을 오랫동안 맡았다. 성직자가 되려 하였지만, 그의 사상은 서서히 가톨릭주의에서 이신론으로, 이신론에서 무신론으로 변해 갔다. 1746년 출판한 『철학적 사색, *Pensées philosophiques*』에서 자신의 독창적인 반기독교적 사고를 담아냈으며,

있다. 그는 1746년부터 1749년 사이에 이원론적 이신론에서 무신론적 물질주의로 옮겨갔다.[45]

   디드로에 의해 설명되었듯이 초자연주의에서 무신론으로의 이행은 이원론에서 유물론으로의 이행을 동반하였다. 왜냐하면 정신-육체의 관계에 대한 이원론적 견해는 오직 초자연적 인과관계에 호소함으로써만 방어될 수 있었기 때문이다. 데카르트가 영혼의 불멸성을 주장하기 위해 사용하였던 생각 즉, 정신 또는 영혼이란 육체의 구성물과는 그 종류에서부터 다른 것이라는 이해는 어떻게 그 두 가지가 서로 영향을 주고받을 수 있는지를 설명하는 데 문제를 만들었다. 이 이원론은 마치 내가 나의 손을 올릴 것을 마음먹고 나서 손을 올릴 때 내 마음이 뇌에 자극을 가함으로써 육체가 움직이도록 원인을 제공한다고 말하는 **듯하다**. 그러나 어떻게 이것이 이해될 수 있을까? 데카르트의 개념에 의하면, 뇌의 구성요소는 물질세계의 일부분으로서 공간적으로 연장되고 또 당구공의 충돌과 유사하게 완전히 기계적 충격이라는 방식으로 작동한다. 이와는 반대로, 정신이나 영혼은 전적으로 영적인 실체이다. 그것은 공간을 필요로 하지 않으며 물질과 서로 충돌하지도 않는다. 정신은 자유를 지닌 실체로서 목적인final causation을 따라 움직인다. 그렇다면 이렇게 완전히 다른 성격의 존

1754년에는 18세기의 철학 탐구방법으로 칭송되는 『자연해석에 관한 사색, *Pensées sur l'interprétation de la nature*』을 저술하였다.

재가 어떻게 상호작용할 수 있단 말인가? 데카르트는 이 연결이 이루어지는 부분으로 뇌의 송과선松果腺, pineal gland에 대해 말하였지만, 그 이론은 단지 이러한 작용이 발생하는 장소에 관한 이론이지 작동방식에 대한 설명은 아니다. 이 후자의 문제에 대해서 데카르트는 가끔씩 자신은 모르겠다고 말하였지만, 그의 진짜 대답은 이 세계를 창조한 신이 정신과 육체를 상호작용하도록 정하였다는 것이었다.[46] 이러한 생각은 "우인론자偶因論者, occasionalist"■들에 의해 보다 명시적으로 제창되었는데, 그들은 육체와 정신이 절대적으로 다르다는 것을 인정하면서 그것들이 서로 영향을 주고받을 수 없다고 말한다. 대신 당신이 당신의 손을 뜨거운 난로 위에 얹었을 경우 신이 당신의 마음이 고통을 느끼도록 원인을 제공하고, 그러고 나서 당신이 당신의 손을 움직이려고 결심하였을 때 신이 당신을 위해 손을 움직이게 한다고 말한다.

윌리엄 제임스가 말하였듯이, "당시의 사상가들에게 '신'은 모든 불합리한 문제에 대한 위대한 해결자였다."[47] 그러나 우리가 이전에 살펴보았듯이, **기계에서 나온 신**deus ex machina ■ ■으로 이

■ Occasionalism. 기회원인론機會原因論으로도 불리는 이 이론은 데카르트의 이원론을 충실하게 따라 정신과 육체 사이의 모든 상호작용을 신이 매개한다고 주장하는 17세기 후반의 형이상학의 한 조류이다. 여기에 속한 철학자로는 네덜란드의 아르놀트 휠링크스Arnold Geulincx와 프랑스의 니콜라 말브랑슈Nicolas Malebranche 등이 있다.

■ ■ deus ex machina. 문자적으로 "기계로부터의 신"을 의미하는 이 라틴 문구는 어떤 이야기나 견해가 여러 가지 이유(논리 자체의 자기모순 등)로 자기 내적 논리

해된 신에게 모든 것을 호소하는 이러한 방식은 결국 불합리한 것으로 이해될 수밖에 없게 된다. 이신론자들은 여전히 신이 이 세상의 법칙들을 세울 때 정해 놓은 것들 중 하나가 정신과 육체를 상호작용하도록, 아니면 최소한 그렇게 보이도록 해놓았다고 주장할 수 있었다. 그러나 이런 초자연주의적 이신론이 일단 한번 부인되자, 이원론적으로 이해되었던 정신과 육체가 어떻게 상호작용하는가 하는 문제는 용납될 수 없게 되었다. 쇼펜하우어는 이 문제를 "세계 매듭world-knot"이라고 불렀다.

　　유물론자들은 단순히 우리가 "정신mind"이라고 부르는 것이 두뇌brain와는 다른 존재를 지칭한다는 사실을 부인함으로써 이 매듭을 끊어버리려고 하였다. 그들 중 몇몇은 담즙이 간의 부산물이듯이 정신이란 단순히 두뇌의 부산물로 자기 자신의 인과적 힘을 갖지 않는 것이라고 주장하였다. 다른 사람들은 정신이란 두뇌의 기능들 중의 하나로서, 마치 "저녁 별"과 "새벽 별"이라는 다른 명칭이 실상 동일한 것을 가리키듯이 "정신"과 "두뇌"라는 이름도 그러하다고 주장하였다. 다른 말로 해서, 정신과 두뇌는 동일한 것이라는 말이다. **동일론**identism으로 불리는 이 주장이 전제되면, 어떻게 정신과 두뇌가 서로 영향을 주고받는가 하는 문제는 제기되지 않게 된다. 왜냐하면 상호작용이란 두 개의 서로 다른

를 따라 끝맺지 못할 때, 화자로 하여금 자기가 원하는 방식으로 끝맺는 것을 허락하는 해결방식을 가리킬 때 사용된다.

것을 전제하기 때문이다. 물론 육체의 사후에 사람의 인격이 생존할 것인가 하는 문제도 제기되지 않는다. 사멸론mortalism이 초기 근대의 자연주의자 일부에게는 단지 **허용**되었지만, 후기 근대의 자연주의자들에게는 **요구**되었다. 19세기 후반 영국에서 발생했던 유물론으로의 이 전환은 프랑스에선 1세기 전에 이루어졌다. 이 점은 디드로에게서 볼 수도 있었지만, 1747년에 나온 줄리앙 라메트리■의 책『인간 기계론, *Man the Machine*』에서도 볼 수 있다. 이 책의 제목이 보여주듯이, 자연과 인간의 육체에 대한 기계론적 관점이 형성된 상황 하에서 이원론의 부정은 인간의 자유에 대한 부인을 의미하였다.[48]

이러한 부인은 또한 죽음 이후의 삶의 가능성에 대한 거부를 의미하였다. 이런 주장은 콜리 라몽■■의 책『불멸의 환영, *The Illusion of Immortality*』에 잘 나타나 있다. 그는 영혼의 불멸이란 관념은 이원론을 전제하고 있는 반면 근대의 사고는 정신을 단지 두뇌

■ Julien Offray de La Mettrie(1709-51). 유물론적 입장을 분명하게 유지한 프랑스 계몽주의 철학자. 1745년에 출간한『영혼의 자연사, *Historie naturelle de l,âme*』가 유물론과 무신론을 고무시킨다는 평판 때문에 절대왕정과 교권의 박해를 당함은 물론 책은 금서로 지정되고 소각당한다. 네덜란드로 망명한 그는『인간 기계론』으로 더 심한 박해를 받고, 같은 유물론 철학자인 모페르튀이가 학술원 원장으로 있는 베를린으로 간다. 그는 여기서『인간 식물론, *L'homme plante*』(1748),『에피쿠로스의 체계, *Le Système d'Epicure*』(1750),『행복론, *Discours sur le bonheur*』(1750) 등의 책을 저술하고 활동하였다.
■ ■ Corliss Lamont(1902-1995). 미국에서 활동한 인문주의적 활동가이자 마르크스주의 철학자.

의 한 기능으로 이해하기 때문에, 육체의 죽음 이후의 삶에 대한 생각은 오늘날 환영일 뿐이라고 주장한다. 이러한 근대적 사고에서 육체적 죽음 이후의 삶이란 "불가능"하다.[49]

자연에 대한 기계론적 관점을 채택하여 영혼의 불멸과 초자연적인 신에 대한 관념을 지지하고, 그럼으로써 초자연주의적 형태의 기독교 신앙을 과학적으로 지원하려고 했던 17세기의 결정은 완전히 예상을 뒤엎은 결과를 초래하였다. 기계론적 자연론은 오히려 과학 공동체 즉 지성 공동체 일반을 자연주의적 세계관으로 이끌고 가, 단지 기적적인 개입에 관한 생각뿐만 아니라 모든 형태의 유신론, 자유, 사후의 삶 등에 관한 생각들을 부인하도록 만들었다. 무신론적-유물론적 형태의 자연주의는 그리스 자연주의와 기독교 신앙의 일곱 번째 종합이다. 이 종합에서는 기독교 신앙이 부정적인 것으로만 묘사되었다.

6. 왜곡된 형태의 과학적 자연주의

기계론과 초자연주의의 강제된 결합은 신학적으로만 역효과를 내었던 것이 아니라, 그것들이 서로 분리된 후에는 과학을 위해서도 부적당한 형태의 자연주의로 귀착되었다. 무신론적 자연주의로의 전이는 기독교 신학자들에 의해 서양 문명에 소개되었던 초자연주의가 종국적으로 정복되고 말았다는 사실을 의미했다. 서양 과학은 2천여 년 전 그리스에 도입되었던 자연주의적 사고방식으로 결국 되돌아갔다. 그러나 이러한 복귀는 매우 부적절한 방식으로 이루어졌다. 후기 근대에 형성된 이 형태의 자연주의는 분명히 초기 그리스적 사고를 어리석게 보도록 만드는 세계에 관한 과학적 지식과 결합되어 있다. 그러나 **철학적인 견지에서** 볼 때, 이 후기 근대의 세계관은 플라톤과 아리스토텔레스가 불쌍하리만치 부적당한 것으로 보았던 데모크리투스나 다른 초기 유물론자의 견해와 마찬가지로 타당한 것은 아니다.

이 후기 근대의 세계관을 부적당한 것이라고 부를 때 나는 무엇보다도 내가 "확고한 상식hard-core common sense"이라고 부르는 기준■을 사용하고 있다. 나는 오늘날 "상식"이라는 말과 깊이 연합되어 있는 사고형태들과 이 기준을 구분하기 위해 "확고한"이라는 형용사를 덧붙였다. 이 사고형태들은 어떤 특정한 시간과 장소의 사람들에게 통용되지만, 또 대부분 나중에 그른 것으로 판명되기도 하는 생각들이다. 이런 생각은 "허약한 상식soft-core common sense"이다. 이와 반대로, **확고한** 상식을 언급할 때 나는 우리가 말로써 그것들을 부정한다 하더라도 우리의 행동에서는

■ "확고한 상식"이란 그리핀의 고유한 용어로서 우리의 실천적 행위 속에서 불가피하게 전제되는 개념들을 가리키는 것이다. 따라서 이미 실제로 전제된 이 개념을 만약 이론적으로 부정한다면 스스로 자기모순을 범하는 오류에 빠지게 된다고 그리핀은 본다. 이 개념에 대한 보다 자세한 설명은 그리핀의 책『화이트헤드 철학과 자연주의적 종교론』, 장왕식·이경호 역 (동과서, 2004), 1장 3절을 보라.

불가피하게 전제하고 있는 다양한 사고들을 말한다.

한 예로 우리 자신의 경험 너머에 실재하는 세계에 관한 우리의 믿음을 들 수 있다. 이러한 믿음을 부정하는 것이 "유아론唯我論, solipsism"이다. 자신을 유아론자라고 주장하는 것은 자신이 아는 모든 것에서 자신만이 유일한 존재라고 주장하는 것이다. 이런 주장을 살려낼 수 없는 이유는 오래된 농담에서 잘 표현된다. 한 철학자가 강의에서 자신이 유아론자라고 말하자, 교실 뒤쪽에서 어떤 목소리가 터져 나왔다. "신이여 고맙습니다! 나는 나 혼자만 유아론자인 줄로 걱정했어요." 여기서 중요한 점은 내가 바로 그 행동을 할 때 나의 주장을 암묵적으로 부정하지 않고서는 유아론에 대한 나의 믿음을 주장할 수 없다는 것이다. 다시 말해, 나의 주장을 컴퓨터에 쓰고 나서 그것을 강의 때 읽으면 나는 내가 컴퓨터와 종이와 다른 사람이 존재한다는 걸 안다는 것을 보여준다. 그렇게 하여 나의 발언이 명시적으로 부인하는 것을 암묵적으로 긍정함으로써 나는 같은 명제를 동시에 긍정하면서 부정하는 격이 된다. 이로써 나는 비모순율the law of noncontradiction 즉 한 명제와 그것에 반대되는 명제는 동시에 참일 수 없다는 이성의 첫 번째 규칙을 위반하게 된다. 어떤 철학자들은 이런 위반을 "수행적 자기모순performative self-contradiction"이라고 부르는데, 이것은 그 명제를 주장하는 일을 수행하는 것 자체가 그 명제가 담고 있는 내용을 반박하기 때문이다.[50]

근대의 과학적 자연주의가 올바로 다룰 수 없는 확고한

상식의 믿음이 여러 개 있다. 그중 하나가 우리가 경험을 지니고 있다는 우리의 믿음이다. 데카르트가 지적하여 유명해진 것으로 우리가 결코 의심할 수 없는 한 명제가 있다. 그것은 우리가 의식적인 경험을 가진 존재로서 지금 이 순간 존재한다는 것이다. 이것을 부정하여 "나는 존재하지 않는다"거나 "나는 현재 의식이 없다"고 말하는 것은 수행적 자기모순을 범하는 것이다. 왜냐하면 "나"라고 말하는 순간 나는 내가 현재 의식적으로 존재하고 있음을 암묵적으로 긍정하기 때문이다.[51] 그러나 내가 다른 곳에서 기록하였듯이,[52] 유물론 철학자들은 어떻게 경험이 지각이 없는(경험을 하지 않는) 물질—17, 8세기의 이원론자들처럼 그들 또한 자연의 가장 밑바닥 층을 구성하고 있다고 믿었던 물질—로부터 출현할 수 있었는지에 대해 설명할 수 없었다. 이원론이 부정되면서 정신-육체의 문제 또한 함께 사라지게 되었다고 간주되었지만, 사실 그러지 않았다. 유물론자들은 여전히 어떻게 비경험적인 뉴런으로 구성된 두뇌가 의식적인 경험을 만들어내는가 하는 문제에 직면하고 있다. 더구나 유물론 철학자들 가운데 솔직한 사람은 그들이 이 문제를 해결할 수 없음을 인정한다. 예를 들어, 콜린 맥긴은 우리는 어떻게 "개체적으로는 비지각적인 (두뇌를 구성하는) 뉴런들의 수백만의 집합체가 주체적 의식subjective awareness을 발생시키는지"를 이해할 수 없다고 말한다.[53]

　　정신-육체의 문제가 지닌 다른 측면은 어떻게 우리의 의식적인 경험이 두뇌에 영향을 미칠 수가 있으며, 그럼으로써 육체적 행동을 일으키는가 하는 질문이다. 이것은 "정신적 인과작용"의 문제이다. 우리 가운데 그 누구도 이런 정신적 인과작용이 발생한다는 사실을 실제로 의심하지는 않을 것이다. 철학자 김재권이 말하였듯이, 전화를 걸려는 우리의 결정은 우리로 하여금 전화기로 걸어가서 다이얼을 돌리도록 만든다는 것을 우리는 안다.[54] 정신적 인과작용이 실재한다는 것을 일관되게 부정할 수 있는 사람은 아무도 없다. 만약 내가 "내 입술을 읽으세요. 사고작용에 의해 형성되는 육체적 행동은 없습니다"고 말한다면, 이런 말을 하도록 내 입술을 사용한 행동은 수행적 자기모순을 만들어내는 것이다. 그러나 정신적 인과작용의 실재성이 시종일관 부인될 수 없음에도 불구하고, 유물론자들은 어떻게 그런 일이 생길 수 있었는지에 대해서 설명해내지 못했다. 20여 년 가까이 이 문제를 연구하여 왔던 김재권은 그것은 풀릴 수 없는 문제라고 단정하면서, 자신과 자신의 동료 유물론자들이 "막다른 골목에 처해" 있는 것 같다고 말하였다.[55]

정신적 인과작용의 문제와 밀접하게 연결된 것은 인간의 자유에 관한 논쟁이다. 우리는 모두 우리와 다른 사람들이 어느 정도의 자유를 갖고 있기 때문에 스스로의 행동에 대해서 부분적으로 책임이 있다는 사실을 전제하고 있다. 우리는 다른 사람의 행동에 대해 그들을 비난할 때나 우리 자신의 행동으로 인해 스스로 죄책감을 느낄 때, 우리가 그것을 전제하고 있다는 것을 보여준다. 그러나 인간에 대해 기계론적-유물론적 견해를 가진 철학자들은 어떻게 인간의 자유가 가능한지를 설명할 수 없었다. 그들은 정신을 단지 물질세계에서 매우 복잡한 부분에 속하는 두뇌와 동일한 것으로 간주함으로써, 인간이 당구공이나 컴퓨터처럼 자유를 갖지 않았다는 결론에 이르렀다.

철학자 존 서얼은 유물론적 입장을 견지하면서도, 유물론이 자유에 대해 설명할 능력이 없다는 것을 솔직하게 털어놓았다. 그는 과학이 이 세계를 "전적으로 비정신적이고 의미를 지니지 않은 물리적 소립자들로 구성된" 것으로 파악하기 때문에, 과학에는 "의지의 자유를 위한 공간이 없다"고 말한다.[56] 양자量子적 수준에 있는 이 소립자들의 어떠한 불확정성도 이런 생각을 바꾸는 데 도움이 되지 않는다고 서얼은 말한다. 왜냐하면 그 소립자들이 바위나 컴퓨터 그리고 인간의 몸과 같이 커다란 집합체를 이루면 그 불확정성이 제거되고 말기 때문이다.[57] 하지만 "우리가 어떻게 세계가 확정적인 물리적 체계처럼 움직이는지에 대해서 아무리 많이 배운다 할지라도 우리는 자유를 가정한 채 행동하지 않을 수 없기" 때문에, 과학적 세계관이 자유를 배제한다는 사실은 진정으로 문제가 된다고 서얼은 인정한다. 그럼으로써 서얼은 자유에 대한 믿음이 확고한 상식의 믿음임을 가리키고 있다. 그가 자유에 대한 우리의 가정이 망상일 수밖에 없다고 결론지었음에도 불구하고 그는 그가 이런 결론에 도달한 과정이 자유로웠음을 믿지 않을 수 없다는 것을 인정한다. 이것이 오늘날 형태의 과학적 자연주의(무신론적-유물론적 자연주의-역자)가 만들어내는 역설 가운데 하나이다.

이런 형태의 자연주의는 우리의 수학적 지식에 관해서도 설명할 수 없다. 나의 이전의 토론들은 이 문제를 다룰 수 있는 길을 준비하지 않았기 때문에, 잠시 17세기로 되돌아가야 할 것 같다. 마술적 자연주의를 부정하면서, 데카르트와 보일과 같은 사상가들이 버렸던 것은 **비감각적**nonsensory 지각을 허용하는 지식에 관한 마술적 자연주의의 관점이었다. 비감각적 지각에 관한 믿음이 가진 하나의 문제점은 그것이 사람들로 하여금 그들이 신을 직접적으로 경험—이 경험은 "열광enthusiasm"이라고 불렸다. (물론 "열광된enthused"이라는 말은 "신으로 채워진filled with God"이라는 문자적 의미를 지니고 있다)—할 수 있다고 믿도록 허용한다는 것이었다. 열광주의자들은 종종 그들이 제도 교회의 가르침들을 대신할 수 있는 계시를 소유하였다고 믿음으로 말미암아 사회적인 문제를 야기하였다. 비감각적 지각에 대한 믿음이 가진 또 하나의 문제점은 그것이 (문자적으로 "먼 거리에서의 느낌"을 뜻하는) 정신감응telepathy을 허용한다는 것이었다. 그들은 만약 정신감응이 자연적인 능력이라면, 우물가의 여인이 무슨 마음을 품었는지를 알았던 것과 같은 예수의 소위 정신적 기적은 초자연적인 능력을 필요로 하지 않는다는 걸 의미하는 것으로 여겼다. 그리고 그것이 사실 몇몇 마술적 자연주의의 신봉자들이 주장했었던 것과 일치하였다.

열광을 믿지 않을 뿐만 아니라 정신감응에 대한 자연주의적 해석을 억제하기 위한 부분적인 이유로, 정통주의의 수호자들이 **감각주의적 지각설**the sensationist doctrine of perception을 주창하면서 비감각적 지각의 가능성을 부인하였다. 감각주의는 모든 지각이 우리의 육체적 감각들을 통해서만 형성된다고 본다. 존 로크, 데이비드 흄, 임마누엘 칸트의 철학적 도움으로 이 감각주의적 지각설은 근대사상의 도그마가 되었다.■ 이것은 자연에 대한 기계론적 견해와 더불어, 오늘날 과학적 자연주의 사상에 의해 존속되고 있는 17세기에서부터 유래된 다른 하나의 사상이다.

감각주의의 이러한 존속은 무수한 문제들을 양산하였다. 그중 하나는 수학적 대상에 대한 지식이 어떻게 가능한가 하는 문제이다. 수학은 케플러와 갈릴레오의 시대 이후 근대 과학의 중심 학문이 되어 왔다. 이들은 근대의 피타고라스주의자들로서 수학이 "자연의 책"을 기록하기 위해 신이 사용한 언어라고 공포하였다. 그러므로 만약 인간이 어떻게 수학을 할 수 있는지에 대하여 과학적 자연주의자들이 설명하지 못한다면, 그것은 심각한 문제가 될 것이다. 그런데 현재 그들은 설명하지 못하고 있다. 이러한

■ 17세기 이후 과학적 세계관처럼 여겨 온 감각주의적 지각설은 비감각적 지각을 부인하기 때문에 육체의 감각을 통해서 형성된 것이 아니라고 여겨지는 경험들, 예를 들어 종교적 경험과 윤리적 경험은 참된 경험이 아니라는 결론에 이르게 되었다. 이것이 후기 근대 무신론적 형태의 자연주의를 형성하는 데 또 다른 도움이 되었다. 문제는 비감각적 지각설이 흄이 회의주의적 결론에 이른 이후, 자체적으로 노정해 온 많은 인식론적 문제들을 해결하지 못하고 있다는 점이다. 이 문제들에 대한 유기체 철학의 대안적 설명에 대해서 그리핀의 책,『화이트헤드 철학과 자연주의적 종교론』(2004)의 2장을 보라.

문제는 우리의 육체적 감각은 단지 물리적인 것에 의해서만 작동되는 반면, 수학적 대상은 물리적인 것이 아니라 영원한 형상eternal forms 즉 플라톤이 말했듯이 정신은 오직 비감각적 직관nonsensory intuition을 통해서만 알 수 있는 것이기 때문이다. 그러나 오늘날의 과학적 자연주의는 정신이 두뇌와 다른 것이라는 점을 부인함으로써 그러한 직관이 가능하다는 사실을 배제한다. 하버드 철학자 힐러리 풋남은 "우리는 우리의 뇌로 생각하지 비물질적인 영혼으로 생각하는 것이 아니다"고 말했다. 따라서 그는 "우리는 '수학적 대상에 대한 지각'과 교응할 수 있는 **어떤** 종류의 신경과정도 상상할 수 없다"고 결론짓는다.[58] 이 문제의 심각성은 그것이 수학철학과 같은 하위 학문의 모든 주제를 실질적으로 구성하고 있다는 사실에 있다. 현재 형태의 자연주의 안에서는 이 문제를 해결할 가능성이 없다는 것은 현재의 지배적인 반응은 풋남의 연구방식에서 보이듯이 이 문제를 단순히 무시해 버리거나,[59] 『숫자 없는 과학』 그리고 『숫자 없는 수학』이라는 책에서 예증되고 있듯이 수數의 존재를 부인해 버리는 사실에서 보인다.[60]

이런 이유와 또 다른 이유들로 인해, 현재 형태의 과학적 자연주의는 그것이 종교적 믿음과 양립할 수 없다는 것을 포함해서 과학 자체를 위해서도 전적으로 부적절한 것으로 여겨진다. 나는 이것을 Natualismsam이라고 부른다. 여기서 "sam"은 감각주의적-무신론적-유물론적(sensationist-atheistic-materialistic)이라는 뜻이다. 나는 초자연주의적 개입을 배제하는 자연주의, Naturalismns

가 위대한 진리라고 믿는다. 그러나 이 위대한 진리가 위대한 오류 Naturalismsam이라는 사상에 담기면서 우리 시대에 엄청나게 왜곡된 형태로 나타나게 되었다.

　　나는 다음 장에서 또 다른 위대한 진리인 기독교 신앙이 똑같이 왜곡되어 위대한 오류가 되어 버린 과정을 보여주겠다. 3장과 4장에서는 과학 공동체와 기독교 공동체 모두에게 동등하게 봉사할 수 있는 새로운 형태의 자연주의에 대해서 토론하겠다.

원주

1 John Cobb, *Beyond Dialogue: Toward a Mutual Transformation of Christianity and Buddhism* (Philadelphia: Fortress Press, 1982), x.

2 나의 책, *Religion and Scientific Naturalism* (2000)에서 이 문제를 다뤘다.

3 Whitehead, *Science and the Modern World* (1925) (New York: Free Press, 1967), 5, 12.

4 필립 E. 존슨은 자연주의자들이 자연을 "존재하는 모든 것(all there is)"으로 이해한다고 말한다. in *Reason in the Balance: The Case against Naturalism in Science, Law, and Education* (Downers Grove: InterVarsity Press, 1993), 38. 자연주의에 대한 이런 이해는 길버트 하르만이 잘 조명하였는데, 그는 자연주의를 "**모든** 실제facts는 자연 실제facts of nature라는 감각적 명제"라고 규정하였다. in *The Nature of Morality: An Introduction to Ethics* (New York: Oxford University, 1977), 17.

5 서양이 아닌 다른 곳, 특별히 중국에서 있었던 이와 비슷한 발전과정에 대한 논의는 이 토론의 범위를 넘어선다. 중국에 관해선 조셉 니덤의『중국의 과학과 문명』전3권 (서울: 을유문화사, 1989)을 참고하라.

6 David C. Lindberg, *The Beginnings of Western Science: The European Scientific Tradition in Philosophical, Religious, and Institutional Context, 600 B.C. to A.D. 1450* (Chicago: University of Chicago Press, 1992), 24.

7 위의 책, 26.

8 위의 책, 26, 27.

9 위의 책, 42-43.

10 위의 책, 39, 43.

11 위의 책, 151-57, 208-13.

12 위의 책, 157, 174-75, 208-13.

13 많은 저술가들은 우리가 아는바 대로의 과학이 일정한 세계관에 의존하고 있었는데, 이 세계관은 중세의 기독교 사상에 의해 성취된 그리스 사상과 히브리 사상의 종합에 의해 형성된 것이라고 주장한다. 예를 들어 알프레드 노스 화이트헤드가 했던 유명한 주장은 이렇다. 자연의 비밀에 관한 유럽 특유의 탐구를 이끌었던 사고의 독특한 구조는 "여호와의 인격적인 힘과 그리스 철학자의 합리성을 함께 지니고 있는 것으로 여겨진 신의 합리성에 대한 중세

의 주장"에서 찾아야만 한다(*Science and the Modern World*, 12).

14 John Hedley Brooke, *Science and Religion: Some Historical Perspectives* (Cambridge: Cambridge University Press, 1991), 44.

15 Lindberg, *The Beginnings of Western Science*, 197-201, 234-35.

16 위의 책, 236-38.

17 위의 책, 239.

18 Brooke, *Science and Religion*, 60.

19 Lindberg, *The Beginnings of Western Science*, 242.

20 Hodge, *Systematic Theology*, 1 (Grand Rapid, Wm. B. Eerdmans Publishing Co., (1872) 1989), 607.

21 Lindberg, *The Beginnings of Western Science*, 243.

22 위의 책, 241.

23 Eugene M. Klaaren, *The Religious Origins of Modern Science: Belief in Creation in Seventeenth-Century Thought* (Grand Rapids: Wm. B. Eerdmans Publishing Co., 1977)의 책을 참고하라.

24 데카르트와 보일에 관한 설명은 브룩의 책(*Science and Religion*) 19와 132쪽에서 각각 인용했다.

25 Griffin, *Religion and Scientific Naturalism*의 5장.

26 Easlea, *Witch Hunting, Magic, and the New Philosophy*, 89.

27 위의 책, 89-90.

28 로버트 보일은 이 견해를 설명하면서 말하기를 "그리스도의 기적(특히 그의 부활)과 그의 제자들의 기적은 전적으로 초자연적인 활동방식으로 그리고 하나님의 이름으로 수행되도록 인정된 것으로서 교리를 정당화한다. 왜냐하면 그는 그 무수한 위대한 기적들을 자기 인증seals으로 삼아 거짓이 되지 않도록 하였기 때문이다." 브룩의 책 *Science and Religion* 134쪽에서 인용.

29 Easlea, *Witch Hunting, Magic, and the New Philosophy*, 94-95.

30 A. C. Crombie, "Marin Mersenne" in *Dictionary of Scientific Biography*, ed. C. G. Gillispie (New York: Charles Scribner's Sons, 1974), 317.

31 Easlea, *Witch Hunting, Magic, and the New Philosophy*, 108.

32 Robert Lenoble, *Mersenne ou la naissance du méchanisme* (Paris: Librairie Philosophique J. Vrin, 1943), 133, 157-58, 375, 381.

33 Easlea, 위의 책, 94-95.

34 James Jacob, "Boyle's Atomism and the Restoration Assault on Pagan Naturalism," *Social Studies of Science* 8 (1978), 218-19. 그리고 George L. Mosse, "Puritan Radicalism and the Enlightment," *Church History* 29

(1960)을 참고하라.

35 Easlea, *Witch Hunting, Magic, and the New Philosophy*, 135.

36 John G. Cottingham, Robert Stoothoff, and Dugald Murdoch, eds., *The Philosophical Writings of Descartes*, vol. 1 (Cambridge: Cambridge University Press, 1985), 46.

37 Robert Boyle, *The Works of the Honourable Robert Boyle* (London: A. Millar, 1744), 4:394.

38 최초의 운동자에 관한 뉴턴의 논증은 Alexandre Koyré의 책, *From the Closed World to the Infinite Universe* (Baltimore: Johns Hopkins University Press, 1957), 216에 나와 있다.

39 벤틀리의 뉴톤주의적 논증은 위에 나온 Koyré의 책 178-79, 183, 184에 나와 있다.

40 Brooke, *Science and Religion*, 155.

41 위의 책, 13, 118, 136, 140.

42 Boyle, *The Works of the Honourable Robert Boyle*, 5:163. 이 구절은 Franklin Baumer의 책 *Religion and the Rise of Scepticism* (New York: Harcourt, Brace & Co., 1960)에서 "The Strasbourg Clock"이라는 제목이 달린 17세기에 관한 장의 첫머리에 인용된 문장이다.

43 리엘의 진술은 R. Hooykaas의 책 *Natural Law and Divine Miracle: A Historical-Critical Study of the Principle of Uniformity in Geology, Biology, and Theology* (Leiden: E. J. Brill, 1959), 114쪽에 인용되어 있다.

44 Francis Darwin, ed., *The Life and Letters of Charles Darwin* (New York: D. Appleton, 1896), 2:6-7.

45 이신론에 대한 디드로의 거부는 1749년의 글 『맹아자에 관한 편지, *The Letter to the Blind*』에 나와 있다. 그의 무신론 사상의 발전과정에 대해서는 Michael Buckley의 『근대 무신론의 기원, *At the Origins of Modern Atheism*』 (New Haven: Yale University Press, 1987), 194-250을 보라.

46 Gordon Baker and Katherine J. Morris, *Descartes' Dualism* (London: Routledge, 1996), 167-70.

47 William James, *Some Problems of Philosophy* (London: Longmans, Green & Co., 1911), 195.

48 프랑스 유물론의 발전에 미친 데카르트의 영향에 대해서는 Aram Vartanian의 책 *Dederot and Descartes: A Study of Scientific Naturalism in the Enlightenment* (Princeton: Princeton University Press, 1953)을 보라. 바르타니안이 보여주듯이, 디드로와 라메트리, 그리고 다른 프랑스 사상가들에 의해 발전된

유물론은 보다 유기체적인 형태의 기계론이었다. 여기서 물질은 활동적이며, 살아 있고, 창조적이라는 사상이 수반되어 있었다. 따라서 이들의 유물론은 나중에 영어권 세계에서 발전되었던 물질에 대한 완전히 기계론적인 사고처럼 명백히 부적절한 사상은 아니었다.

49 Corliss Lamont, *The Illusion of Immortality* 4th ed. (New York: Frederick Ungar, 1965), 86, 123, viii.

50 Martin Jay, "The Debate over Performative Contradiction: Harbermas versus the Poststructuralists," in *Force Fields: Between Intellectual History and Cultural Critique* (New York: Routledge, 1993), 25-37.

51 이 점이 데카르트의 논증에서 암시되었다는 것을 Jaakko Hintikka가 자신의 논문 "Cogito, Ergo Sum. Inference or Performance," in *Philosophical Review* 71 (1962): 3-32에서 다루었다.

52 David R. Griffin, *Unsnarling the World-Knot: Consciousness, Freedom, and the Mind-Body Problem* (Berkeley, CA: University of California Press, 1998)의 6장과 *Religion and Scientific Naturalism*의 6장을 참고하라.

53 Colin McGinn, *The Problem of Consciousness: Essays toward a Resolution* (Oxford: Basil Blackwell, 1991), 1.

54 Jaegwon Kim, *Supervenience and Mind: Selected Philosophical Essays* (Cambridge: Cambridge University Press, 1993), 286.

55 위의 책, 367. 나의 책 *Unsnarling the World-Knot*의 10장은 김재권의 입장을 비판하는 데 할애되었다. 이 비판은 조금 개정된 형태로 "Materialist and Panexperientialist Physicalism: A Critique of Jaegwon Kim's *Supervenience and Mind*" in *Process Studies* 28/1-2 (Spring-Summer 1999)에 재출판되었고, 김재권이 응답이 뒤따랐고 내가 다시 답변하였다.

56 John R. Searle, *Minds, Brains, and Science: The 1984 Reith Lectures* (London: British Broadcasting Corporation, 1984), 92, 13.

57 위의 책, 86-87.

58 Hilary Putnam, *Words and Life*, ed. James Conant (Cambridge: Harvard Univ. Press, 1994), 503. 풋남은 쿠르트 괴델의 제안 즉, 우리는 수학적 대상을 비감각적인 종류의 지각을 통해서 안다는 제안에 응답한 것이다. 이 제안은 치하라에 의해서 다시 한번 냉소적으로 기각되었다. C. Chihara, "Gödelian Thesis regarding Mathematical Objects: Do They Exist? And Can We Perceive Them?" *Philosophical Review* 91 (1982): 211-17.

59 풋남은 자신의 하버드 동료 윌러드 콰인에게 그는 단순히 "우리가 추상적인 존재들과 어떤 방식으로든 상호작용할 수 있지 않다면 그것들이 존재한다는

것을 어떻게 우리가 알 수 있을 것인가 하는 문제를 무시한다"고 말하면서,
그 스스로가 이러한 견해를 정당화하였다. Putnam, 위의 책, 153, 156.

60　Hartry H. Field, *Science without Numbers* (Princeton: Princeton University
Press, 1980); Geoffrey Hellman, *Mathematics without Numbers* (Oxford:
Oxford University Press, 1989).

2장

기독교 신앙

—왜곡된 위대한 진리

이전 장에서 과학적 자연주의가 왜곡을 겪게 된 위대한 진리였다는 점을 토론하였다면, 이번 장에서는 기독교 신앙에 대하여 그것의 진리와 왜곡이란 두 가지 측면을 공평하게 강조하면서 동일한 주장을 하고자 한다. 어떤 기독교 비평가들은 그 왜곡된 측면만을 강조하면서, 명시적으로든 묵시적으로든 그것이 지닌 심오한 진리를 부정한다. 반대로 많은 기독교 옹호자들은 그 진리만 강조한 채 그것의 커다란 왜곡을 무시하거나 심지어 부정한다. 나는 그 진리와 왜곡 모두를 실재하는 것으로 본다. 먼저 기독교 신앙의 위대한 진리에 대하여 요약하는 것으로 시작하겠다.

1. 기독교 복음의 본래 가르침들

내가 기독교 신앙이 진리라고 말할 때, 그것은 믿는 행위로서의 신앙fides qua creditur이 아닌, 전통적으로 믿음의 대상으로서의 신앙fides quae creditur으로 불리어 온 신앙의 내용을 가리키는 것이다. 나는 기독교 신앙의 내용이란 기독교 복음의 본래적인 가르침primary doctrines들로 일컬어질 수 있는 것들이어야만 한다고 생각한다. 기독교 복음은 다음과 같은 가르침들을 포함하고 있는 것으로 요약할 수 있을 것이다.

① 우리 세계는 선하고, 사랑이 풍성하며, 지혜롭고, 목적을 지닌 신God에 의해 창조되었다.[1]■ 기독교 복음 중 이 부분은 우리 세계가 창조되지 않고 영원히 존재해 왔다거나, 그것이 악마적 힘이나 무심한 힘 혹은 지성이나 목적을 결여한 힘에 의해 창조되었다고 보는 견해들과 대비되는 것이다.

② 우리 모두를 사랑하는 신은 우리가 서로서로 정의롭게 대하며 사랑compassion을 갖기를 소망한다. 이 가르침은 인간의 도덕이란 순전히 인간적인 것일 뿐 우주의 본성에 뿌리를 두고 있지 않다고 보는 철학과 대조된다. 신은 우리 우주의 창조자로서, 우주의 궁극적인 힘인 것이 분명하다. 종교적 존재로서 우리는 이 우주의 궁극적인 힘과 조화를 이루기를 원하기 때문에, 이 처음의 두 가르침은 기독교적 윤리의 기초를 제공한다.

③ 우리 세계가 비록 현재는 악으로 가득 차 있지만 본질적으로 선한 것이다. 이 가르침은 세계를 본질적으로 악한 것으로 보는 마니교나 영지주의적 교설, 그리고 세계를 완전히 "선과 악을 넘어선" 곳이라는 의미에서 중립적으로neutral 보는 시각과 대조된다.

④ 신은 이 세계 속에서 선을 키우고 악을 이기기 위해

■ 이 책에서는 저자의 생각을 따라 "God"을 한국 기독교에서 사용하는 "하나님" 혹은 "하느님"이라는 용어 대신 "신"이라는 보편적인 용어로 번역하겠다.

(특히 인간을 통해) 일하는 것을 멈추지 않는다. 이 가르침은 우리가 이제는 우리 자신만을 의지할 수밖에 없다는 이신론적 교설과 대비된다.

⑤ 신의 사랑, 정의에 대한 관심, 목적은 일련의 예언자들과 현인들을 통해 이미 표현되어 왔지만, 나사렛 예수를 통해 결정적인 방식으로 드러났다. 이 가르침은 만약 신이 이 세계에 영향을 미친다면 그것은 한결같고 불변하는 영향일 것이기 때문에 어떤 사건이 또 다른 사건에 비해서 신의 특성과 목적을 보다 더 잘 드러낼 수 있다고 볼 수 없다는 견해와 대비된다.

⑥ 계시된 하나님의 뜻은 이 세상에서 "하나님의 다스림"을 통하여 악을 이겨내는 것으로써, 그것은 악마적 가치(거짓, 추함, 불의, 증오, 무관심)에 사로잡힌 현재의 복종상태에서 신의 가치(진리, 아름다움, 선함, 정의, 사랑)에 기초한 생명의 상태로의 전환이다. 이 가르침은 우리가 역사적 문명화 과정에서 보다 나은 세계를 향한 근본적인 변화를 기대할 수 없다고 믿는 사고와 대비될 뿐만 아니라, 신의 구원의 목적이란 단지 우리를 이 사악한 세상에서 탈출시키려는 것으로써 이 세상의 사악함 자체에 대한 극복은 아니라는 견해와 대비된다.

⑦ 구원은 거룩한 영이신 신에 대한 직접적인 경험과 그분의 능력 주심을 통하여, 그리고 우리 삶이 궁극적인 의미를 지니고 있다는 믿음에 의해, 혹은 우리 삶이 그렇지 않다고 하더라도 최소한 부분적인 방식으로나마, 지금 여기서 향유될 수 있다.

왜냐하면 우리를 신의 사랑에서 끊어 놓을 수 있는 것은 아무것도 없기 때문이다. 이 가르침은 구원이 이 세상에서든 아니면 그 너머에서든 전적으로 미래에 발생할 것이라고 보는 모든 견해에 대비된다.

⑧ 신의 목적은 또한 육체적 죽음을 넘어선 삶 속에 있을 보다 더 온전한 구원으로 이끄시는 것이다. 이 가르침은 우리가 경험하게 될 유일한 구원 혹은 전체성이란 우리가 이생에서 경험하는 것일 뿐이라는 견해와 대비되는 것으로, 그것은 기독교 "복음"이 대부분의 사람들에게는 기쁨의 소식일 수 없음을 의미할 수 있는 가르침에 반대한다.

이러한 여덟 가지 가르침은 만약 진실이라면 각각이 "좋은 소식"임에 분명한 것으로서 기독교 복음에 대한 우리의 이해를 요약해 준다. 물론 다른 신학자들은 다소간 다른 요약을 할지도 모른다. 그러나 기독교를 일련의 믿음체계라기보다는 하나의 경로로 보는 또 다른 사람들은 "기독교의 본질"이라는 것이 수 세기가 지나도록 항상 동일한 것으로 남아 있다거나, 혹은 심지어 동일한 것으로 남아 있을 수 있다거나, 남아 있어야만 한다고 주장하는 모든 시도들을 거부한다. 그러나 나에게는 모든 기독교 신학자들이 그것을 비록 명료하게 밝히고 있지는 않을지라도 어떤 전제를 가지고 있는 듯하다. 그 전제는 진정한 기독교 신앙에 추가적인 것이거나 그것을 왜곡하기도 했던 역사적 교리와는 다른 것으로써, 성서와 연관되어 있으면서 기독교 신앙에 필수불가결한 어떤 사상이 존재한다는 것이다. 어느 경우가 되었든, 만약 우리가 기독교 신앙을 진리라고 주장해야 한다면, 진리라고 주장하는 것이 정확히 무엇을 말하는 것인지 진술하는 것은 우리의 의무가 된다. 기독교 복음의 본래적 가르침이라고 위에서 요약했던 것은 바로 이것을 하려는 나의 시도이다.

위의 여덟 가지 사항을 본래적인 가르침이라고 부르면서, 나는 그것들을 어떤 본래적인 가르침을 뒷받침하기 위해 발전된 이차적인 교리■와, 그리고 특별한 이차적인 교리들을 뒷받침하기 위해 발전된 삼차적인 교리와 구분한다. 이차적인 교리의 한 예는 예수의 동정녀 탄생설이다. 그것이 뒷받침하려는 본래적인 가르침은 예수 안에서 그리고 예수를 통한 하나님의 활동의 결과로 하나님의 성품과 목적이 결정적인 방식으로 드러났다는 것이다. 예수의 어머니가 남자에게서가 아닌 성령을 통해 수태하게 되었다는 것은 신과 예수의 특별한 관계를 설명하려는 하나의 방식이다. 모든 아이들이 부모의 죄를 이어받아 죄지은 상태로 태어난다고 주장했던 어거스틴의 원죄론이 등장한 이후, 동정녀 탄생설은 왜 원죄가 예수에게는 해당되지 않는지 설명하기 위해 사용되

■ 여기서 "교리"로 번역한 말의 해당 원어는 앞에서는 (본래적) "가르침"으로 번역했던 동일한 단어 "doctrine"이다. 꼭 들어맞지는 않지만, 본래적 가르침은 교리화되기 이전의 복음 내용 자체를 의미한다면, 이차적이고 삼차적인 교리들은 그 본래적 가르침이 특정한 논쟁적/역사적 상황에서 굳어진 형태로 정착된 교리인 경우가 많기 때문에 그렇게 번역한 것이다.

었다. 히브리서에 의하면 예수는 죄를 갖지 않았다는 것을 제외하면 다른 것은 나머지 우리와 같다.■ 물론 이 동정녀 탄생설은 문제의 절반 즉 요셉이라는 문제밖에 해결하지 못하였다. 다른 절반은 마리아의 "무흠수태"라는 삼차적인 교리로 처리되었다.

보다 완벽한 분석은 상당히 복잡해질 것이다. 예를 들어 어거스틴의 원죄론은 예수가 우리를 무엇으로부터 구원하였는지를 설명하려는 하나의 특별한 방식으로서 이차적인 교리였다. 예수에게 죄가 없었다는 히브리서의 진술 자체는 예수와 신의 관계가 어떻게 특별한지를 말하려는 이차적인 교리였다. 이 두 가지 이차적인 교리가 조화시키기 위해서 사용될 때, 본래 이차적인 교리였던 동정녀 탄생설은 삼차적인 교리가 되었다. 그러므로 무흠수태는 실제로는 네 번째 단계의 교리였다. 그러나 편의상 이런 추가되는 복잡함을 무시하고 우리의 관심을 제한하여, 한편에는 본래적인 가르침을 놓고, 다른 한편에는 이차적, 삼차적 교리들을 놓아 구분하기로 한다. 여기서 이차적인 교리를 뒷받침하기 위해 사용되는 모든 교리는 그것이 사실 사차적이고 오차적인 단계의 교리라고 할지라도 "삼차적인" 교리라고 부른다.

우리가 기독교 신앙의 진리를 논해야 한다면 본래적 가르침과 비본래적 교리에 대한 이런 구분은 필수불가결하다. 왜냐하

■ "이러한 대제사장은 우리에게 합당하니 거룩하고 악이 없고 더러움이 없고 죄인에게서 떠나 계시고 하늘보다 높이 되신 자라"(히 7:26).

면 발전되어 왔던 수많은 이차적, 삼차적 교리들이 분명히 오류이거나, 최소한 믿기에 매우 미심쩍은 것들이기 때문이다. 기독교 신앙을 잘못된 것이라거나 심지어 미신적인 것이라고까지 말하며 거부하는 많은 사람들은 마음속에 그러한 교리들을 담고 있다. 예를 들어, 잉그마르 베르히만의 영화▪ 중 하나에 등장한 목사는 십자가 위에 달린 예수를 쳐다보며 "말도 안 돼"라고 말한다. 이때 그는 분명히 마음속으로 그 진리성이 어떻게 여겨지든지 간에 이차적이거나 삼차적인 어떤 교리를 생각했을 것이다. 하지만 그러한 교리가 틀렸다고 보더라도, 여전히 기독교의 본래적 가르침은 참된 것으로 받아들일 수 있다.

2. 기독교 신앙의 초기 왜곡들

내가 생각하기에 기독교 신앙이 제공한 위대한 진리라고 생각되는 가르침들을 앞에서 요약하였다면, 이제 그것들이 어떤 방식으로 왜곡되었는지에 대하여 생각해 보고자 한다. 하나의 기본적인 방식이 이전의 토론에 암시되었었다.[2] 즉, 이차적이거나 심지어

▪ Ingmar Bergman(1918-2007). 스웨덴 태생의 시나리오 작가이자 영화감독. 루터교 목사 아들로 태어난 이 사람의 영화는 대부분 선과 악, 옳음과 그름이라는 도덕적 판단을 추구하고, 행위의 성격과 동기에 대해서 철저히 관심을 갖고 있다고 말한다.

삼차적인 교리들이 종종 마치 기독교 복음의 본질적인 부분인 것처럼 제안되어 왔다. 이런 문제가 계속해서 발생하게 된 것은 "연합에 의한 위엄reverence by association"으로 불릴 수 있는 현상 때문이었다. 어떤 특정한 시간과 장소에서 본래적인 가르침을 보호하는 데 필수적이라고 여겨진 이차적인 교리가 그 본래적 가르침 자체와 동일한 위엄을 지닌 것으로 여겨지게 된다는 말이다. 그리고 삼차적인 교리도 이차적인 교리에 대해서 동일한 과정을 거치게 된다. 그러므로 이차적이고 삼차적인 교리들이 형성된 역사적 상황에 대하여 알지 못하는 기독교인들에게는 그들 신앙의 본래적인 가르침과 그들이 전통으로부터 수여받은 일련의 교리를 서로 구분하는 일이 어렵게 되었다.

이차적, 삼차적인 교리들이 신화적이거나 아니면 단순히 잘못된 것이었을 경우, 그러한 발전과정은 특별히 왜곡되게 된다. 이것을 말하면서 나는 역사적인 기독교 교리들을 세 가지 범주로 분류하는 것을 전제하고 있다: 첫째는 본래적 가르침이라고 뽑은 나의 목록 안에 있는 것으로써 글자 그대로 참된 것이요, 둘째는 진리를 표현하고는 있지만 신화적인 형태로 있는 것이요, 셋째는 단순히 잘못된 것들이다.

역사적으로 형성된 많은 교리들이 문자적으로 참되기보다는 형식상 신화적인 것으로 간주할 경우에만 참된 것이라고 고려할 수 있다. "타락"에 관한 교리가 좋은 예를 제공한다. 만약 문자적으로 받아들인다면, 그 이야기—악마로 이해된 뱀, 실제 부부로서의 아담과 하와, 생물학적 유전을 통해 후세대로 전해지는 그들의 죄sin, 그리고 그들의 범죄행위의 유전, 이에 따라 "두 번째 아담"의 행동을 통해 용서될 때까지 유죄판결 아래 놓이게 될 온 인류에 대한 이야기—는 단순히 터무니없는 것이 될 것이다. 그러나 라인홀드 니버가 신화로 여겨야만 한다고 제안했듯이, 그 이야기가 문자적으로가 아니라 진지하게 여겨진다면 그 이야기는 깊은 진리를 전하고 있다고 하겠다.[3] 이 진리는 다름이 아니라, 세계가 본질적으로 선하다고 해도 그리고 인간이 이후의 상황과 비교해서 낙원의 상태로 기억될 만한 곳에서 오랫동안 살았다고 할지라도, 인간이란 존재는 문명이 형성되어 오는 동안 불과 수천 년 전에 소외 상태로 떨어지고 말았다는 것이다. 이 소외 상태에서 이전의 인간 공동체의 상대적인 조화로움은 전쟁, 가부장제, 노예제도, 환경 파괴, 부자와 빈자로의 나뉨과 전자의 후자에 대한 억압 등을 동반하는 존재 상태에 의해 대치되었다.[4] 이런 상태에서 죄는 그 소외 상태를 지속시키는 제도, 특권, 태도, 이데올로기, 그리고 습성이 한 세대에서 다음 세대로 이어지듯이, 생물학적으로보다는 사회적으로 유전된다.

타락에 관한 기독교의 이야기에서 중요한 역할을 하는 사탄이나 악마에 관한 주장 또한 깊은 진리에 대한 신화적인 표현으로 간주할 수 있다. 문자적으로 받아들인다면, 사탄에 관한 이야기—인격적이고 모든 것을 알며 무소부재한 존재로서 그 힘에서는 신과 견줄 만하고 악마의 무리(원형적 악의 제국)를 다스리는 존재—는 분명히 잘못된 것이다. 어떠한 피조물도 신의 능력에 접근할 수 없고, 오직 한 분만이 전지전능하다. 그러나 신화적인 구성으로 이해할 때, 악마적 힘의 우주적인 효력에 관한 생각은 깊은 진리로서, 오늘날 교회가 선교에 관한 이해에서 중심적인 것으로 삼을 필요가 있는 것이 된다. 그것은 우리 각자가 그 안에 살고 있는 인간의 문명이 현재 악마적인 힘에 예속당하여 있다는 생각이다. 악마적 힘이라고 말할 때, 나는 창조자의 목적에 정반대되며 그 목적을 좌초시키기에 충분히 강한 힘을 의미한다.[5] 죽음과 파괴의 이데올로기와 제도에 사로잡힌 인간의 문명은 현재 자기뿐만 아니라 지구상 대부분의 다른 생명들을 파괴하는 다양한 방법을 갖고 있으며, 이로써 신이 수십억 년에 걸쳐 길러온 무수한 형태의 아름다운 생명을 파괴하고 있다.

그러므로 사탄과 타락에 대한 생각은 깊은 진리에 관한 신화적 표현으로 이해할 수 있다. 하지만 셀 수 없이 많은 사람들이 기독교 교리를 부정해 왔던 것은, 형식상 신화적인 수많은 다른 교리들과 함께 이러한 생각들을 문자적으로 받아들여야만 한다고 들어 왔기 때문이다.

문자적으로 받아들이는 경우 그릇된 것이 되는 교리들 외에도, 우리가 솔직하게 받아들여야만 할 정말로 잘못된 역사적 교리들이 있다. 그러나 나는 초과학적 사건의 발생을 인정하는 사람이기 때문에,[6] 그러한 교리들에 대한 나의 목록은 동료 신학자들의 목록보다는 약간 짧다. 왜냐하면 내가 절대적으로 불가능하다고 생각하는 것이 보다 적기 때문이다. 예를 들어, 나는 치유의 기적이나 음식이 배가倍加되는 것과 같은 기적 이야기들이 실제 사건에 기초하고 있을 가능성을 배제하지 않는다.[7] 그러나 단순히 잘못된 것에 해당하는 교리의 범주는 최소한 예수의 동정녀 탄생설과 같은 교리들을 포함한다. 마리아의 항구적 처녀성에 대한 교리■는 신약성서가 예수의 동생들에 대해서 자유롭게 이야기하고 있는 것으로 봐서 보다 더 분명히 잘못된 것으로 생각된다.

이런 교리들은 단순히 그 허위성으로 말미암아 기독교 신앙을 왜곡함에도, 그것이 마치 기독교 신앙의 본래적인 가르침인 것으로 취급될 때, 보다 심각한 왜곡이 일어난다. 이러한 왜곡이 20세기 초반 미국의 근본주의 운동에서 일어났다. 이 운동에서 동정녀 탄생설은 진정한 기독교인임을 시험하는 데 사용된 다섯 교리 중 하나였다. 이 교리는 기독교 신앙의 본래적인 가르침들보다 사실상 더 중요한 것으로 종종 취급되기도 하였는데, 그것은 동정녀 탄생설을 받아들이느냐 마느냐 하는 문제가 어떤 사람이 진정한 기독교인이냐를 결정하는 문제―이것은 신이 우리를 사랑하시고 우리가 서로 사랑compassion으로 대할 것을 원하신다는 것을

■『로마 가톨릭교회 교리문답서』(1992)에 나오는 성모 마리아에 관련된 교리는 개신교에서는 거의 부인되고 있는 많은 목록을 담고 있다. 교황 피우스 9세에 의해 1854년 교리화된 〈무흠수태설〉, 에베소 공회(431년)에서 처음 사용된 이후 전해져 온 〈신의 모친성〉, 눅 1:26-27에 기록된 천사 가브리엘의 말과 다른 성서적 전거들로부터 추론된 〈항구적 처녀성〉, 1950년 교황 피우스 12세에 의해 채택된 〈마리아 승천설〉 등이 있다.

고백하는 것이다—보다 더 결정적인 것으로 여겨지는 경우에 그러하였다.

어찌되었든, 나는 위에서 교리들을 단지 신화적으로 해석한 경우에만 참되다고 여겨지는 것과 아예 그릇된 것으로 구분하였는데, 이제 하나를 더 보태, 이 양자 중 어느 것으로도 분류할 수 있다고 여겨지는 교리에 대해서 말하고자 한다. 예수를 "신의 아들"로 보는 견해가 이 경우의 예가 될 것이다. 한편에서, 예수를 어떤 면에서 신이었다고 보는 견해, 특히 예수가 삼위일체의 두 번째 위격의 성육신으로서 신적 전지omniscience를 가졌다고 보는 견해는 그릇된 것으로 버려야만 한다. 칼케돈 신조가 예수를 이런 관점에서 "완전한 신"이라고 했지만 또한 "완전한 인간"으로도 말하려고 했다는 점에서, 셀 수 없이 많은 비평가들이 지적했듯이, 그것은 자기모순적인 것이다. 인간이란 존재는 지식에서 유한할 수밖에 없기 때문에, 완전한 인간이면서 동시에 전지할 수 있는 존재는 불가능하다. 예수를 이런 관점에서 신의 아들로 보는 견해는 틀린 것으로 기각되어야만 할 것이다. 그러나 다른 한편으로 보면, 이 생각이 예수에 해당되는 깊은 진리 즉, 신이 예수 안에 현재하며 또 아주 특별한 방식으로 그를 통하여 일하였음을 말하려고 하는 시적이고 신화적인 표현이라고 볼 수도 있겠다. 내가 이 견해를 받아들이는 부분적인 이유는 신과 세계의 관계에 대한 나의 견해 때문으로, 이것은 모든 "열광주의"를 반대하는 사람들의 시각과는 달리 신이 어느 정도까지는 우리 안에 들어와 우리에게 영향을 미친다는 것을 인정한다. 하지만 예수가 신의 아들이라고 하는 말이 그가 아들 신God the Son이었다는 주장으로 널리 사용되었던 사실을 전제한다면, 이 교리를 단순히 잘못된 교리의 범주에 넣는 것이 더 나을 것이라 생각된다. 이런 결론에 대한 나의 확신은 이 교리와 마리아를 "Theotokos" 즉 "신-담지자God-bearer" 혹은 "신의 어머니"로 보는 교리와 밀접히 결합되어 있음을 기억할 때 다시 한번 강화된다. 한 여자가 신을 낳을 수 있다는 생각을 단순히 잘못된 것이라는 범주에 넣을 수 없다면, 도대체 어떻게 해야 한다는 말인가?

어떤 경우에도, 단순히 잘못된 것의 범주가 믿기 힘든 사건에 관한 교리로 제한되어야 한다고 생각해서는 안 된다. 기독교에서 첫 수 세기 동안에 가르쳤던 다른 많은 교리들은 우리가 현재 잘못된 것이라고 생각하고 있거나 혹은 틀린 것으로 생각해야만 하는 견해들이었다. 이것들 가운데 하늘은 문자적으로 (공간적으로) 우리 위에, 지옥은 우리 밑에 있다고 믿은 삼층우주설, 지구가 우주의 중심이라는 지구중심설, 우리 세계가 불과 수천 년 전에 창조되었다는 교설, 현재의 모든 종은 긴 진화 과정을 거치지 않고 직접 신에 의해서 그리고 거의 일시에 창조되었다는 견해 등이 있을 것이다. 이러한 교리들은 자연과학이 발전하면서 논박된 반면, 다른 생각들 예를 들면 성서의 첫 다섯 권이 모세라는 한 사람에 의해 기록되었다는 견해 등은 역사과학이 발전하면서 논박되었다.

또 다른 것으로서 자기모순적이지 않고, 있을 법하지 않은 사건도 아니고, 시대에 뒤떨어진 과학이 아님에도 불구하고, 오늘날 많은 사람들이 단순히 잘못된 것의 범주에 해당하는 것으로 여기는 견해들이 존재한다. 그런 견해들로는 영원한 고통의 장소로 신이 창조한 지옥에 관한 생각, 교회 밖에는 구원이 없다는 생각, 따라서 기독교 신앙을 받아들이지 않은 모든 사람 아니면 최소한 대부분의 사람은 지옥에 떨어지고 말 것이라는 생각, 신이 어떤 사람은 천국으로 어떤 사람은 지옥으로 갈 것을 예정했다는 생각 등을 포함할 수 있을 것이다. 정확히 왜 내가 이런 생각들을 잘못된 것이라고 주장하는지를 묻는다면, 부분적으로 그 답은 나에게 그것들이 솔직히 말해 믿겨지지 않기 때문에 그렇다고 해야 할 것 같다. 다른 많은 사람이 말할 것 같은 또 다른 답은 그 생각들이 진실이라기에는 너무 소름끼친 것으로 보인다는 것이다. 이러한 대답들이 자기 희망에 근거한 생각이라고 비판받을 수 있다 할지라도—사실 잔혹한 것에 관한 많은 이야기들이 실제 사실이지 않은가?—이 대답은 기독교인들이 해야 할 좋은 대답이다. 우리 신앙의 정중앙에는 우리 세계가 선하고 사랑이 풍성한 창조자에 의해 지어졌기 때문에 그것은 본질적으로 선한 것이라는 긍정이 있다. 만약 이런 긍정이 지옥에 관한 교설이나 교회 밖의 사람들에 대한 저주나 이중예정설과 모순되지 않는다면, 무엇이 그것과 모순될 수 있겠는가?

이런 교설과 아울러, 우리는 기독교 신앙이 몇몇 이차적이고 삼차적인 교리들에 의해 왜곡되게 된, 다시 말해 그러한 교리들이 본래적 가르침들의 토대를 갉아먹을 때, 그렇게 함으로써 기독교의 좋은 소식을 매우 나쁜 소식으로 바꾸게 되는 최악의 방식에 도달하였다. 나는 이제 그런 교리들 가운데 가장 중요한 것으로 생각하는 것으로, 앞 장에서 이미 언급한 바 있는 무로부터의 창조라는 교리에 관해 이야기하고자 한다.

3. 주요 왜곡: 무로부터의 창조

무로부터의 창조 교리를 성서적인 것이라고 폭넓게 받아들이고 있는 것처럼 보이지만, 현재 지도적인 학자들은 이 견해는 거절하고 있다. 가장 철저한 연구로는 존 레빈슨의 『창조와 악의 지속』과 게르하르트 메이의 『무로부터의 창조』를 들 수 있다.

레빈슨은 무로부터의 창조 교리가 "성서가 기록된 이후에 생긴" 것이라고 주장하면서, 창세기의 첫 장을 똑바로 이해하면 "무로부터의 창조 교리를 지지하는 것으로 인용될 수 없다"고 말한다.[8] 성서의 구절이 이 교리를 뒷받침하고 있다는 신념은 그 시작하는 절들이 "태초에 하나님이 천지를 창조하시니라. 땅이 혼돈하고 공허하며"라고 번역되었던 사실에 기초한다. 그러나 레빈슨은 이러한 번역이 문제들을 만든다고 지적한다. 문제 중 하나는 본문을 그렇게 번역함으로써 하늘과 땅이 맨 처음에 창조되었음을 말하고 있지만, 뒤에 나오는 구절들은 하늘과 땅이 둘째 날과 셋째 날에 각각 지어졌다고 말한다는 점이다.[9] 이러한 불일치는 첫 두 절을 오늘날 대부분의 구약성서 신학자들이 동의하는 방식 대로, "하나님이 하늘과 땅을 창조하기 시작하실 때, 세상이 혼돈하고 공허하며"라고 번역하면 제거된다.[10]■ 이렇게 읽을 때, 신은 우리 세상을 태고의 혼돈으로부터 창조하신 것이 된다. 창세기 1장이 무로부터의 창조를 내포하고 있다는 주장에 반대하는 또 다른 계산은 거기(2절-역자)에 원래 태고의 혼돈에 속한 것으로 이해되는 물과 어둠이 창조되었다는 언급이 없다는 사실에 있다.[11]

우리 우주의 기원에 대한 이런 다른 방식의 이해는 신의 힘에 대한 다른 개념구성을 제안한다. 신이 우리 세계를 혼돈상태로부터 창조했다는 생각은 이 세계 창조의 재료인 "물질"이 그것 자체의 힘을 얼마간 지니고 있다는 것과 그럼으로써 그 물질이 신의 의지에 완전히 종속되어 있지 않을 수 있다는 가능성을 열어둔다. 우리가 기억한다면, 플라톤이 이런 견해를 명백하게 보여주었다. 그는 창조자가 모든 것이 "가능한 한" 좋은 것이 되도록 결의하였다고 말한다.[12] 반대로, 우리 우주가 완전한 무로부터 창조되었다는 생각은 신적 창조자가 절대적으로 전능하다는 것을 제안한다. 형상 없는 공허a formless void라는 언급이 있음에도 불구하

■ 원문은 다음과 같다. "When God began to create the heaven and the earth, the world was without form and void."

고 창세기의 시작 부분을 바로 이런 견해에 대한 승인으로 읽으려는 시도는 보통 "두 단계" 이론 즉, 신이 처음에 무로부터 가공되지 않은 재료를 만들어내고, 그 다음 그것을 사용하여 우리 세계를 창조하였다는 이론을 수반하여 왔다. 이 견해가 함축하고 있는 것은, 세상의 기초 요소란 그 존재를 전적으로 창조자의 의지에 의존하며 따라서 그 의지에 저항할 수 있는 어떠한 고유의 힘도 지니지 않는다는 점이다. 이런 이해는 이 시대의 칼빈주의 신학자인 밀러드 에릭슨▪에 의해 다음과 같이 표현되었다: "신은 존재하였던 것과 함께 일하지 않았다. 그는 그가 사용했던 무가공의 물질을 만들었다. 만약 그렇지 않았다면, 신은 그가 활용했던 무가공 물질의 내재적인 특성과 함께 작업해야만 한다는 점에서 제한을 받았을 것이다."[13]

레빈슨은 이러한 두 가지 읽는 방식의 차이점이 내포하고 있는 중요성에 대해 지적한다. 그가 말하기를, 개정된 읽기("하나님이 하늘과 땅을 창조하기 시작하실 때 세상이 혼돈하고 공허하며"로 읽기-역자)가 중요한 이유는 히브리인들이 무로부터의 창조를 믿었다는 가정이 더 나아가 그들이 신을 우주의 모든 힘을 전적으로 통제하는 존재로 생각하였다는 왜곡된 견해로 이끌었기 때문이다.[14] 이런 견해는 왜곡이다. 왜냐하면 창세기 1장뿐만 아니라 구약성

▪ Millard J. Erickson(1932-). 침례교 목사이자 신학자로서 20여 권의 신학서적을 저술하였음. 현재 미국 오래건 주, 포틀랜드에 있는 웨스턴 신학교의 특훈교수로 있다.

서 안의 다른 관련 본문들의 대부분이 지시하고 있는 내용은 신이 시원적인 혼돈의 원천을 패퇴시킨 후에 우리의 질서화된 세계가 형성되었다는 것이라고 레빈슨은 말한다.[15] 『창조와 악의 지속』이라는 그의 책 제목이 지적하는 것은, 히브리인들이 믿었던 것은 혼돈이 소멸되지 않고 단지 그 경계만 정해졌을 뿐이고, 그 결과 혼돈은 계속해서 그 경계를 뚫고 나오려고 위협하였다는 사실이다.[16] 레빈슨은 구약성서가 무로부터의 창조를 가르친다고 해석하는 것은 "구약성서의 신학을 과도하게 낙관적으로 이해하는 토대"가 되어 왔다고 말한다.[17] 히브리인들이 신을 완벽한 통제의 힘을 가진 존재로 생각했더라면, 그들은 아마 악의 지속을 완전히 불가사의한 것으로 여겼을 것이고, 그게 아니면 이 세계의 창조자가 전적으로 선한 분은 아니라고 결론지었을 것이다.

게르하르트 메이는 자신의 책에서 무로부터의 창조라는 교리는 구약성서의 어느 곳에서도 발견되지 않는다는 것을 지적하고, 이에 덧붙여 신구약 중간기의 문서와 신약성서에서도 발견되지 않는다고 주장한다. 신구약 중간기의 유대교 문서에 있는 주요 증거는 마카비후서 7장 28절에 나오는 것으로, 신은 세계와 인류를 "무존재nonbeing로부터" 창조하였다고 기록되어 있다. 하지만 이 표현이 엄격한 의미에서 무로부터의 창조를 반드시 의미하는 것은 아니라고 메이는 지적한다. 그것은 이 세계를 구성하는 재료가 무로부터 창조되었다는 것을 의미한다.[18] 예를 들어, 기원전 4세기, 그리스 철학자 크세노폰은 부모는 "그들의 자녀를 무존재로부터 낳는다"고 말했고, 1세기의 헬레니즘적 유대 철학자 필로는 신과 함께 선재하는 물질이 존재함을 인정했음에도 불구하고 신은 "무존재로부터" 창조하였다고 말하였다.[19] 다시 말해, 무로부터의 창조라는 표현은 "창조 행위를 통해 이전에 존재하지 않았던 어떤 것이 생겨난다는 것을 말하는 비사색적 일상 언어"라는 것이다. 그것 자체로는 엄격한 의미에서의 무로부터의 창조라는 교리를 의미하지 않는다는 것이다.[20]

기독교 이전 유대교 문서에서 이 교리에 대한 증거가 부족하다는 것은 그 다음으로 신약성서에 증거가 있다는 주장을 침식시킬 수밖에 없게 된다. 이러한 주장은 "초기 기독교가 이미 유대교 전통에서 그 교리가 만들어졌다고 생각하였고" 따라서 "그것을 전제하고 신약성서를 다룰 수 있다"고 보는 견해에 근거한다고 메이는 지적한다.[21] 이 점에 기초하여 신약성서 학자들은 요한복음 1장 3절, 로마서 4장 17절, 골로새서 1장 16절, 히브리서 11장 3절과 같은 구절들■이 무로부터의 창조 교리를 명시적으로 승인

■ 요 1:3, "모든 것은 말씀을 통하여 생겨났고 이 말씀 없이 생겨난 것은 하나도 없다." 롬 4:17, "성서에 '내가 너를 만민의 조상으로 삼았다'고 하지 않았습니까? 그는 죽은 자를 살리시고 없는 것을 있게 만드시는 하느님을 믿었던 것입니다." 골 1:16, "그것은 하늘과 땅에 있는 만물, 곧 보이는 것은 물론이고 왕권과 주권과 권세와 세력의 여러 천신들과 같은 보이지 않는 것까지도 모두 그분을 통해서 창조되었기 때문입니다. 만물은 그분을 통해서 그리고 그분을 위해서 창조되었습니다." 히 11:3, "우리는 믿음이 있으므로 이 세상이 하느님의 말씀으로 창조되었다는 것, 곧 우리의 눈에 보이는 것이 보이지 않는 것에서 나왔다는 것을 압니다."(공동번역 사용).

하지는 않는다 할지라도 그것에 대한 암시로 받아들여도 안전하다는 주장을 전통적으로 해왔다. 메이는 이 교리가 이전 유대교 전통에 존재했다는 증거가 없다는 것을 보이면서 위와 같은 주장의 한계를 밝힌다. 그러고 나서 앞의 성서 구절들 그리고 신약성서 안의 어떤 다른 구절들도 그 교리에 대한 증거가 되지 못한다고 주장한다.[22] 메이의 주장이 특별히 중요한 이유는 그 자신이 기독교 신학자로서 무로부터의 창조라는 교리를 받아들이고 있고, 따라서 자신의 주장을 내세우기 위해 역사적 증거를 왜곡시킨다는 의심을 받을 수 없기 때문이다.

신약성서가 기록되었던 1세기 동안 무로부터의 창조 교리를 뒷받침할 증거가 없다는 사실과 더불어, 2세기의 대부분 기간 동안에도 역시 그런 증거는 없다. 대신, 기독교 신학자들은 중기 플라톤주의의 전형적인 영향을 받았다. 그 사상은 질서화된 우주가 시간 안에서 기원을 갖는다면, 비형상적unformed 물질은 플라톤적 형상과 함께 신과 영원히 공존한다coeternal고 보았다.[23] 메이는 후대의 기준에 의해 "정통"으로 여겨진 순교자 저스틴, 아테나고라스, 알렉산드리아의 클레멘트를 포함한 많은 2세기의 신학자들은 "비형상적 물질이 성서의 유일신론과 완전한 조화를 이룬다"고 주장했다는 것을 지적한다.[24] 사실, 저스틴은 바로 이 점이 성서가 가르치는 것이라고 철저하게 전제하고 있었는데, 그 성서의 가르침은 그가 주장했던 것 즉 플라톤이 모세를 표절해서, "신이 이 우주를 시작이 없는 물질로부터 창조하였다는 가르침을 창세기의 시작 문구에서" 빌려왔다는 것이다.[25] 그러면, 토마스 아퀴나스와 다른 중세 신학자들은 무로부터의 창조 교리가 신에 의해 계시되었다고 가정하였는데, 이 초기의 신학자들은 명백히 그렇게 생각하지 않았다고 볼 수가 있다. 그러면 왜 이 교리가 생겨났을까?

메이가 보여주는 답은 이렇다. 무로부터의 창조 교리는 우리 세상을 본질적으로 선한 것으로 본 기독교 신앙의 (본래적) 가르침을 부정했던 마르시온의 영지주의 신학이 몰고 온 위협에 대한 응답으로 일어났다는 것이다.[26] 마르시온의 신학에 따르면, 우리 세상은 예수를 통해 계시된 최고의 신과는 다른 악한 신인 구약성서의 창조자 신에 의해 악한 물질로부터 만들어졌기 때문에, 이 세상은 악으로 가득 차 있다.[27] 기독교 역사가들은 마르시온이 신약성서 경전 제정에 부정적인 방식으로 책임이 있다는 사실을 오랫동안 알아 왔다. 다시 말해, 마르시온이 자신의 이단적 주장을 변호하기 위해 기독교 저작들을 수집하여 모은 후에야, 교회는 신의 영감을 받았다고 여겨지는 일련의 기독교 문서들 그래서 나중에 성서가 된 문서들을 확정할 수 있었다. 아울러 메이는 마르시온이 또다시 부정적인 방식으로 무로부터의 창조 교리가 출현하게 된 책임을 갖게 된다는 것을 보여준다.

우리가 보아 왔듯이, 많은 기독교 신학자들은 물질의 영원성이란 사상을 수용했었다. 그러나 마르시온은 그런 생각을 받아들이는 것 외에, 이 물질이 악한 것이라고도 생각했다. 우리 세계가 악한 물질로부터 창조되었다고 말함으로써, 마르시온은 이 세상이 본질적으로 선하다는 것, 즉 이 세상이 현재 악하다면 그 것은 우발적으로 그럴 뿐이라는 기독교 신앙의 확신을 부인하였 다. 몇몇 기독교 신학자는 이러한 위협에 맞설 최선의 길은 물질 이 영원하다는 생각을 버리고, 대신 우리 세상이 절대적인 무로부 터 창조되었다고 주장하는 것이라고 결정하였다. 하지만 이런 요 청은 제대로 된 응답이 아니었다. 마르시온의 생각이 실제로는 사 리에 맞지 않았기 때문이다. 문제가 되고 있는 플라톤주의적 사고 에 의하면, 우리 세상은 비형상적 물질로부터 창조되었다. 비형상 적이기 때문에 물질은 어떤 특성도 갖고 있지 않고, 따라서 선하 지도 악하지도 않으며 단순히 중립적이다.[28] 기독교 신학은 바로 이 점을 지적하며 모순된 마르시온의 주장을 처리함으로써 그의 위협에 대해 응답할 수도 있었다.

이러한 논증을 위한 기초는 세상의 악에 대한 대안적인 설명과 함께 헤르모게네스로 불리는 안디옥의 한 신학자에 의해 제공되었다. 만약 일이 다르게 진행되었다면, 그는 아마 당대에 기억될 가장 위대한 기독교 사상가로 인정받았을 것이다. 메이의 지적에 의하면, 헤르모게네스는 "단호하게 창조자 신의 절대적인 선함을 주장하려는 열정으로 가득한" 사람이었다. 비기원적un-originate 물질에 대한 사상을 수용한 그의 최초의 관심은 신의 절 대적 선에 관한 주장을 보호하는 방식으로 악의 기원을 설명하는 것이었다.[29] 메이는 헤르모게네스의 기본 생각이 "세상에 존재하는 악의 근거"를 "모든 피조물 안에 남아 있는 물질의 원래적 무질서의 흔적"으로 보는 것이라고 말한다. 만약 우리가 반대로 신이 무로부터 우리 세계를 창조하였다고 생각한다면, 헤르모게네스에 의하면, 우리는 일관된 설명을 할 수 없게 된다. "왜냐하면 완벽한 선[예를 들면, 신]은 오직 선만 창조하므로, 악의 기원이 설명될 수 없기 때문이다." 헤르모게네스는 그의 동료 기독교 사상가들에게 무로부터의 창조라는 생각은 신이 문자적으로 모든 것 즉 악까지도 포함한 모든 것의 근원이라는 생각을 함축함으로써 신의 완벽한 선함이라는 사상을 위협하게 될 것이라고 경고하였다.[30]

혼돈으로부터의 창조 교리가 창조자의 절대적 선을 보호할 것이라는 주장과 함께, 헤르모게네스는 그것이 기독교 신앙의 관점에서 완벽하게 수용할 만한 것이라고 주장했다. 창세기 1장 2절이 혼돈으로부터의 창조를 지지한다고 본 헤르모게네스의 주장은 "널리 알려진 해석 전통"을 따른 것이라고 메이는 지적한다. 또한 물질 자체를 악으로 본 견해와 거리가 먼 헤르모게네스는 "질서 잡히기 전의 물질은 성질을 지니지 않는다"고 말하면서, 그것은 따라서 "선도 악도 아니다"고 주장한다. 마지막으로, 그는 피조되지 않은 물질이 신과 영원히 공존한다는 사상은 양자의 동등함을 의미하지는 않는다고 주장했다. 메이는 "헤르모게네스가 물질이 존재적으로 신과 동등한 위치를 갖는 원리가 될 수 없고, 신이 물질의 주Lord라고 전적으로 선언하였다"고 말한다.[31]

무로부터의 창조라는 새로운 사상을 받아들이는 것은 기

독교인에게 풀 수 없는 악의 문제를 던져 주게 될 것이라고 했던 경고를 포함한 헤르모게네스의 주장은 정당했다. 그러나 그럼에도, 마르시온의 영지주의는 플라톤주의에 대한 격렬한 반작용을 몰고 왔기 때문에 헤르모게네스의 주장은 기회를 얻지 못하고 말았다. 메이가 말하듯이,

> 2세기의 마지막 몇 십 년 동안, 가톨릭교회가 스스로를 영지주의적 이단으로부터 갈라내는 과정이 최고조에 달했고, 이것과 함께 기독교 사상을 철학적으로 재해석하려는 시도들, 특히 모든 지적 혼합주의 형태에 대한 결정적인 반작용이 있었다. 이러한 역사적 상황에서 헤르모게네스가 시도했던 것과 같은 기독교와 플라톤주의의 종합은 더 이상 추구될 수 없었다. 반영지주의적 신학 풍토가 마련된 상황에서 그런 시도들은 즉시 이단이란 평결을 몰고 왔다.[32]

따라서, "헤르모게네스가 그의 사상을 앞으로 더 밀고 나갔을 때, 그에 대한 문자적인 논박이 거의 즉시 시작되었던 것으로 보인다"고 메이는 말한다.[33]

헤르모게네스에 대한 이러한 논박은 절대적 무로부터의 창조라는 사고에 대한 승인을 동반하였다. 헤르모게네스에 대한 최초의 반대자인 안디옥의 테오필루스는 "무로부터의 창조 교리의 내용과 용어를 분명하게 사용한" 최초의 가톨릭 신학자였다.[34]

테오필루스의 논박적인 저작들은 "무로부터의 창조라는 교회의 교리"를 만드는 데 히폴리투스, 터툴리안 그리고 아마도 메이가 이 이론의 또 다른 창시자라고 지목했던 이레니우스에게까지 영향을 주었다.[35] 이 새로운 교리의 채택은 놀랍게도 빠른 속도로 진행되었다. 히브리인들과 최초의 기독교인들이 천여 년 동안 가르쳤던 것들이 한 세대 사이에 역전되었다. 메이는 "터툴리안과 히폴리투스 [그리고 오리겐]은 신이 세계를 절대적 무로부터 창조하였다는 것을 이미 확정된 기독교적 견해로 생각하였다"고 말한다.[36]

　　자신들의 존재 자체를 위협하는 것 같은 이단적 움직임을 분쇄하기 위한 격정에 사로잡힌 심리상태에서 성급하게 만들어진 많은 결정들은 마치 미국의 1919년의 적색공포the Red Scare와 매카시 시대 그리고 오늘날의 테러와의 전쟁 기간 동안 있던 법률제정처럼 심사숙고된 것들이 아니었다. 이런 현상이 무로부터의 창조를 지지하는 결정에 동일하게 나타난다는 사실을 믿을 만한 이유가 있다. 우리 세계가 비형상적 물질로부터 창조되었다는 플라톤적 사고에 대한 반대는 전적으로 제휴(기독교 신앙과 플라톤주의의 연합-역자)에 대한 죄책감에 기반하고 있었다. 물질을 악한 것으로 본 마르시온의 견해는 뒤죽박죽이었기 때문에, 그의 신학은 최소한 헤르모게네스와 같은 철학적 통찰을 가진 신학자들에 의해 비웃음거리로 전락될 수도 있었다.

　　그러나 메이 자신도 헤르모게네스의 반대자들이 택했던

방향이 옳은 것이라고 믿으면서도, 그들이 이토록 중차대한 변화를 이끌어 갈 만한 지적 준비가 제대로 되지 않았다는 것을 보여주는 언급을 여러 곳에서 한다. 예를 들어, 메이는 무로부터의 창조 교리는 "신의 의지에 따른 자유로운 결정이 창조의 유일한 근거라는 선언을 통해 신의 창조활동에 관한 모든 제한을 제거해 버린" 것으로서, 신에 관한 성서적인 사고가 "철학적 문젯거리"가 되지 않을 수 없게 만들었다고 지적한다. 그러고 나서, 메이는 "그러나 이것은 테오필루스의 관심을 훨씬 뛰어넘는 문제"라고 말하며 덧붙이기를, "테오필루스는 무로부터의 창조 교리가 과거 신학적 전통과 근본적인 결별을 하면서 만들어내는 것이 무엇인지 충분히 깨닫지 못했다"고 한다.[37]

이레니우스에 대해서 메이는, 신은 오직 "가능한 최선의 것the best possible"만을 의도한다고 주장하는 플라톤적 사고를 거부한 점에 대해 찬사를 보낸다. 그리고 메이는 이레니우스가 "성서적 신의 절대적 자유와 전능"을 주장하며 그것이 "모든 것에서 규정적이고 지배적이어야 하며" 따라서 "그 밖의 모든 주장은 그것에 양보해야 한다"고 했던 의견에 찬성한다.[38] 그러나 메이는 "영지주의와의 논쟁에 요구되는 것을 넘어서는 우주론적 질문은 이레니우스에게서 거의 일어나지 않았다. 그는 신이 물질을 창조했다는 것을 아는 것만으로 충분했고, 따라서 '어떻게' 창조가 되었는지에 대해서는 [숙고하지 않았다]"고 말한다.[39] ■ "이레니우스는 그 시대의 철학이 제공하는 수준에서(조차) 창조에 관한 문제를 토론하지 않았다"고 덧붙이면서, 메이는 이레니우스의 입장은 "그가 철학적인 문제의식을 깊이 갖지 않았기 때문에 얻을 수 있었던 것일 뿐"이라고 몹시 실망스러운 듯이 말한다.[40] 메이가 테오필루스와 이레니우스의 철학적 한계를 말하면서, 이 두 신학자가 무로부터의 창조 교리를 기독교 전통에서 정통적 입장이 되도록 하는 데 대부분의 책임이 있다고 지적한 사실을 기억하는 것은 매우 중요하다.

절대적 무로부터의 창조라는 교리로의 이동은 기독교 신학의 역사에서 만들어진 가장 치명적인 결정이 되었다. 마르시온의 영지주의가 기독교 신학에 몰고 온 위협에 온 마음을 빼앗긴 채 사물에 대한 신중한 견해를 갖는 일에 무심했던 신학자들과 그 일을 수행하는 데 지적 준비가 불충분했던 것으로 보이는 사람들에 의해 채택되어 최전선에 내세워진 무로부터의 창조라는 교리는 그 안에 기독교 신앙에 대한 위협 즉 신의 완벽한 선善이라는 사상에 대한 위협이 있다고 했던 헤르모게네스의 경고에 대한 마땅한 고려 없이 만들어지고 말았다. 악의 문제에 관한 토론의 역사는 만일 신이 절대적 무로부터 세계를 창조하였다고 이야기된다면 악의 기원은 설명될 수 없을 것이라고, 최소한 신의 선함은 완벽한 것이 될 수 없음을 의미하게 된다고 했던 헤르모게네스의

■ 이레니우스가 '어떻게' 창조되었는지를 생각하지 않았던 이유는 "성서가 그것에 대한 정보를 주지 않기 때문에, 발렌티아누스 영지주의자들처럼 그것을 사색하는 것은 허용될 수 없다"는 논리를 가졌기 때문이다.

경고를 입증한다. 이 문제는 근대 세계에서 유신론이 거부되는 주요한 이유 중 하나가 된다. 무로부터의 창조 교리는 또한 다른 문제들을 만들었거나, 그게 아니면 최소한 악화시켰다. 먼저 악에 관한 문제부터 토론한 다음 다른 문제들을 언급하도록 하겠다.

4. 무로부터의 창조와 악의 문제

무로부터의 창조 교리가 채택되지 않았다고 할지라도, 기독교 신앙은 악이라는 심각한 질문 앞에 놓였을 것이다. 한 가지 점에서, 신구약성서 모두 신의 전능에 관해 진술한다. 예를 들면, 창세기 18장 14절은 "여호와께 능치 못한 일이 있겠느냐?" 하고 수사적으로 묻는다. 마태복음 19장 26절은 "하나님으로서는 다 할 수 있느니라" 하고 선언한다. 더 나아가 이 구절들은 혼돈으로부터 창조라는 플라톤적 사고를 지지했던 초기 기독교 신학자들에 의해서 강조되었다. 예를 들어, 순교자 저스틴은 "선하신 신이 모든 것을 비형상적 물질로부터 지어내셨다"고 말하고 있으면서도, 또한 "신이 그가 의도하는 어떤 것이라도 하실 수 있다는 것을 의심하지 말아야 한다"고 말한다. 메이는 저스틴이 "불가능한 것도 가능한 것이 되게 하는 신의 전능함"으로 인해 성육신과 부활이 가능한 것으로 보았다고 지적한다.[41] 이런 방식의 사고가 어떤 경우에도 규범적인 것이 되어 갔고, 따라서 무로부터의 창조 교리가 없었어도 기독교는 악에 관한 심각한 문제를 가질 가능성이 있었다.

그럼에도 불구하고, 무로부터의 창조 교리를 수용했던 것은 결정적인 것이었다. 왜냐하면 그것이 이 가능성을 불가피성으로 전환시켰기 때문이다. 무로부터의 창조 교리와 거리가 멀지만 그럼에도 불구하고 신의 절대적 전능을 말하는 성서의 구절들은 신이 단순히 그가 하고자 하는 일을 만들어낼 수 없다는 것을 말하는 무수히 많은 다른 구절들에 비추어서 해석될 수 있었다. 신의 전능함을 주장하는 구약성서의 요소는 레빈슨이 주의를 요청했던 다른 요소 즉 신의 의지를 좌절시키는 계속된 혼돈의 힘을 강조하는 요소와 관련지어 해석될 수 있었다. 그러나 무로부터의 창조 교리의 채택은 이런 가능성을 미리 배제하였고, 그 결과 뒤를 이은 기독교 신학자들은 악이라는 결코 풀 수 없는 문제를 풀어야만 하는 과제를 떠안게 되었다.

악의 문제를 풀어야 하는 이 과제는 신정론theodicy이라 불렸던 것으로, 그것은 "신의 방식을 정당화하기" 혹은 세상에 악이 존재함에도 불구하고 이 세상의 창조자가 선하다는 것을 증명하는 것이었다. 전통적인 신정론은 무로부터의 창조라는 교리를 토대로 신의 전능이라는 전통적인 생각과 연관하여 신정론을 전개하였다. 주로 두 가지 방식으로 진행된 전통적인 신정론은 신이 세계의 모든 사건을 결정한다고 여길 수 있느냐 없느냐에 따라 그 성격이 나뉘었다. 신이 세계의 모든 사건을 결정한다는 견해를 "전통적인 전全-결정적 신론traditional all-determining theism"이라

부를 수 있다. 그것이 먼저 출현하여 최소한 18세기까지 지배적인 생각이었기 때문에 먼저 다루도록 하겠다.

전통적인 전-결정적 신론의 신정론

신의 선함을 변호하는 과제를 담당했던 기독교 초창기의 가장 중요한 신학자는 어거스틴이었다. 그는 한동안 마니교 운동의 일원이었는데, 이 사상은 마르시온이 그랬던 것처럼 세계가 본래적으로 악하다고 간주함으로써 악의 문제를 해결하였다. 기독교인이 되고 나서 이 견해를 버린 어거스틴은 이제 세계의 모든 것이 전적으로 선한 신에 의해 무로부터 창조되었으니 본질적으로 선하다고 주장하였다. 해결해야 할 문제는 그가 기독교적 가르침과 세계의 악의 존재라는 이 두 요소를 동시에 고려하면서 신의 완전한 선을 변호할 수 있느냐 하는 것이었다.

기독교적 가르침과 관련하여, 어거스틴은 다음과 같은 두 사실로부터 하나의 명백한 문제가 생겨나고 있음을 알아챘다. 하나는 명백히 인류의 대다수가 영원한 형벌을 받을 운명에 놓여 있다는 점이었고, 다른 하나는 누가 구원될 것인가 하는 문제는 오직 신에 의해서만 결정된다는 점이었다.[42] 이 명백한 문제에 대해서 어거스틴은 모든 사람이 자기 뜻에 따라 죄를 지었기 때문에 지옥에 가는 것이 마땅하지만, 우리는 은혜롭게도 우리 중 일부를 구원하기로 결정하신 신을 찬양해야 한다고 대답한다.[43] 이런 대답이 보여주고 있듯이, 어거스틴의 변호는 인간이 지닌 자유의 실재성에 달려 있다. 그는 인간이 자유롭게 선택할 수 있는 능력을 소유하고 있다고 보아야만 하며, 그렇지 않으면 도덕적 명령에 관한 모든 관념은 무의미한 것이 되어 버리고, 또 만약 죄가 자발적으로 지어진 것이 아니라면 그것은 죄가 될 수 없을 것이라고 말한다.[44] 아울러 인간은 신에게 기인하지 않은 자기 의지를 실행하는 존재로 이해되어야 하는데, 그 이유는 그렇지 않을 때 신이 죄의 창조자가 되어 버리기 때문이라고 한다.[45]

이 모든 설명이 훌륭한 진술로 보이지만, 신의 전능에 관한 어거스틴의 입장은 진정 인간에게 자유가 존재하는지를 이해할 수 없도록 만든다. 그는 "전능자가 그렇게 되도록 원하지 않는다면 어떠한 일도 발생하지 않는다. 그가 어떤 일이 생겨나도록 허락하거나 아니면 실제로 그것이 생겨나는 원인을 제공한다"고 말한다.[46] 일이 발생하도록 "허락한다"는 이 말은 자유에 대한 여지를 남겨두는 것으로 비쳐진다. 그러나 다른 진술들은 이런 가능성을 제거해 버린다. 어거스틴은 세상에 신이 창조하지 않은 단한 가지 것으로 악한 의지evil will가 있다고 말하면서도, 또 한편에서는 악한 것까지 포함된 모든 의지가 신에 의해 지배된다고 주장한다.[47] 그는 "세상을 좇는 의지는 전적으로 신의 뜻에 따라 그렇게 된 것이기 때문에, 신은 어느 쪽으로든지 언제든지 자신이 원하는 곳으로 그 의지가 향할 수 있게 한다" 그리고 신은 "심지어 악한 인간의 마음속에서도 그가 의지하는 것을 행한다"고 말한다.[48] 어거스틴은 인간이나 사악한 천사가 죄를 짓는다는 사실은 피조물의 의지가 신이 당신의 의지대로 달성하기 원하는 것을 이루지 못하도록 막았다는 것을 의미하지 않는다고 주장한다.[49] "천사나 인간이 죄 짓는 것을 막을 힘이 신에게 없다고 어느 누가 감히 믿거나 말할 수 있겠는가?" 하고 어거스틴은 수사적으로 물을 뿐이다.[50]

이러한 견해는 어떻게 인간의 죄가 가능한가를 설명하기 어렵게 만든다. 어거스틴은 인간의 죄란 신이 원하는(will) 것을 하지 않고 자신이 하고자 하는 것을 하는 것이라고 정의하였다.[51] 그러나 우리의 하고자 하는 것이 신에 의해 완전히 통제된다면 어떻게 우리가 죄를 지을 수 있단 말인가? 어거스틴은 이 문제를 해결하기 위해 신의 의지를 영원 의지eternal will와 명령 의지commanding will, 둘로 분류한다. 우리가 죄를 짓는 경우에조차 우리 의지가 신의 의지에 의해 통제된다고 말할 때, 우리는 모든 것을 생겨나게 하는 신의 영원 의지에 대해서 말하고 있는 것이다. 이와 달리, 죄란 신의 의지에 반하는 것이라고 말할 때, 우리는 신이 성서를 통해 우리에게 하거나 하지 말도록 일러 준 신의 명령 의지에 대해서 말하는 것이다.

하지만 이런 답변은 여전히 거대한 문제를 남기고 있는 듯이 보인다. 만약 우리의 죄 된 선택들 자체가 신의 영원 의지에 의해 완전히 결정된다면, 어떻게 우리가 그것들에 대해 책임져야 한다고 말할 수 있을까? 어거스틴 스스로 만약 죄가 자발적인 것이 아니라면 그것은 죄가 될 수 없다고 말하였다. 이 문제에 대한 어거스틴의 대답은 "양립가능론compatibilism" 즉, 우리의 결심이 미리 결정되어 있고 따라서 우리가 다른 결심을 할 수 없다는 사실은 우리의 결심이 자유로울 수 있음을 막진 않는다는 견해이다. 예를 들어, 어거스틴은 신앙과 행함이란 명령된 것이자 동시에 신의 선물로 여겨지는 것으로써 "우리는 그것을 우리가 한다고도 볼 수 있고 신이 우리로 하여금 그것을 하도록 하게 했다고도 볼 수 있다"고 말한다.[52] 따라서 신의 선에 대한 어거스틴의 모든 변호는 양립가능론이라는 맥락에 실려 있는 것으로, 그것은 우리가 달리 할 수 없었고 또 처벌자에 의해 어떠한 행동을 하도록 영향을 받았다 할지라도 우리는 그 행동에 대해서 정당하게 처벌받을 수 있다는 주장이다. ▪

▪ 어거스틴이 죄를 자유freedom에 기반한 책임성의 문제이자 결정론determinism에 근거한 불가피성의 문제로 동시에 보며 양립가능론의 견해를 취하게 된 점은, 그가 영지주의와 펠라기우스주의라는 두 가지 신학적 위협에 대처할 수밖에 없었던 역사적 상황과 관련하여 이해하는 것이 좋을 듯하다. 한편에서 영지주의는 영과 육의 적대적 이원론을 바탕으로 존재의 유한성 자체가 악을 초래하는 필연적 비극성을 지닌 것으로 보았기 때문에, 이에 대해 어거스틴은 신의 선한 창조와 인간의 책임성의 문제를 제시하지 않을 수 없었다. 다른 한편에서 인간의 자유로운 도덕적 책임감을 통해 죄의 극복 가능성을 주장한 펠라기우스의 낙관주의에 대하여, 어거스틴은 죄의 불가피성과 악에 가담하는 인간 실존의 보편적 비극성을 강조하면서 신의 구원활동을 필수불가결한 신학적 요소로 확립시켜야만 했다. 이러한 역사적 상황에서 그는 인간의 자유와 죄의 필연성, 죄에 대한 책임성과 죄로부터의 불가피성이라는 두 가지 요소를 동시에 붙잡으려고 하였다.

이 주제는 토마스 아퀴나스에 의해 보다 충분히 토론되었는데, 그 또한 인간의 자유를 강조하면서 신의 선을 변호하려 하였다. 앞 장에서 보았듯이, 토마스는 제1원인과 제2원인이라는 구도를 사용하였다. 이 구도에 따르면, 하나의 사건이란 부분적으로는 신에 의해서 이루어지고 또 부분적으로는 이차적 원인에 의해서 이루어지는 것이 아닌, 전적으로 신에 의해서 그리고 전적으로 이차적 원인에 의해서 발생하는 것으로 설명된다고 토마스는 강조한다.[53] 토마스는 만약 신이 전적으로 모든 사건을 발생시킨다면 왜 이차적 원인들이 불필요한 잉여가 아닌지를 이해하기란 어렵다고 시인한다. 그럼에도 불구하고 그는 이차적 원인들이 실제로 원인이 된다는 점을 주장한다. "결과를 일으키는 저차적인 형식의 원인을 신의 힘에 기인한 것으로 돌려서는 안 된다. 신은 저차적인 작인agent의 원인을 제거해 버리는 방식으로 자신의 힘을 사용하지 않는다."[54] 토마스는 신이 인과성의 위엄을 피조물에게 일반적으로 수여하였고, 자유의지의 명예를 특별히 인간에게 수여하였다고 말한다.[55] 세계의 악은 신이 아닌 불완전한 이차적 원인들 탓으로 돌려질 수 있다.[56] 그러나 만약 모든 사건의 일차적 원인이 되는 신이 단지 부분적으로가 아니라 전적으로 그 사건들에 책임이 있다면, 어떻게 세계의 악이 이차적 원인들 탓으로 돌려질 수 있단 말인가? 토마스는 이차적 원인들이 신의 명령을 실행하며, 항상 이행되는 신의 의지는 이차적 원인 안에 있는 결점 때문에 방해받을 수 없다고 말한다.[57] 특히 자유 선택을 하는 우리의 행동들과 관련하여, 토마스는 신이 그것들의 원인을 제공했다고 말한다. 토마스가 말하는 자유의지라는 것이 환상이라 보는 것 외에 다른 더 무슨 결론을 내릴 수가 있을까?

사실 이런 결론은 매우 분명하게 마틴 루터의『의지의 속박에 관하여』에서 명백히 표현되었다. 루터는 신의 선지식fore-knowledge이 인간의 결정의 자유로움을 막지 않는다고 말하는 신학자들의 주장을 부정하면서, 그가 "'자유의지'를 때려눕힐 폭탄"을 갖고 있다고 말하였다. 이 폭탄은 "신이 우연히 미리 아는 것은 하나도 없다. 그는 변경할 수 없고, 영원하고, 절대무오한 자기 자신의 의지에 따라 모든 일을 예견하고, 의도하고, 행한다"는 견해였다. 그러므로, "우리가 하는 모든 일이 겉으로는 변하기 쉽고 또 우연히 행해진 것처럼 보여도 사실은 필연적인 것이다."[58] 루터는 "모든 것이 그저 일어나는 것이 아니라 신의 의지에 따라 생겨나는 것이기 때문에, 인간에게든 천사에게든 아니면 어떤 피조물에게든 '자유의지'란 있을 수 없다"고 덧붙인다.[59] 몇몇 루터연구 학자들은 루터가 자유를 부정한 것은 오직 구원과 관련해서이지 인간의 결정, 말하자면 돈을 어떻게 쓸 것인가 하는 결정과 관련해서 그런 것은 아니었다고 주장하지만, 루터는 "바로 그 '자유의지'는 신의 자유의지에 지배된다"고 말했다.[60] 루터는 의심의 여지없이 "'자유의지'란 명백히 오직 신의 주권에만 해당되는 말이다. 만약 '자유의지'가 인간에게 속한 것이라면, 그것은 마땅히 신에게 속한 것을 부당하게 인간에게 돌리는 것이다. 이보다 더한 불경은

없을 것이다!"고 말한다.[61]

　　만약 루터가 어거스틴이나 아퀴나스와는 달리 자유가 인간에게 속한 것이라는 주장을 겉치레로조차 하지 않았다면, 우리는 어떻게 신이 선하다고 생각할 수 있을까? 루터도 이것이 문제가 된다는 것을 인정하였다.

　　당신은 (구원을) 받을 만한 가치가 없는 다시 말해 불경한 사람이 불경하게 태어나 불경함을 피할 길이 없어서 불경한 상태에 머물러 있고 또한 저주 받고 있는 것, 그러나 그것이 죄짓고 파멸할 수밖에 없도록 타고난 숙명에 의해 강제되고 있다는 사실에서 신의 자비와 공평을 변호하기가 힘들다는 점을 아마도 염려할 것이다.[62]

　　루터는 신이 불공평한 분처럼 보인다는 점에 동의한다. 그러나 그는 기독교 신앙은 "신이 우리에게 부당하게 보이는 순간에도 그를 믿는 것"을 수반한다고 주장한다.[63]

　　최고 수준의 신앙은 신이 소수를 구원하고 다수를 벌하는 때에 그가 자비롭다는 것을 믿는 것이자, 신이 자신의 의지로 우리가 필연적으로 저주받을 존재가 되도록 만들고 그로 인해 그가 가련한 인생들의 고난을 기뻐하는 존재로 보이고 사랑보다는 증오를 받을 만한 존재로 보일 때에 (도리어) 그

가 의롭다고 믿는 것이다.[64]

　신이 왜 아담을 타락하게 하였는지, 신이 다른 물질로부터 우리를 (새롭게) 창조할 수 있었을 때에도 왜 우리를 아담의 죄의 흔적을 지닌 존재로 만들었는지, 그리고 사람들이 죄 짓는 것을 피할 수 없음에도 불구하고 왜 그 죄의 책임을 물어 처벌하는지 등의 질문을 우리가 묻고 싶어 한다는 것을 루터는 인정한다. 이 질문들에 대한 루터의 대답은 그러한 질문을 하는 것 자체가 "정당하지lawful" 않다는 것이다. "우리가 할 일은 그러한 비밀을 파헤치는 것이 아니라 그것을 경외하는 것이다."[65]

　이 모든 질문들에 대한 그의 궁극적인 대답은 신의 의지보다 우선하는 것도 숭고한 것도 있을 수 없다는 그의 과도한 의지론voluntarism과 연관된다. 루터의 말을 인용하자면,

　신은 어떠한 원인이나 근거를 자기 의지의 규칙이나 표준으로 갖지 않는 분이다. 신의 의지와 동등하거나 같은 지위를 갖는 것은 아무것도 없다. 신의 의지 자신만이 모든 것의 규칙이다. 신이 하고자 결심한will 것은 옳은right 것이 아니다. 왜냐하면 그가 그렇게 하고자 결심해야만 했기 때문이다. 반대로, 무언가 발생했다면 그것은 반드시 옳은 것이다. 왜냐하면 신이 그렇게 되도록 원했기 때문이다.[66]

우리는 여기서 무로부터의 창조 교리가 궁극적으로 함축하고 있는 것 중 하나를 보게 된다. 모든 것이 신의 의지로 창조되었다. 심지어 선과 악의 기준까지도. 따라서 신이 의지하는 것이라면 그 무엇이든지 그것 자체로 정의定義상 선한 것이다. 최소한 전능자의 경우에 한해서는, 힘이 곧 의로움이다.

칼빈의 입장도 본질적으로는 같다. 칼빈의『기독교 강요』에서 신은 전능자로 불리는데, 그것은 때때로 쓸모없이 되고 마는 능력 때문이 아니라, 신이 "사람의 계획과 의도"를 포함한 모든 것을 결정하기 때문이다.[67] 칼빈은 신이 악을 그저 허용했다고 말하는 토마스주의자들에게 반대하면서, "그들은 허튼 소리로 신의 섭리의 자리에 초라한 허용를 대신 놓으면서, 마치 신이 망대 위에서 우연한 사건이나 기다리며 앉아 있는 분인 것처럼 터무니없는 소리를 한다"고 말한다.[68] 만약 인간의 모든 바람이나 행동이 신에 의해 결정된다면 어떻게 인간이 죄를 지을 수 있을까 하는 문제와 관련하여, 칼빈은 인간의 행동을 유발시키는 신의 숨겨진 의지 hidden will와 그 행동이 위반하게 되는 신의 명령 의지commanding will를 구분한다. 죄인은 달리 행동할 수 없음에도 불구하고 그들이 신에 의해 처벌받을 수밖에 없는 이유는 "신은 어떤 사람이 할 수 있었는지를 묻지 않고, 그들이 무엇을 하려고 했었는지를 묻기 때문이다."[69] 다른 말로 해서, 신이 죄인을 처벌하는 이유는 그들이 악을 행하려고 했기 때문이다. 그들이 악을 행하도록 만든 것이 신의 의지 자체였다는 사실은 신이 눈감는다는 말이다.

이중예정설을 명시적으로 긍정했다는 점에서, 칼빈은 아마도 가장 유명한 혹은 가장 악명 높은 사람일 것이다. 칼빈은 신이 단지 일부를 선택하고 나머지를 벌한다는 것을 말하려고 하는 것은 유치한 짓일 뿐이라고 생각한다. "신이 무시해 버린 사람은 신의 정죄함을 받은 것이다. 신이 이것을 행한 것은 다른 이유가 있어서가 아니라 신이 그들을 (자기 자녀들을 위해 예정해 둔) 유산으로부터 배제시키고자 했기 때문이다."[70] 신이 칙령으로 유아를 포함한 많은 사람들이 영벌에 들어가도록 예정한 것은 그것이 신을 매우 만족시켰기 때문이라고 말하였던 칼빈은 "이 칙령이 가공할 만하다는 것을 나는 인정한다"고 말한다.[71] 그러나 우리는 신을 판단할 만한 존재가 아니라고 이어 말하면서, 그의 극단적인 의지론을 보여준다. "신의 의지는 의義에 관한 최상의 규칙이다. 따라서 그가 무엇을 하고자 하든 그가 그것을 하고자 했다는 바로 그 사실에 의해서 그것이 의로운 것으로 간주되어야만 한다."[72]

하지만, 칼빈은 다른 전-결정적 유신론자들처럼 이 생각 즉, 신이 무엇을 하든 그것이 의롭다는 것은 자명하다는 생각에만 근거해서 그의 변호를 마치지는 않는다. 그는 또한 이 세계의 최종 결과가 "신이 항상 그의 계획을 위한 최선의 판단을 가졌음"을 보여주게 될 것이라고 말한다.[73] 이런 칼빈의 말에서 마지막 시간에 신은 "당신의 정의가 가장 의롭고 명백한 분"으로 드러나게 될 것이라고 했던 루터의 흔적을 보게 된다.[74] 악이 종국에는 환영으로 보이게 될 것이라고 했던 루터의 주장은 본질적으로는 토마스의 견해와 같은 것이었다. 토마스는 우리가 부분적인 견지에서 불평하는 악이란 사실상 전체의 완벽함에 기여하므로, 그것을 실제로 악이라 할 수 없다고 주장하였다.[75] 이런 미학적인 유추는 어거스틴이 먼저 사용했다. 그는 "악이라 불리는 것조차도 선을 높인다. 왜냐하면 선한 것은 나쁜 것과 비교되었을 때 더 큰 기쁨과 찬양을 만들어내기 때문이다"고 말하였다.[76] 이와 마찬가지로, 토마스도 좋은 시詩나 그림이 대조를 통하여 보다 아름답게 보이듯이 "우주는 심지어 죄인에 의해서 아름답게 되는 것이다"고 말한다.[77] 명백히 보이는 어떠한 악도 진정한genuine 악은 아니라는 이 견해는 18세기가 동터오를 무렵 고트프리드 빌헬름 라이프니츠에 의하여 다음과 같은 주장으로 요약된다: 우리 세계는 "모든 가능한 세계 중 최상"이다.[78] 물론 이 결론은 전-결정적 유신론이 그 시작에서부터 함축하고 있었던 것이었다. 어거스틴이 말하였듯이, "만약 악한 것들이 존재한다는 사실이 좋은 것이 아니라면, 전능한 선the Omnipotent Good(신-역자)이 그것들이 존재하는 것을 허락하지 않았을 것이다."[79]

이 주장의 문제는 진정한 악, 다시 말해 가능한 최상의 선에 공헌하지 않는 어떤 것이 존재한다는 단 하나의 사례가 신이 존재하지 않음을 암시한다는 것이다. 그러면, 어느 누구도 진정으로 나쁜 일이 발생한다는 것을 정말로 의심할 수 없다는 말인가? 우리 중 누가 하루의 삶을 보내며, 신문을 읽고, 텔레비전을 보고, 또 일상적 삶의 고난과 재난을 목도하면서, 이와 동시에 일어나는 모든 일이 최상의 것을 위해 일한다고 믿을 수 있다는 말인가? 우리 중 누가 아우슈비츠에서 어린아이들이 가스 질식과 불태움당했던 것 또 미국에서 어린 소녀들이 당하는 강간과 살인이 이 세계를 그러지 않을 수도 있었을 상태보다 더 나쁘게 만들지 않았다고 믿을 수 있단 말인가? 도스토예프스키의 『카라마조프의 형제들』 중 "반역"이란 제목이 달린 장에서, 이반은 어떤 것이 잔혹한 악을 선으로 전환시킬 수 있다고 하는 생각에 저항한다. 이반은 "보다 고차적인 조화로움"이 세계의 끝에 실현될 수도 있음을 인정한다. 그리고 만약 그가 거기에 있다면 그는 합창단에 들어가 "당신은 정의로우신 분, 오 주님, 당신의 길이 마침내 드러났네" 하고 찬양할 것이라고 한다. 그러나 이반은 자신의 티켓을 미리 물리기를 원한다고 말한다. 왜냐하면 그는 천진난만한 어린이들의 고난이 보다 고차적인 선을 위해 필연적이라는 생각을 결코 수용할 수 없었기 때문이다. 보다 고상한 관점으로 해석한다고 하더라도 이 세계의 악이 소멸될 수는 없을 것이라고 보는 확신은 알프레드 노스 화이트헤드의 주장에서도 보인다. 그는 "'가능한 세계 중 최상'이라는 라이프니츠의 이론은 창조자의 체면을 살리기 위해 오늘날과 이전의 신학자들이 대담하게 꾸민 이야기다"라고 말한다.[80]

　　이전의 신학자 중 한 명이었던 루터는 이 이론을 믿을 만한 것으로 만들기 위해 세 가지의 빛—자연의 빛, 은총의 빛, 영광의 빛—을 구분하였다. 신은 세계를 다음과 같은 방식으로 다스린다고 루터는 말한다. 자연의 빛 혹은 자연 이성에 따르면, 우리는 신이 없다거나 신은 공평하지 않다고 결론지을 것이다. 왜냐하면 악인이 번영하고 선인이 고난을 당하기 때문이다. 그러나 이 문제는 은총의 빛에 의해 해결된다. 은총의 빛은 "**이 삶 다음에 또 다른 삶이 있으니, 여기서 처벌받지 않거나 변제되지 않은 것은 거기서 처벌받고 변제받게 될 것이다**"라고 가르친다. 이러한 대답을 제공하면서 루터는 은총의 빛이 새로운 문제를 만들고 있다는 것을 인정한다. 왜냐하면 "어떻게 신이 자신의 힘으로는 죄밖에 지을 수 없고 그로 인해 죄인이 된 사람을 처벌"할 수 있는지를 설명할 수 없으며, 여전히 잘못은 "신의 불의injustice에" 있는 것으로 보이기 때문이다. 그러나 루터는 자연의 빛으로 풀 수 없었던 문제를 은총의 빛이 쉽게 풀었듯이 "은총의 빛으로 풀지 못한 문제들을 영광의 빛이 풀 것"이라고 가정하는 것이 이치에 맞는다고 주장한다.[81]

이러한 주장이 언뜻 보기엔 그럴 듯하지만, 이 주장은 사실상 문제가 있다. 만약 우리가 은총의 빛에 의하여 어떻게 두 번째 문제가 풀리는지를 여기서 볼 수 없다면, 첫 번째 문제마저도 우리에겐 풀리지 않은 것이 된다. 사실상, 그것은 문제를 더 악화시킨 것이다. 왜냐하면 이 삶에서 번영하지 못한 악인 중의 다수는 오히려 더 비참한 존재가 되기 때문이다. 루터에 의해 해석된 은총의 빛은 그들이 악하게 된 사실은 신의 전-결정적 의지 때문임에도 불구하고, 그들은 영원히 비참하게 될 것이라는 것을 우리에게 말할 뿐이다.

바로 이 점과 이것과 연결된 이유들로 인해, 전-결정적 유신론자에 의해 설명된 기독교 신앙은 악의 문제를 풀기는커녕, 그 문제를 더욱 키우고 말았다. 이 신학은 일반적인 질문들 외에, 구원과 영벌에 관련된 신의 정의라는 문제를 추가했다. 특별히 문제가 되는 것은 신과 비교하여 사람들은 자유를 갖지 않는다는 생각이었다. 이 생각은 신이 사람들을 자신이 미리 제정해 둔 타락을 이유로 처벌한다는 것 이외에도, 많은 사람들이 비판하듯이 숙명론과 피동성을 유발한다.

더 나아가, 인간의 행동이 신에 의해 전적으로 결정되어 있다는 생각은 그것과 밀접하게 연관된 생각 즉, 진정한 악이란 발생하지 않는다는 생각과 같이, 실제의 삶에서는 일관되게 따를 수 없는 이론일 뿐이다. 예를 들어, 칼빈은 신이 모든 것을, 심지어 우리 대적의 행동까지, 그리되게 하셨다는 생각을 묵상하면, 우리가 "역경 속에서 인내"를 배우게 된다고 말하였다. 그리고 "분노와 성급함의 가장 효과적인 치료제"는 어떠한 사건을 대할 때에라도 "주께서 그것을 계획하셨다는 것" 그리고 "그분은 공정하고 마땅한 것만을 계획하신다는 것"을 기억하는 것이라고 말한다. 따라서 "우리가 어떤 사람에게 부당한 상처를 입었을 때, 적이 우리를 대적하여 어떤 사악한 행동을 하였을지라도 그것은 신의 공정한 섭리에 의하여 허락되고 진행되었다는 것을 기억하자"고 말한다.[82] 그러나 칼빈이 그의 지적 반대자와 싸울 때, 우리는 그가 이것을 진실로 믿지 않았다는 것을 보게 된다. 예를 들어, 그는 이중예정설을 반대하는 사람들을 "악독하게 물어뜯어 이 교리를 공격하는 개"라고 비난하며, 그들의 반대의견을 "사악하고 불경한 자들의 건방진 행동"이라 하였다.[83] 이것은 분명히 자기 자신의 생각에 어긋나는 것으로써, 그들은 칼빈 스스로가 자신이 믿은 것을 가르쳤던 것과 마찬가지로 이러한 반대의견을 제기하도록 신에 의해 완벽하게 원인을 제공받은 것이라는 점을 잊어버린 것이다. 칼빈은 자신의 가르침을 변호할 때에는 그의 예정론을 기억하였다. 그는 자신의 생각은 성령에 의해 생겨나게 되었다고 믿으면서도, 그의 반대자들은 감히 공개적으로 "하늘을 향해 이런 신성모독을 토해낼" 수가 없어서 자신에게 불평하는 체한다고 말한다.[84] 만약 신이 그 사람들로 하여금 자신의 생각을 비판하도록 하였다는 칼빈의 (예정설적) 믿음을 가정한다면, 그는 지금 여기서 신이 불경하다고 암묵적으로 비난하고 있는 것은 아닌가? 칼빈 스스로 이 질문에 답하려고 한다. 칼빈은 이중예정설이 숙명론과 피동성을 끌어들일지 모른다는 이유로 그것을 공개적으로 가르치기를 두려워하는 사람들을 향해서, 그 사람들은 "마치 그들이 지혜롭게 느끼고 있는 위험에 대해서 신은 미처 예견하지 못했던 것처럼, 신이 어리석은 부주의를 범했다고 간접적으로 힐난하고 있다"고 말한다.[85] 이와 유사하게, 칼빈이 잘못되고 해로운 교리를 가르친다고 자신의 반대자들을 비난할 때, 그는 신이 그 반대자들로 하여금 그것을 말하도록 원인을 제공함으로써 신이 잘못되고 해로운 가르침을 만들어냈다고 간접적으로 비난하고 있는 것은 아닌가? 이러한 설명이 보여주듯이, 신의 섭리가 모든 것을 완벽하게 결정한다는 생각을 가진 칼빈조차도 우리가 자유 없이 행동한다는 것을 실제로는 믿을 수 없었다.

바로 이러한 문제들과 그것에 연관된 이유들로 인해, 일군의 철학자들과 신학자들은 무로부터의 창조 교리를 여전히 받아들이면서도, 인간의 자유에 관한 여지를 만들기 위해 신과 세계의 관계에 대해 다시 생각하기 시작하였다. 따라서 이 견해를 "전통적인 자유의지 신론"이라 부를 수 있겠다. 이 견해는 어거스틴이나 토마스 아퀴나스가 가진 생각으로부터 분리되는데, 그것은 이 두 신학자가 말로는 인간의 자유를 긍정했다고 할지라도, 루터와 칼빈이 지적했듯이, 모든 것을 신이 결정한다고 주장하는 그들의 사상체계가 실제로 인간의 자유에 대한 여지를 남겨두지 않기 때문이다.

전통적인 자유의지 신론의 신정론

전통적인 자유의지 유신론자들은 여전히 무로부터의 창조 교리를 수용하면서, 신이 모든 것을 결정할 수도 있다고 주장한다. 그러나 그들은 말하기를, 신이 자발적으로 자신의 힘을 제한하여 실제 real 자유를 최소한 몇몇 피조물—특히 인간—에게 주었다고 한다. 실제 자유란 그들의 결정과 행동이 신에 의해 모두 결정되지 않는다는 것을 의미한다. 이 유신론자들은 궤변 즉, 인간의 자유가 신의 완벽한 결정과 양립할 수 있다는 생각을 거부한다. 이들은 인간의 자기결정에 대한 이러한 허락이 인간은 자신들의 행동에 대해 부분적으로 자유롭고 따라서 부분적으로 책임져야 한다는 피할 수 없는 전제를 우리가 제대로 처리할 수 있도록 한다는 것을 의미한다고 지적한다. 그러므로 우리는 또한 인간의 죄, 즉 신의 의지와 반대로 가는 행동을 신의 두 의지라는 궤변에 의지하지 않고 의미 있게 말할 수 있게 된다. 따라서 이 형태의 전통적 신론은 보다 나은 신정론을 발전시킬 수 있는 입장에 속한 것으로 생각된다. 그리고 사실 그렇다. 하지만 그것은 또한 몇 가지 심각한 문제를 계속해서 지니고 있다.[86]

첫 번째 문제는 전통적 자유의지 유신론자들이 인간만을 이 지구상에서 자유를 지닌 유일한 피조물로 여긴다는 사실에서 생긴다. 그럼으로써, 이 견해는 보통 "자연 악natural evil으로 불리는 것들" 즉 지진, 태풍, 가뭄, 홍수, 질병 등 인간의 의지와는 상관없이 일어나는 악의 문제에 대하여 대답하지 못한다. 이 문제가 18세기의 프랑스에서 이신론이 무신론으로 전환하는 데 있어서 주요 이유가 된다. 성서가 신에 의해서 쓰였다는 생각을 조롱했던 유명한 프랑스 이신론자 볼테르는 자신의 소설『캉디드』(1759)에서 이 세계의 모든 세세한 부분들이 "가능한 모든 세상 중 최상"이라는 견해를 풍자한다. 볼테르는 다른 이신론자들처럼 종교는 역사에 근거하기보다는 오직 자연에 근거하고 있다고 믿었다. 그는 자연의 질서와 설계가 선한 창조자의 존재를 가리키며, 이 창조자는 도덕을 중심으로 움직이는 종교를 재가하였다고 믿었다. 그러나 수천 명의 무고한 사람들을 해친 1755년의 지독했던 리스본 지진이 그의 이러한 믿음을 흔들어 놓았다. 그는 〈리스본 재난에 관한 시〉(1756)에서 이신론이 정통기독교보다 악에 관하여 더 잘 설명할 수 있다는 (기존의) 생각에 대하여 의심을 표현한다.[87] 더 나아가 흄의 『자연종교에 관한 대화』(1779)에서 이신론자를 대표하는 클리안데스의 주장은 전통적인 신앙을 대변하는 데미아의 입장이 거부되었던 것만큼 단호하게 부정된다. 이 논쟁에서 중심적인 역할을 하는 것은 자연의 악에 관한 문제이다.

전통적인 자유의지 신론의 두 번째 문제점은 그것의 가설에 의하면 신이 어떤 특별한 악의 발생을 막는 일에 개입할 수 있다고 주장하는 데에 있다. 신은 "죽기에 너무 어린" 사람을 향해 날아오는 총알의 방향을 바꿀 수도 있다. 신은 대량학살이 발생하는 것을 막을 수도 있었다. 신은 죄 많은 인간이 자신의 의도대로 악한 결과를 만들어내지 못하도록 예방할 수도 있다. 그리고 신은 질병이나 자연재해로 인한 항구적인 상해, 괴로운 고통, 너무 이른 죽음 등이 발생하지 않도록 막을 수 있다. 그러므로 이 견해는 신의 존재에 관한 질문 아니면 최소한 신의 선에 관해서 무수히 많은 의심들을 양산했던 전통적인 신론의 가정을 계속 사용하고 있다. 만약 이 모든 종류의 사건을 막을 수는 있지만 그러기를 거부하는—아마도 우리가 이러한 고통을 견뎌내는 인내를 배워야 한다는 이유로—초인Superman이 있다면, 우리는 분명히 그의 도덕적 선함에 대하여 묻게 될 것이다. 물론 초인은 모든 진정한 악을 막아낼 수 없다. 왜냐하면 그 역시 유한한 존재로서 모든 곳에 동시에 있을 수 없기 때문이다. 그러나 전통적인 신론의 신은 무소부재한 존재이기 때문에 이런 변명이 통하지 않는다. 이런 반성이 스탕달로 하여금 유명한 경구를 만들게 한다: "신의 유일한 변명은 그가 존재하지 않는 것뿐이다."[88]

이러한 문제와 마주친 몇몇 전통적 자유의지 유신론자들은 신이 왜 이토록 많은 악을 허용하였는지 그들이 설명할 수는 없지만 또 그렇다고 그것을 꼭 설명할 필요는 없다고 단순히 말한다. 앨빈 플란팅가는 "유신론자가 믿듯이 만약 신이 선하면서 힘이 있는 존재라면, 그렇다면 신은 정말로 악을 허용할 만한 충분한 이유를 가졌을 것이다. 그러나 왜 유신론자는 그 이유가 무엇이었는지 해석해야 하는 자리에 있지 않으면 안 된다고 가정하는가?"[89] 이 플란팅가의 대답은 세계에 악이 존재하는 이유를 납득할 만하게 설명하는 이론인 **신정론**을 유신론자들이 반드시 제공해야만 하는 것은 아니라는 것이다. 대신 그는 유신론자들이 "악이 존재한다"는 것과 "신이 전지전능하면서 전적으로 선하다"는 것을 동시에 주장하는 데 논리적 모순이 있지 않다는 것을 단순히 보여주는 **방어**를 하는 것만으로도 충분하다고 말한다. 플란팅가는 어떻게 이 두 명제가 서로 조화를 이룰 수도(might) 있는지를 설명하는 한에서, 납득하기 힘들다는 사실은 "핵심에서 전적으로 벗어난" 부차적인 문제가 되고 만다고 말한다.[90] 하지만, 많은 비평가들에게 이런 종류의 "방어"는 사실 전통적 신론이 자유의지 신론이라는 형식으로도 납득할 만한 설명을 만들어내지 못한다는 것을 보여주는 자백에 불과한 것으로 보일 것이다.

5. 무로부터의 창조 교리로 인한 다른 왜곡들

무로부터의 창조 교리는 기독교의 "좋은 소식"을 나쁜 소식 즉, 우주에 관한 끔찍한 세계관처럼 보이도록 만들었고, 이로 인해 기독교에 대항하는 볼테르의 투쟁구호는 "그 악명 높은 것을 분쇄하기"가 되었다.[91] 기독교 신앙을 크게 왜곡시킨 것들 중 하나는 분명히 기독교 신앙을 그러한 끔찍한 세계관과 동등한 것이 되게 한 사실에 있다. 그러나 여전히 무로부터의 창조 교리에 의해 만들어진—아니면 최소한 악화되는—다른 왜곡들이 있다.

그것과 밀접하게 연관되어 있으면서 또한 그것에 필적할 만한 거대한 왜곡으로서 많은 진보적 사상가들에 의해 기독교는 분쇄되어야만 한다고 폭넓은 공감을 얻어 왔던 것은, 기독교 복음이 사회 정치 경제적 현상유지에 대한 옹호와 동일한 것처럼 여겨져 왔던 사실에 있다. 우리가 보아 왔듯이, 민주주의나 경제적 정의 등과 같은 혁신적인 사상을 지지하는 진보주의자들을 억누르고 기성질서를 뒷받침하여 온존시키려 하는 욕망은 기계론적 자연관을 채택하여 영혼의 불멸성과 초자연적 신의 존재를 주장하고자 했던 사람들의 중심 동기 중 하나였다. 물론 이러한 관점에서 기독교를 향한 가장 유명한 비판은 칼 마르크스가 했던 것이다. 종교를 "민중의 아편"이라고 했던 그의 비판은 정확하게 바로 그 모습 즉 종교—그에게 이 종교라는 말은 무엇보다도 기독교를 가리키는 말이었다—가 현재의 질서를 신이 제정한 것이라고 가르치고 또 이 세상에서의 고난은 다가올 세상에서 얻을 영광과 비교할 때 중요한 것이 아니라고 가르침으로써 사람들로 하여금 부정의를 수용하도록 습관화시켰던 점에 대한 지적이었다. 나중에 보겠지만, 루터는 모든 것은 당위적으로 그러해야만 했던 것이 그대로 된 것이라고 말했다. 마르크스의 영향을 통해 수억 명의 사람들은 기독교가 가난한 사람들과 권리를 빼앗긴 사람들을 위한 사회적 정의에 대한 관심에 반드시 적대적이라는 가르침을 받았다. 예수의 메시지가 그 당시의 가난하고 권리를 빼앗긴 사람들을 위한 사회경제적 정의에 깊이 주목하고 있었다는 사실과 그가 타락한 종교권력의 도움을 얻은 정치권력에 의해 십자가형을 당했다는 사실을 생각해 본다면,[92] 기독교 신앙이 얼마나 크게 왜곡되었는지 상상하기조차 힘들다.

무로부터의 창조 교리와 연관된 또 다른 왜곡은 기독교가 오직 "하나뿐인 참된 종교"라는 것을 입증하고자 하는 욕망과 관계되어 있다. 예를 들어, 예수의 몸의 부활이 기독교를 확증하는 신의 재가를 표시하는 유일한 기적(the miracle)이라고 보았던 터툴리안은 신이 죽은 자를 일으켜 세울 능력을 지녔다는 것을 보여

줄 증거로 무로부터의 창조 교리를 사용하였다.[93] 이 교리는 또한 교회의 초자연주의적 기독론을 옹호하는 데 사용되었는데, 이 기독론은 예수에게 있었던 신의 임재가 히브리 예언자들이나 마호메트에게 임한 신의 임재와 그 종류kind에서 다르다고 보는 것으로 십자군적 사고와 무관하지 않은 것이다. 예수를 신으로 보는 이 초자연주의적 기독론은 또한 유대인들에게 "신을 죽인" 죄를 씌우고, 결국 홀로코스트가 생겨나게 만들었던 비방과 박해의 참혹한 역사의 배경이 되었다. 또한 이전 장에서 보았듯이, 기계론적 자연관을 선호하고 마술적 자연주의를 거부했던 주요 동기 중 하나는 메르센과 보일 같은 기독교인이 보여주었듯이 기적이 기독교가 유일한 참된 종교라는 것을 입증한다고 계속해서 주장하려는 열망이었다.

앞 장에서 살펴보았듯이, 초자연주의적 형태의 기독교 신앙을 지원하려 했던 17세기 근대 과학의 창시자들의 전략이 예상 밖의 결과를 가져옴으로써 또 다른 형태의 왜곡이 발생하게 되었다. "과학적 세계관"은 얼마 지나지 않아 무신론적-유물론적 형태의 자연주의와 등치되어 버렸다. 과학을 단순히 반대하고자 하지 않았던 근대 자유주의 신학은 다양한 방식으로 기독교 신앙의 재해석을 시도하였고, 결과적으로 이 신학과 이 세계관은 서로 양립할 수 있었다. 하지만 이러한 시도들은 결국 생기 넘치는 기독교 공동체의 형성을 지원할 수 없는 끔찍하지만 넓게 보면 아무 내용이 없는 왜곡된 방식으로 기독교 신앙의 내용을 재구성하기에 이르렀다.

　　이제 이 장의 주제를 다시 한 번 말하는 것으로 마무리를 하겠다. 이 장의 주제는 기독교 신앙이 위대한 진리이지만 심각하게 왜곡된 진리라는 것이다. 마지막 두 장에서 나는 어떻게 우리가 과학적 자연주의가 지니고 있는 위대한 진리를 인정하면서 동시에 기독교 신앙이 자신의 위대한 진리를 분명히 할 수 있도록 재구성할 것인지를 제안하고자 한다. 그 과정에서 나는 알프레드 노스 화이트헤드와 찰스 하트숀에 의해 발전했던 과정철학에 뿌리를 둔 "과정신학"의 견해를 활용하여 설명하도록 하겠다.

원주

1 나는 문법적으로 문제가 있기는 하지만 편의상, 기독교권 내에서 널리 통용되는 방식을 따라, "신God"이란 단어의 머리글자를 대문자로 표기하고자 한다. 이 말은 어떤 유형의 존재(a god)를 가리키기도 하며 우리가 믿는 신적 존재의 개인적 이름이기도 하다.

2 "하나의 기본적인 방식one basic way"이라고 말할 때, 나는 그렇게 말하면서 그것이 유일한 기본적인 방식이 아니라는 사실을 알린다. 이 책의 시야 범위를 넘어서는 또 다른 방식은 본래적인 기독교 메시지의 강조점을 변화시키기도 하고 심지어 뒤바꾸기도 할 것이다. 이런 예로는 이 땅에서의 하나님의 통치에 관해 말한 예수의 메시지로부터 강조점을 변화시켜, 예수에 대하여 집중함으로써 그의 죽음과 부활을 그의 메시지보다 더 중요한 것으로 간주하는 것이다. (이러한 변화에 대한 초기 비평을 보려면, Walter Rauschenbush의 *A Theology for the Social Gospel* (Nashville: Abingdon Press, 1945)을 보라.) 여성이 중심적 역할을 했던 예수 운동의 평등주의로부터 남성 중심주의로 점점 순응해 가는 것에 대해서는 Elaine Pagels의 *The Gnostic Gospels* (New York: Random House, 1979)와 Elizabeth Schüssler Fiorenza의 *In Memory of Her: A Feminist Theological Reconstruction of Christian Origins* (New York: Crossroad, 1984)를 보라. 반유대적 신학의 발전에 대해서는 Rosemary Radford Ruether, *Faith and Fratricide* (New York: Seabury Press, 1974)와 Clark M. Williamson, *Has God Rejected His People? Anti-Judaism in the Christian Church* (Nashville: Abingdon Press, 1982)를 보라.

3 니버의 "As Deceivers Yet True," in *Beyond Tragedy* (New York: Charles Scribner's Sons, 1937); "The Truth in Myths," in *The Nature of Religious Experience*, ed. J. S. Bixler, R. L. Calhoun, and H. R. Niebuhr (New York: Harper & Brothers, 1937)을 보라.

4 Andrew Bard Schmookler, *The Parable of the Tribes: The Problem of Power in Social Evolution* (Boston: Houghton Mifflin, 1986); Gerda Lerner, *The Creation of Patriarchy* (New York: Oxford University Press, 1986); Marjorie H. Suchocki, *The Fall to Violence: Original Sin in Relational Theology* (New York: Continuum, 1994)를 참고하라.

5 나는 이 마성적인 것에 관한 생각들을 "교회를 위한 포스트모던 신학"이란 제

목의 일련의 출판된 강의들에서 발전시켰다. 특별히 그 강의 중에는 "왜 악마적 힘이 존재하는가: 교회적 이해하기" 그리고 "마성적인 것 극복하기: 교회의 선교"가 있다. 또한 "신의 선함과 마성적 악"을 보라. 마성적인 것에 대한 이 생각은 기독교 신앙의 관점에서 해석된 미국의 제국주의에 관해 현재 쓰고 있는 책의 중심적인 것이다.

6 그런 사건들에 대한 철학적 가능성과 경험적 증거에 대한 토론은 나의 책 *Parapsychology, Philosophy, and Spirituality: A Postmodern Exploration* (Albany: State University of New York, 1997)을 보라.

7 Michael Murphy, *The Future of the Body: Explorations in the Further Evolution of Human Nature* (Los Angeles: Jeremy Tarcher, 1992)와 James KcClenon, *Wonderous Event: Foundations of Religious Belief* (Philadelphia: University of Pennsylvania Press, 1991)을 보라. 초超심리학parapsychology이 제공하는 증거를 지닌 이 연구에서 주장되는 것은, 그러한 사건들은 언제 어디서나 일어나고 있었고 따라서 앞장에서 토론한 바 있는 "마술적 자연주의론자들"의 견해를 지원한다는 것이다. 또한 그러한 사건은 아마 놀라운extraordinary 일이기는 하지만 (초심리학자들은 그런 사건을 "초과학적paranormal"이라 부르고, 머피는 "초정상적metanormal"이라고 부르는 것을 선호한다) 초자연적인 것은 아니라는 것이다.

8 Jon Levenson, *Creation and the Persistence of Evil: The Jewish Drama of Divine Omni-potence* (San Francisco: Harper & Row, 1988), 121.

9 위의 책, 5, 121

10 위의 책, 121, 157.

11 위의 책, 4, 123.

12 Plato, *Timaeus*, 30A.

13 Millard J. Erickson, *Christian Theology* (Grand Rapids: Baker Book House, 1985), 374.

14 Levenson, *Creation and the Persistence of Evil*, xiii, 49, 50.

15 위의 책, 7-18.

16 위의 책, xiii.

17 위의 책, 12, 26, 122-23.

18 Gerhard May, *Creatio Ex Nihilo: The Doctrine of "Creation out of Nothing" in Early Christian Thought*, trans. A. S. Worrall (Edinburgh: T.&T. Clark, 1994), xi-xii, 7.

19 위의 책, 7-8, 11, 16.

20 위의 책, 21.

21 위의 책, xi.

22 May, 위의 책, 27.

23 위의 책, 3-4.

24 위의 책, 27.

25 위의 책, 122. L. W. Barnard, *Justin Martyr: His Life and Though* (Cambridge: Cambridge University Press, 1967), 111-13도 참고하라.

26 May, 위의 책, xiii, 24.

27 위의 책, 40, 56.

28 위의 책, 56, 152

29 위의 책, 146, 140, 145. 헤르모게네스의 저작들은 더 이상 현존하지 않음에도 불구하고—그것들은 아마 그의 견해가 비정통적인 것으로 여겨진 후에 폐기되었을 것이다—메이는 반대자들의 저작으로부터 그의 주요 주장들을 재구성해내었다. J. H. Waszink, *Turtullian: The Treatise against Hermogenes* (London: Westminster, 1956)을 참고하라.

30 May, 위의 책, 142, 141.

31 위의 책, 144, 142, 141.

32 위의 책, 146.

33 위의 책, 140. Waszink, *Turtullian*도 참조하라.

34 May, 위의 책, 147. 메이가 여기서 "분명하게unambiguously"라는 용어를 사용한 것은 테오필루스의 주장을 저스틴의 제자 타티안이 마르시온을 논박할 때 보여준 보다 초기의 견해와 대조하기 위해서이다. 타티안은 창조의 두 단계 이론을 주장하면서 신이 물질을 창조했다고 말했다. 그러나 그는 무로부터의 창조라는 용어를 사용하지는 않았다(May, 위의 책, 150-54).

35 위의 책, 147, 159, 178.

36 위의 책, 178.

37 위의 책, 161, 163.

38 위의 책, 167-68, 174.

39 위의 책, 173-74.

40 위의 책, 174, 177.

41 위의 책, 122, 129.

42 Augustine, *City of God*, trans. Marcus Dods, 21.12; *Enchiridion*, trans. J. F. Shaw, 24.97; *Grace and Free Will*, trans. P. Holmes, 45; *On the Predestination of the Saints*, trans. R. E. Wallis, 11, 19, 34. (이 모든 자료는 Whitney J. Oates, *Basic Writings of St. Augustine*, 2 vols. (New York: Harper & Brothers, 1937)에 수록되어 있다.)

43 Augustine, *City of God*, 12.8; *Enchiridion*, 25.99; *Predestination*, 16.

44 Augustine, *Grace and Free Will*, 2, 4; *Of True Religion*, trans. John H. S. Burleigh in *Augustine: Earlier Writings*, Library of Christian Classics 6 (Philadelphia: Westminster Press, 1953), 14.27.

45 Augustine, *On the Spirit and the Letter*, trans. P. Holmes in *Basic Writings of St. Augustine*, 54.

46 Austine, *Enchiridion*, 24.95.

47 Austine, *City of God*, 5.8, 10; 11.17.

48 Augustine, *Grace and Free Will*, 41, 42.

49 Austine, *Enchiridion*, 24.95.

50 Austine, *City of God*, 4.27.

51 Austine, *Enchiridion*, 26.100.

52 Augustine, *Predestination*, 22.

53 Thomas Aquinas, *Summa Contra Gentiles*, trans. Vernon J. Bourke (Notre Dame: University of Notre Dame Press, 1997), 3.1.70.8.

54 위의 책, 3.1.69.

55 Thomas Aquinas, *Summa Theologica*, trans. Fathers of the English Dominican Province, revised by Daniel J. Sullivan (Chicago: Encyclopedia Britannica, 1952), 1.23.3, ad 2, 3; 1.22.3, ans.

56 Thomas Aquinas, *Summa Contra Gentiles*, 3.1.10.7; 3.1.71.2 and 13; *Summa Theologica*, 1.49.2.

57 Thomas Aquinas, *Summa Theologica*, 1.22.3, ad 3; 1.19.6, ans and ad 3; 1.19.8, ans.

58 Martin Luther, *Bondage of the Will*, trans. J. I. Packer and O. R. Johnston (Grand Rapid: Fleming H. Revell, 1957), 614-20. (페이지 숫자는 이 번역에 사용된 바이마르 판 루터 저작집의 줄 표시를 의미한다.)

59 위의 책, 784-86.

60 위의 책, 634-39.

61 위의 책, 104-7.

62 위의 책, 784-86.

63 위의 책, 같은 곳.

64 위의 책, 632-33.

65 위의 책, 684-86, 711-14.

66 위의 책, 711-14.

67 John Calvin, *Institute of the Christian Religion*, ed. John T. McNeil, trans.

Ford Lewsi Battles, Library of Christian Classics 20-21 (Philadelphia: Westminster Press, 1960), 1.16.3, 1.16.8.

68 위의 책, 1.18.1.

69 위의 책, 1.18.3.

70 위의 책, 3.23.1

71 위의 책, 3.23.7.

72 위의 책, 3.23.2.

73 위의 책, 1.17.1.

74 Luther, *On the Bondage of the Will*, 784-86.

75 토마스는 "신이 모든 존재를 보편적으로 부양하기 때문에, 특별한 결과에 어느 정도의 결점이 허용permit되는 것은 신의 섭리에 속한 것이다. 그렇다고 우주의 완벽한 선good이 방해받는 것은 아니다. 왜냐하면 모든 악이 금지된다면 많은 선이 우주로부터 사라질 것이기 때문이다."(*Summa Theologica*, 1.22.2, ad 3).

76 Augustine, *Enchiridion*, 3.11.

77 Thomas Aquinas, *Summa Contra Gentiles*, 11.23.

78 라이프니츠는 자신의『신정론』에서 이 구절을 사용하였는데, 그 책은 신정론이라는 이름을 처음으로 사용하였다. 라이프니츠의 견해는 나의 책,『과정 신정론: 하나님, 힘, 그리고 악에 대한 물음』, 이세형 역 (서울: 이문출판사, 2007)의 11장에서 다룬다.

79 Augustine, *Enchiridion*, 24.96.

80 Alfred North Whitehead, *Process and Reality* (1929), Corr. ed., edited by David R. Griffin and Donald W. Sherburne (New York: Free Press, 1978), 47.

81 Luther, *On the Bondage of the Will*, 784-86.

82 Calvin, I*nstitute of the Christian Religion*, 1.17.8.

83 위의 책, 1.17.2; 1.18.3.

84 위의 책, 1.17.2.

85 위의 책, 3.21.4.

86 나는 전통적인traditional―때로는 "혼성적hybrid" 혹은 "고전적classical"이라고도 부름―자유의지 유신론에 대한 광범위한 비판을 다음과 같은 책에서 한 바 있다.『과정신정론』13장 (존 힉의 신정론); *Evil Revisited: Responses and Reconsiderations* (Albany: State University of New York Press, 1991) 1, 5장; Stephen T. Davis, ed., *Encountering Evil: Live Options in Theodicy* (Louisville: Westminster John Knox Press, 2001) 4장; "Process

Theology and the Christian Good News: A Response to Classical Free Will Theism," *Searching for an Adequate God: A Dialogue between Process and Free Will Theists*, ed. John B. Cobb, Jr. and Clark H. Pinnock (Grand Rapid: Wm. B. Eerdmans Publishing Co., 2000), 1-38; "In Response to William Hasker," in *Searching for an Adequate God*, 246-62; "Traditional Free Will Theodicy and Process Theodicy: Hasker's Claim for Parity," *Process Studies* 29:2 (fall-winter 2000): 209-26; "On Hasker's Attempt to defend His Parity Claim," *Process Studies* 29:2 (fall-winter 2000): 233-36.

87 거대한 파도와 맹렬한 화재를 동반했던 이 지진은 수잔 나이만의 책, *Evil in Modern Thought: An Alternative History of Philosophy* (Princeton: Princeton University Press, 2002)에서 2001년의 9.11 사태와 비교되고 있다.

88 "스탕달"은 프랑스의 전기작가이자 역사가인 마리 앙리 벨(1783-1842)의 필명이다.

89 Alvin Plantinga, "Reply to the Basingers on Divine Omnipotence," *Process Studies* 11:1 (Spring 1981), 28.

90 위의 책, 같은 곳.

91 프랭클린 바우머는 이 구절("crush the infamous thing")을 그의 책『종교와 회의주의의 등장』에서 18세기를 다룬 장의 제목으로 사용하였다.

92 리처드 A. 호슬리의 *Jesus and the Spiral Violence: Popular Jewish Resistance in Roman Palestine* (San Francisco: Harper & Row, 1987)과『예수와 제국: 하나님 나라와 신세계 무질서』, 김준우 역 (한국기독교연구소, 2004); E. P. Sanders, *Jesus and Judaism* (Philadelphia: Fortress Press, 1985); Paula Fredriksen, *From Jesus to Christ: The Origins of the New Testament Images of Jesus* (New Haven: Yale University Press, 1988)을 참고하라.

93 May, 위의 책, 137. 메이의 책을 활용하여 무로부터의 창조 교리를 거부하는 신학 작업을 보여준 또 하나의 최근의 책으로는 캐서린 켈러의 *The Face of the Deep: A Theology of Becoming* (New York: Routledge, 2003)이 있다.

3장

과학적 자연주의와
기독교 신앙

—새로운 종합

나는 앞에서 기독교 신앙과 그리스 전통에서 솟아난 자연주의 사상 사이에 있었던 일곱 번에 걸친 종합화 시도에 대하여 기술하였다. 그 첫 번째는 무로부터의 창조 교리가 생기기 이전의 기독교 신앙과 관계된 것으로서, 거기에서는 최소한 실제적인 종합이 만들어질 수 있는 가능성이 존재했다. 기독교 신앙과 그리스 전통의 자연주의 사상이 서로 타협하여 절충함이 없이, 양자의 일차적인 교리들이 동등하게 인정되었던 것 같다. 이어지는 종합에서는 어느 한쪽이 절충을 시도하였다. 이레니우스와 어거스틴, 토마스 아퀴나스, 종교개혁자들과 그들의 의지론voluntarist의 선조들, 그리고 근대 초기 사상가들에 의해 만들어진 종합들에서, 그리스 자연주의 사상은 무로부터의 창조라는 교리에 함축된 사상 즉 신의 절대적 자유와 전능이라는 사상에 절충되었다. 이신론적 종합에서는 양편 모두가 타협한다. 그래서 무로부터의 창조라는 사상은 지속적으로 사용되었지만, 이 세계 안에서의 신의 지속적인 활동 그리고 신에 관한 인간의 경험 등은 부정되었다. 근대 후기의 종합에서 기독교 신앙에는 자연주의 사상이 아무것도 남아 있지 않게 된다. 오직 남은 것이라곤 신에 관한 의지주의적 견해의 언어적 잔영linguistic shadow뿐으로, 그것은 "자연법칙들"이라는 세계의 규칙성에 관한 근대 초기 사상가들의 법정적-기계론적 견해에 반영된 것이었다. 자연에 대한 기계론적 이해는 감각주의적 지각설과 더불어 프랑켄슈타인과 같은 괴물이 되고 만다. 그래서 자연의 창조자 즉 기독교 신앙의 극단적 초자연주의적 형태의 신을 제거할 뿐만 아니라, 세상에 관하여 종교적 의미성을 갖고 파악할 수 있는 그 어떠한 가능성마저도 부정하게 된다.

  이 장에서 나는 20세기에 나타난 새로운 종합에 대해 이야기하고자 한다. 그것은 기독교 신앙의 본래적 가르침들과 과학이 요구하는 자연주의 사상 양자 모두에게 똑같이 타당한 것으로 받아들여질 수 있는 세계관에 관한 것이다. 그러나 이 새로운 종합을 기술하기 전에, 내가 Naturalismsam이라고 부르는 근대 후기의 세계관이 기독교 신앙에 어떠한 여지도 남겨두지 않았다는 주장을 조금 더 설명할 필요가 있겠다. 이 점을 설명하기 위해 근대 자유주의 신학 즉 근대 후기 이신론의 시기에 기독교 신앙을 과학 공동체의 세계관과 조화시키려고 하였던 신학 운동에 대하여 토론하고자 한다.

1. 근대 **자유주의** 신학

내가 이러한 형태의 신학을 "근대modern" 그리고 "자유주의liberal"라고 표현할 때 같은 말을 중복해서 사용하고 있다고 생각하지 않는다. 신학의 유형을 분류하는 데 사용되는 이 두 용어는 내 사전에서 서로 다른 문제를 가리킨다. "자유주의" 신학이란 보수적 신학이나 근본주의 신학과는 다른 것을 언급할 때 사용되는 것으로, 그것은 무엇보다도 신학을 함에 있어서 방법method을 지적하고자 할 때 사용된다. 보수적 입장으로부터 근본주의적 입장을 취하는 신학들은 "권위의 방법method of authority"을 사용하여 참과 거짓에 관한 질문을 해결하려고 하는 반면,▪ 자유주의 신학들은 이러한 방법을 거부하고 그 대신 공통된 경험과 이성에 기초하여—다시 말해, 최소한 잠재적으로 모든 사람들에게 공통된 경험적 기반에 대한 이성적 작업에 의해서—참과 거짓의 문제를 해결하려고 한다.

이 자유주의적 방법이란 성서와 전통이라는 권위에 호소하고자 하는 어떠한 행위도 용납하지 않는다는 것을 의미하지는 않는다. 이러한 호소는 내가 기독교 복음의 본래적인 가르침들을 진술하려고 시도했을 때에도 그랬듯이, 무엇이 기독교 신앙이냐는 질문에 답하려 할 때 결정적으로 중요하다. 그러나 자유주의 신학의 입장에서 보면, 이 문제를 해결하는 것은 무엇이 참인가 하는 문제에 관한 해결은 아니다. 물론 이러한 구분은 다른 전통들을 고려할 때 명백하다. 예를 들어, 불교나 마르크스주의의 본

▪ 권위의 방법에 관한 탁월한 토론을 보려거든 팔리와 하지슨의 "성서와 전통"을 보라. 이 논문은 *Christian Theology: An Introduction to Its Traditions and Tasks*, 2nd ed., ed. by Peter C. Hodgson and Robert H. King (Philadelphia: Fortress Press, 1985), 61-89에 게재되었다.

래적인 가르침들을 분간하려면 불교의 경전과 전통을 봐야 하고, 또 마르크스와 후기 마르크스주의자들의 저작을 봐야 할 것이다. 그러나 본래적 가르침이 무엇이었는지를 결정한 이후에도 여전히 그것들을 참이라고 단정할 만한 충분한 이유가 있는지를 물어야 할 필요가 있다. 이 질문에 답하기 위해 우리는 사람들의 공통 경험이란 기반에 의지하여 사고할 것이다. 자유주의 신학자들은 "기독교적인 것"과 "참된 것" 사이의 이러한 구분은 기독교 신앙에 유의하여 만들어져야 하며, 무엇이 참인가를 묻는 질문은 이성과 경험에 기초하여 해결되어야 한다고 말한다.

이러한 구분의 기초, 그러니까 자유주의적 방법이란 "인식적 초자연주의"라고 이름 지어질 수 있는 것을 거부하는 것에서 생겨난다. "인식적epistemic"이라는 말은 "이해" 혹은 "지식"이라는 뜻을 지닌 episteme라는 그리스어에서 유래하였다. 그러므로 인식적 초자연주의란 우리에게 초자연적으로 생긴 어떤 지식이 있다는 주장을 말한다. 사실 전통적으로 신학은 자연신학과 초자연신학이란 두 부분으로 나뉘었다. 자연신학을 말하는 것은 그것의 내용content에 주목하는 것이 아니다. 다시 말해 자연신학이란 물리적 세상을 뜻하는 자연만을 자신의 신학 대상으로 삼는다는 것을 의미하지 않는다. 그것은 방법method에 주목한 것으로써, 신을 포함한 기타 사물들을 고려할 때 특별한 계시의 도움이 없이 오직 공통된 인간의 경험과 이성에만 의지하여 알려질 수 있는 것들만을 다룬다는 사실을 의미한다. 이와는 반대로, 초자연신학은 기독교인들에게 주어지는 특별한 계시 즉, 절대무오의infallible 계시와 결코 틀림없는inerrant 영감이라는 수단에 의해 초자연주의적으로 보증된 것으로 여겨지는 진리에 기초한 신학을 말하였다. 이러한 사고의 틀 안에서는 기독교적인 것과 참된 것 사이의 구분이 없으며, 어떤 주제에서 기독교적 견해가 무엇인가를 결정하는 것이 동시에 무엇이 참된 것인가를 밝히는 것이기도 하다. 자유주의 신학은 이러한 등치를 거부한다. 왜냐하면 자유주의 신학은 인식적 초자연주의와 "초자연주의 신학"에 대해 말할 수 있는 그 어떠한 기초도 거부하기 때문이다. 따라서 자유주의 신학을 정의하는 특징은 인식적 자연주의epistemic naturalism에 대한 지지이며 권위의 방법에 대한 거부라고 할 것이다.

하지만 오늘날 보수주의 신학으로부터 근본주의 신학이라고 불리는 것들을 포괄하고 있는 전통신학에서 자유주의 신학을 가려내는 주된 구분이 바로 방법에 있다고 말하는 것은, 그 방법론적 차이가 실재의 본성에 관한 이해의 차이에 뿌리를 두고 있다는 사실을 부정하는 것은 아니다. 자유주의 신학이 거부하는 인식적 초자연주의는 내가 앞에서 언급했던 일반적 의미로서의 초자연주의 사상을 전제한다. 그 일반적 의미에서의 초자연주의는 "존재론적ontological 초자연주의"라고 부를 수 있을 것 같다. 라틴어의 ontos에서 유래한 단어인 "ontology"는 존재being에 관한 학설을 가리킨다. 따라서 존재론적 초자연주의는 이 세상의 정상적normal 과정을 간섭하여 저지할 수 있는 존재가 있다는 것을 말한다.

절대무오의 계시와 결코 틀림없는 영감에 관한 생각은 이러한 종류의 초자연적 간섭이 발생한다는 것을 전제하고 있다. 왜냐하면 사람들이 그들의 믿음beliefs에 이르는 보통의 방식은 대단히 오류가 발생하기 쉬운 과정으로써, 이 과정 안에는 편견이나 바람, 파당성, 한정된 시공간에 허용된 제한적인 정보, 그 외 무수히 많은 다른 요소들을 통해 잘못된 믿음이 침투할 수 있기 때문이다. 몇몇 사람들에 의해 제안된 어떤 생각이 절대적으로 무오하여 잘못이 없다고 보증될 수 있다는 신념은 이 특별한 사람들에게서는 믿음이 형성되는 일반적인 인간적 과정에서 생길 수 있는 오류와 잘못을 배태하는 경향들이 초자연적으로 통제를 당하여 순수하고 무구한 진리가 만들어진다는 생각을 전제하고 있다. 그러므로 자유주의 신학은 존재론적 초자연주의를 거부하고, 내가 비초자연주의적 자연주의(Naturalismns)라고 불러 왔던 사상을 지지한다.

보다 정확히 말하자면, 자유주의 신학이 Naturalismns 즉, 이 세상의 정상적인 인과과정에서 외부의 간섭이 결코 발생할 수 없다는 사상을 반드시 전제하고 있다고 말할 수는 없다. 자유주의 신학은 권위의 방법을 거부하면서, 단지 어떤 외적 간섭이 실제로 발생하여 절대무오의 계시를 낳는다는 생각만을 거부할 뿐이다. 앞에서도 지적하였듯이, 초기의 이신론자들은 무로부터의 창조 교리를 여전히 전제하고 있었으며, 이 사실은 그들의 세계관이 초자연주의적 간섭이 발생할 수 있는 가능성을 용인하고 있었다는 것을 의미한다. 그러나 그들은 실제로 그러한 간섭이 발생했다는 사실, 최소한 성서와 초기 기독교 공의회에 의해 형성된 신조들의 진리를 보증하는 어떤 간섭이 일어났다는 것은 부정하였다. 오늘날에도 많은 자유주의 신학자들이 인식적 초자연주의를 거부하면서도 초자연적 계시가 불가능하다는 사실을 반드시 지지하지는 않는다. 다만 그들은 그런 초자연적 계시가 일어나지 않을 뿐이라고 믿을 따름이다. 따라서 우리가 말할 수 있는 것은, 자유주의 신학이 초자연적 계시의 발생에 관한 거부를 전제하고 있으며, 일부 자유주의 신학자들은 그 가능성마저 부정한다는 점이다.

어쨌든 자유주의 기독교 신학은 인식적 자연주의를 수용하고 있는 덕분에 (최소한 원리상으로는) 이성과 경험에 근거하여 진리를 추구하는 근대 과학과 방법론적으로 조화를 이룬다. 자유주의 신학이 존재론적 자연주의를 수용하고 있는 한 오늘날의 과학 공동체의 기본적 세계관과도 조화를 이룬다. 따라서 방법과 기본적인 세계관을 고려할 때, 근대 자유주의 신학은 이미 기독교 신앙과 과학적 자연주의 사상의 종합을 이루었다고 하겠다.

하지만 자신이 지닌 독특한 근대적 차원의 결과로서 근대 자유주의 신학의 종합은 자신의 기독교적 특징을 희생시키고 말았다. 근대 자유주의 신학이 기독교적이기보다는 근대적이라고 했던 보수주의에서 근본주의에 이르는 비평가들의 말은 그런 점에서 옳다. 분명히 이러한 비평 가운데 많은 부분이 이차적이거나 심지어 삼차적인 문제들인 무오한 영감, 동정녀 탄생, 니케아와 칼케돈 회의에서 생겨난 삼위일체론과 기독론들을 거부하는 것에 대한 불평들이기는 하다. 그러나 실제적인 문제는 근대 자유주의 신학이 그 자신의 근대주의로 인해 기독교 복음의 본래적인 가르침들의 대부분을 포기해 버렸다는 점이다. 이제 이 문제를 살펴보겠다.

2. 근대 자유주의 신학

자유주의 신학은 무엇이 참인가(혹은 최소한 믿을 만한 것인가) 하는 문제를 이성과 경험에 기초하여 해결하였다고 앞에서 말했다. 나는 우리가 이 자유주의 신학을 지지해야 한다고 생각한다. 근대 자유주의 신학이 지닌 문제는 그것이 내가 이전 장들에서 토론하여 왔던 근대 사상의 문제들 즉, 일반적으로는 세계의 본성에 대해 특별하게는 인간의 경험에 대해 근대가 가진 독특한 사상을 받아들였다는 점에 있다. 다시 말해, 근대 자유주의 신학은 자연에 대한 기계론적 사상과 인간 경험에 관한 감각주의적 인식론을 수용하였다. 따라서 근대 자유주의 신학이 자신의 송사를 완전히 경험과 이성에 의존해서 해결하려고 하였던 자유주의적 방침을 수용했을 때, 그것은 그와 동시에 경험에 관한 매우 빈약한 관념을 채택하고, 따라서 무엇이 타당한 것으로 받아들여질 수 있는지를 판단하는 일에 매우 제한된 관념을 채용하는 것에 동의했다는 것을 의미한다. 이러한 근대 사상의 수용은 근대 자유주의 신학으로 하여금 기독교 신앙의 본래적인 가르침들 중 많은 부분들을 부인하도록 만들었다. 이것들 중 많은 것이 신의 활동에 관한 사상과 연관되어 있다.

신의 활동

기독교 신앙은 이 세상에서의 신의 활동을 전제하고, 창조, 섭리, 계시, 화육, 구원 등에 관한 본래적인 가르침들을 전개하였다. 이 신론적 형태의 자유주의 신학은 신이 태초에 세상을 창조했다는 관념만을 남긴 채 다른 모든 범주들을 제거하였다. 이 신학은 신을 완전히 초월적 존재로 여길 뿐 이 세상에 내재하지 않는 것으로 간주하였다. 이 세상에서의 신의 현존을 부인하는 이 흐름에 맞서 19세기에 형성된 낭만주의적-관념론적 신학들은 신의 내재성을 강조하였다. 하지만, 그 언어를 엄밀하게 분석하여 보면 (토마스주의적-역자) 제1원인과 제2원인의 구도를 단순히 재확언하고 기적에 관한 모든 설명을 제거하여, 결과적으로 신의 활동이 기능적으로는 자연적 인과관계와 동일한 것이 되었다. 진화론이 채택되면서 이러한 동일화는 신의 활동을 자연과 역사 안에서 진화적 전진을 유발하는 내재적 과정과 같은 것으로 보았다. 하지만 기적 즉 특별한 의미에서 "신의 행위"로 여겨진 것들을 거부하였기 때문에, 신의 활동에 관한 이러한 언어는 의미 없는 것처럼 되어 갔

다.[1]

이에 반발하여 신정통주의 신학자들과 "성서신학" 운동이 일어나 세계 속에서 활동하는 초월적인 신적 존재를 다시 공언하였다. 예를 들어, G. 어네스트 라이트는 『활동하는 하나님: 이야기로서의 성서신학』이라는 책에서 "성서의 중심 메시지는 신의 활동에 관한 선포"라고 말한다.[2] 그러나 엄밀하게 검토해 보면 신의 활동에 관한 언어는 공허한 것에 불과하다. 이 점은 랭던 길키가 "우주론, 존재론, 그리고 성서적 언어의 고통"이란 유명한 논문에서 잘 보여주었다. 이들 성서신학자들이 신의 행위와 말씀에 대한 성서적 언어를 재공언했다 할지라도, 그들은 여전히 자유주의 신학자들처럼 자연적인 인과관계의 단절되지 않는 연계unbroken nexus를 계속해서 전제하고 있었다.[3] 따라서 그들이 사용하는 언어가 마치 그들이 "신의 위대한 행위"와 같은 어떤 사건들에 대해서 이야기하고 있다는 것을 암시한다 할지라도, 그들이 실제 말하고 있는 모든 것은 히브리인들이나 초기 기독교인들이 어떤 사건들을 하나님의 특별한 행위로 믿었다는 것에 불과하다. 그러므로 신의 활동에 관한 그들의 언어는 의미가 없었다.[4]

이런 문제의 예를 루돌프 불트만에게서 찾아볼 수 있다. 그는 20세기의 중엽에 가장 영향력 있는 신약성서 학자로서, 신약성서는 "비신화화"되어야 한다고 주장한 것으로 유명했다. 그에 따르면, 신화적으로 말하는 것은 신이 자연의 인과적 연계성을 단절시킨다고 주장하는 것을 의미하며, 따라서 신을 마치 무수한 제

2원인 중의 하나로 취급하는 것과 같다는 것이다.[5] 불트만은 한편으로 "근대 과학이 초자연적 힘에 의해 자연의 과정이 단절될 수 있다고 믿지 않기" 때문에 우리는 그러한 언어를 신화적인 것으로 간주해야만 한다고 주장한다.[6] 그는 과학적인 작업에서뿐만 아니라 일상적인 삶에서도 세상의 사건들이 자연적인 원인과 결과로 이어져 있으며, "따라서 신의 활동을 위한 여지가 없다"고 봐야 한다고 말한다.[7] 그럼에도 불구하고 불트만은 우리가 신의 행위에 대해 의미 있게 말할 수 있으며 특히 신의 결정적인 행위로써 예수에 관해 말할 수 있다고 주장한다.[8] 그에 따르면, 우리가 그렇게 할 수 있는 방법은 신의 활동과 우리에게 신앙을 불러일으키는 세상의 사건들 사이에 있는 "역설적 일치paradoxical identity"를 주장하는 것이다. 다르게 말하자면, 우리는 신앙의 순간에 어떤 사건을 신의 행위로 받아들이면서도 다른 한편 그 사건을 여전히 "자연적 과정 안의 사건들의 연쇄 속에 이어진 것"으로 이해할 수 있다는 것이다.[9] 예를 들어, 질병에서 나은 아이의 부모가 그 치료 과정이 의사가 제공한 약에 의해 이루어졌다는 것을 알면서도 신에게 감사를 돌릴 수 있는 것과 같다. 이 예가 보여주듯이, "신의 행위"로 불릴 만한 사건에서 유일하게 특별한 것은 그것이 어떤 사람에게 신앙을 불러일으킨다는 사실이다.

이러한 토론이 보여주고 있듯이, 신의 활동을 의미 있게 말할 수 없는 근대 자유주의 신학자들의 무능력은 부분적으로는 그들이 신과 세계의 인과관계를 설명하기 위해 제1원인-제2원인

의 틀을 여전히 취하고 있다는 사실에 기인한다. 이러한 사고의
틀은 말썽의 소지가 있는 의미를 항상 안고 있다. 이 견해를 옹호
하는 20세기의 토마스주의자 에티엥 길슨은 다음과 같이 말한다.
우리가 그 견해를 맞다고 승인하기 위해선 "외견상 모순된 두 진
리를 확고히 신봉해야 한다. 한편으로는 피조물이 하는 그 어떠한
행위도 신이 하는 것으로 이해하며, 다른 한편으로는 자신들이 하
는 그 어떠한 행위도 피조물 스스로 하는 것으로 이해해야 한다"
는 것이다.[10] 길키가 지적하고 있듯이 이들 두 "진리"는 단지 외견
상으로만 모순된 것이 아니라 실제로도 그러하며, 이 사실은 간헐
적인 기적적 간섭들에 관한 관념이 포기되었을 때 명백해졌다. 따
라서 최소한 이러한 문제가 생기게 된 것은 Naturalism$_{ns}$를 수용
하면서도 제1원인-제2원인이란 틀을 유지하고 있는 데 있다고
하겠다.

　　　이 문제는 자연에 대한 기계론적 사상과 감각주의적 지각
설을 수용했을 때 한층 더 악화되었다. 자연에 관한 기계론적 사
고에 따르면, 고려될 수 있는 유일한 종류의 인과관계란 한 조각
의 물체(one bit of matter)가 다른 물체에 영향을 주는 관계이다.
우리가 앞에서 살펴보았듯이, 물리적 세계와 인간의 육체에 대한
이러한 사고는 비물질적 작인으로 이해되는 인간의 마음이나 정
신이 육체에 영향을 미칠 수 있다는 생각을 이해할 수 없게 만든
다. 이 마음과 육체의 문제는 신과 세계의 문제에 관한 유비가 되
어, 어떻게 비물질적 작인으로 이해되는 신이 시계와 같은 세계라

는 물질에 영향을 끼칠 수 있는가 하는 문제가 된다. 이 문제는 초자연주의적 사고틀 내에서는 절대로 풀 수 없는 문제가 되어 결국 이신론으로 전환하게 하는 촉매가 되었다. 그러고 나서, 신에 관한 초자연주의적 생각이 완전히 거부되었을 때 물리적 세계에 대한 신의 영향이라는 관념은 전적으로 이해할 수 없는 견해가 되고 말았다. 예를 들어, 유물론적 형태의 과학적 자연주의를 노골적으로 공언한 유럽 신학자 빌렘 드레이스가 말하기를, 자연주의와 조화를 이룰 수 있는 초월에 관한 유일한 종교적 견해는 "초월적 영역이 자연 세계 내에서 나타난다고 추정하지 않는 것"에 있다는 것이다.[11]

자동적으로, 자연에 관한 기계론적 관념은 신이 인간의 경험(여기서 인간의 경험은 기계적인 자연의 외부에 존재하는 것으로서 이원론적으로 이해된 것이다)에 직접적으로 영향을 줄 수 있는 가능성을 열어 두었다. 이로써, 신학자들은 물리적인 기적들 예를 들어 홍해를 가른다거나 육체의 부활과 같은 기적들을 단언할 수 없게 되었음에도 불구하고, 신의 계시, 영감, 화육 그리고 인간의 역사 속에서 행해지는 일반적인 섭리 활동 등을 긍정할 수 있게 되었다. 기독교 신앙의 본래적 가르침들이 대부분 지지될 수 있는 길이 열린 것이다. 하지만 이 길은 결국 막히고 마는데, 그것은 신과 인간의 관계에 대한 고찰이 감각주의적 지각설에 의해 주도되어, 인간은 감각기관이라는 수단을 통해서만 영향을 받을 뿐 그것을 넘어선 그 어떠한 것에 의해서도 영향을 받을 수 없다고 생각하게 되었고, 이로 말미암아 제1원인-제2원인이란 사고방식이 더욱 강화되었기 때문이다.

　　우리가 앞에서 살펴보았듯이, 감각주의적 지각설은 본래 이 세상 속에서 신의 영향을 초자연적 간섭 사건에 제한하려 하였다. 그러나 초자연주의가 일단 거부되자, 홀로 남은 감각주의적 지각설은 이제 그 어떤 경우에게도 신이 인간의 경험에 영향을 미칠 수 없다는 것을 의미하게 되었다. 이 사실은 불트만의 진술에서도 나타나고 있는데, 불트만은 "초자연적 힘이 우리 정신의 내면적 삶에 끼어들어 간섭"을 한다고 말하는 것은 그러한 간섭이 자연의 과정 안에서 이루어진다고 말하는 것만큼 신화적인 것이라고 주장한다.[12] 다른 예를 드레이스에게서 찾을 수 있는데, 그는 "자연 세계와 다른 그 어떠한 영적 세계도 우리의 자연 세계 안에서 보이지 않고, 인간의 정신적 삶에서조차 나타나지 않는다"고 말한다.[13]

　　이러한 생각들(감각주의적 지각설에서 파생된 생각들-역자)은 신학자들이 예수를 신의 성육신으로 설명하는 일에 명백한 어려움을 가져다준다. 사실 수많은 근대 신학자들은 자신들의 기독론적 설명을 제한하여 오직 기독교 신앙에서 예수가 지닌 의미를 말할 뿐, 어떻게 예수가 신과 연관을 맺느냐 하는 (존재론적-역자) 질문은 묵살하곤 하였다. 다른 말로 하여, 기독론의 전통적 구분인 "예수 그리스도의 인격person과 사역work"과 연관하여 보자면, 근대 신학자들은 "사역"에 대해서만 한정적으로 초점을 맞추고, "인격"에 관한 문제는 (예수에 관한 순수하게 역사적인 진술들을 제외하고) 무시하였다는 말이다.

예수와 신의 관계에 대한 질문을 유발하는 설명들은 전형적으로 신의 성육신에 관한 언어가 직접적인 방식으로 사용될 수 있다는 사실을 부인한다. 예를 들면, 존 힉은 자신의 책『화육한 신의 은유』에서, "신의 화육에 관한 생각은 은유적인metaphorical 것으로 이해"해야지, 문자적으로나 형이상학적으로 받아들여선 안 된다고 말한다.[14] 이렇게 말함으로써 힉은 어느 정도 전통적인 초자연주의적 기독론 즉 예수가 "화육한 신"이었다는 진술을 "성자 하나님, 거룩한 삼위일체의 제2격, 성육한 분"의 줄임말로 이해하는 기독론을 단순히 거부하고 있다.[15] 하지만 신의 화육에 관한 사상 자체에 대한 힉의 거부는 예수 안에서 현존한 신에 대해서 말할 수 있는 문자적이고 형이상학적인 그 어떠한 이해도 보다 철저하게 거부하는 것이다.[16]

힉은 좀 더 먼저 쓴 책에서 이렇게 철저하게 거부하는 이유에 대해서 설명하였다. 후기 근대의 관점을 채택하고 있는 것으로 생각되는 그의 진술에서, 힉은 "자연과학과 인문과학에 기초하여 인간을 포함한 우주에 관한 그림을 완벽하고도 신에 대한 어떠한 언급도 없이 그리는 것이 원리상 가능하다"고 말한다. 그는 덧붙여 세계에 대한 우리의 신학적 그림은 인과 망causal web에 관한 우리의 현재 지식이 노정하고 있는 모든 틈새들이 결국에는 메워질 것이기 때문에 오직 신적인 원인을 언급함으로써만 설명될 수 있는 사건이란 없게 될 것이라고 가정해야 한다고 주장하였다.[17] 이것에 기초하여 힉은 신의 특별한 행위에 관한 신학적 언어는 어떤 사건들에 대한 비유신론적 설명과 다른 어떤 원인론적 설명을 제공하는 것을 실제로 의미하는 것이 아니라고 주장한다. 오히려, 신학적 언어는 다른 관점으로부터 생겨나는 것이며, 이 새로운 관점에서 하나의 사건이 신의 행위인 "것처럼 경험된다"고 주장한다. 예를 들어, "기적이란 기적인 것처럼 경험되는 어떤 사건이다"고 힉은 말한다.[18] 우리가 검토하였던 이전의 설명들에서 나타나듯이, 사건의 모든 특별함이란 신앙인들의 응답 안에 깃든 것이지 그 사건 자체 속에 있는 것이 아니라는 것이다.

　　　　기독론에 관한 이러한 접근법이 함축하는 의미가 (은퇴하기 전 옥스퍼드의 그리스도 교회 목회학 교수였던) 모리스 와일에 의해 특별히 선명하게 드러났다. 신의 특별한 계시로 받아들여져 왔었던 사건들에 관하여 와일은 다음과 같이 말한다. "결정적인 것은 그 사건들에 대한 성질상의 평가qualitative assessment이지 그것들이 발생한 방식에 관한 특별한 어떤 것에 관한 증거가 아니다. 그 사건들은 이 세상에서 행해진 어떤 특별한 방식의 신의 활동과 연관된 것으로 이해될 필요가 없다."[19] 이렇게 설명하면서 와일은 부분적으로는 간헐적으로 발생하는 "특별한 초자연적 인과관계"를 단순히 배제하고 있다.[20] 그러나 그는 초자연적 간섭에 대한 이러한 거부를 넘어서 모든 형태의 이신론에서 공통적으로 드러나는 특징인 부정 즉, 이 세상에 신이 미치는 영향이 무엇이든지 간에 거기에는 어떤 변이variability가 있다는 사실을 부정한다.[21] 실제로 와일은 이신론이라는 딱지를 수용하면서 말하기를, 자신의 입장은 "어떤 사건 발생과 관련하여 신이 끼친 효과적인 인과관계를 주장하지 않는다는 점에서 이신론적이다"고 하였다.[22]

      이 견해는 기독론에서 말썽을 일으킨다는 점을 와일은 알았다. 왜냐하면 예수에게 주어진 특별한 권위는 "보통 예수 안에 있는 어떤 종류의 특별한 신의 활동과 연관된 것으로 이해되어 왔기" 때문이다.[23] 예수 안에 있는 신의 활동은 어찌되었든지 간에 그 자체로써 특별한 것이었다는 점을 확언할 수 없었던 와일은 대신 이렇게 말한다. 우리가 말할 수 있는 대부분의 것은 예수가 "그 신의 활동에 대해서 다른 사람보다 더 충분하게 반응하였다"는 점이고 따라서 "우리는 아마도 예수의 삶의 사건들이 특별한 의미에서 신의 행위들이라고 그러한 사건에 영향을 받은 우리 가운데 어떤 사람들을 향해 바르게 말할 수 있을 것이다"고 하였다.[24] 와일의 설명은 신앙인이 예수에게 응답하기 전에 이미 예수가 특별한 존재였음을 말하고 있다. 그러나 이신론적 형태의 제1원인-제2원인의 사고방식을 전제하고, 이로써 이 세상에 대한 신의 유일한 인과성을 불변하는 보존 활동invariable sustaining activity뿐인 것으로 생각하였기 때문에, 와일은 신의 행위가 어찌되었든 특별한 것이었다고 말함으로써 예수 안에 있는 그 특별성을 해명해야 할 과제를 부분적으로라도 해낼 수 없었다.

종교적 경험

인간의 경험에 대한 신의 영향을 말할 수 없다는 주장은 역으로 (단지 세상을 신의 세계로 해석하는 것과는 다른) 신을 직접적으로 경험하는 것으로 이해되는 진정한genuine 종교적 경험[25]을 긍정할 수 없음을 뜻한다. 우리가 앞에서 살펴보았듯이, 초기 근대가 지각 경험에 관한 감각주의적 학설을 제창하게 된 부분적인 이유는 정확히 말해 열광주의를 억누르기 위함이었다. 18세기 계몽주의의 가장 중요한 철학자 가운데 한 사람인 임마누엘 칸트는 『이성의 한계 안에서의 종교』라는 제목의 자신의 책에서 이 연관관계를 예시하고 있다. 칸트는 "지고의 존재the Supreme Being(신-역자)의 직접적인 현존에 관한 감정을 믿는 것은 광신적인 종교적 환상이다"고 말한다. 왜냐하면 그것은 "사람의 본성상 감각이 제공하지 않는 직관intuition에 대한 수용성"을 인정하는 것이기 때문이다.[26] 그것에 대한 우리 안에 감각 기관sensory organ이 없는 어떤 것에 대해서는 경험("직관")할 수 없다고 가정한 점에서 칸트는 감각주의적 지각설을 수용하고 있는 것으로 보인다. 여기서 신에 대한 직접적인 경험이 불가능하다는 생각이 탄생하여 근대 철학의 학설이 되어 왔다. 예를 들어, 최근의 철학자 J. J. C. 스마트는 사물에 대한 "접촉" 예를 들어 토끼를 만진다든지 심지어 전자와 접촉한다든지 하는 일은 물리적 자극에 대한 감응을 수반하는 것인 반면, 소위 신비적 경험이란 비물리적인 것에 관한 접촉을 의미하는

것이라고 말하면서, 신비적인 경험이란 불가능하다고 설명하였
다. 따라서 스마트는 모든 신비적 경험이란 환상일 뿐이라고 결론
짓는다.[27]

　　　진정한 종교 경험의 가능성을 부정하는 이러한 생각이 종
교에 관한 근대 연구에서 중심적인 역할을 해왔다. 종교사회학의
창시자 중 한 명인 에밀 뒤르껭은 종교를 이해하는 일에서 가장
근본적인 문제는 "성the sacred을 설명"하는 일 즉, 비록 "감각 경험
안에 있는 그 어떠한 것도 '성'과 '속'이라는 철저한 이원성에 관한
생각을 지지할 수 없는 듯이 보임"에도 불구하고 왜 종교인들이
이 둘을 구분짓는 일에 관심을 갖는지를 설명하는 것이라고 말한
다.[28] 다른 말로 하면, 모든 지각은 감각 지각sensory perception이
라는 가정을 전제하게 되면 종교의 기원은 설명하기 어렵게 된다.
왜냐하면 사람들이 성스러운 것을 실제로 경험해 왔다고 상정하
는 것으로는 종교의 기원을 설명할 수 없기 때문이다. 보다 최근
의 종교 학자인 사무엘 프리어스도 이와 비슷하게 말한다. 그는
"자연적 인과관계의 영역을 넘어선 신비한 초월적 힘이 실제로 종
교적 경험을 만들어냈다"고 가정하는 것으로는 종교 경험을 설명
할 수 없을 것이라고 말한다.[29] 따라서 그는 "신을 배제한다"는 가
정 아래 "종교의 보편성과 다양성 그리고 현재까지의 지속성"을
설명해야만 한다고 주장한다.[30] 이와 동일한 맥락에서 로버트 시
걸 역시 자신의 책『종교에 대한 설명과 해석』에서 사회과학자들
은 "신자들이 신을 결코 만나지 않는다"고 가정해야만 한다고 주

장한다.[31]

신에 대한 직접적인 경험의 부정은 근현대 사상가들에 의해 만들어져 종교에 관한 학문적 연구 분야에 널리 퍼져 있으며, 현대 신학자들 역시 이러한 부정을 한다. 예를 들어, 은퇴할 때까지 하버드 신학교에서 가르쳤던 고든 카우프만은 인간의 지각이란 오직 감각적일 뿐이라는 칸트의 감각주의적 견해를 수용하였다. 이러한 생각에 기초하고 있었던 그는 "신"이라는 단어가 무엇을 가리키는가 하는 질문에 대한 응답으로 그것은 "확실히 우리가 직접 경험하는 것은 아니다"고 말하였다.[32]

실제적 존재로서 신의 실존

이 세상에서의 신의 활동이나 신에 대한 인간의 경험에 대해서 말할 수 없다는 사실이 전제되면, 이제 현대 신학자들이 실제적 존재로서의 신의 실존을 부정하는 것에 대해서 듣는 일조차도 결코 놀라운 사실이 아니게 된다. 20세기의 위대한 신학자 중의 한 명인 폴 틸리히는 신이란 존재하는 어떤 한 존재가 아니라 존재 자체 즉 모든 존재하는 것들이 공통으로 갖는 것이라고 말하였다.[33] 따라서 비록 틸리히가 다양한 개념을 사용하여 신이 목적의식적이고, 이 세상 안에서 인과율에 따라 행동하며, 또 이 세상에 응답적이라고 주장한다고 할지라도, 그는 또한 신이란 (그의 관점에서 볼 때) 개체an individual가 아니기 때문에 그러한 개념들은 문자적으로나 비유적으로가 아닌 다만 상징적으로 신에게 적용될 수 있을 뿐이라고 주장한다.[34] 신에 대해 말할 수 있는 진술 가운데 유일하게 비상징적인 것은 "신에 대해 말하는 모든 것이 상징적이라는 진술"뿐이라고 틸리히는 말한다.[35]

다른 현대 신학자들은 신이라는 말을 재규정하는 또 다른 방식들을 선보였는데, 여기서 신은 성서적 범주개념들 예를 들어 창조, 섭리적 인도, 목적, 또는 사랑 등이 적용될 수 있는 어떤 존재a being를 언급하는 것이 아니었다. 예를 들어, 20세기 초의 미국 신학자 헨리 넬슨 와이먼은 신을 "인간적 선의 원천the source of human good"으로 규정하였다. 그는 의심할 여지없이 인간적인 선과 같은 것이 존재하고 또 그 선은 그 원천을 가지고 있을 것이기 때문에 이러한 개념 규정이 신은 존재하는가 아닌가 하는 질문을 제거한다고 지적하면서, 유일한 질문은 이 원천이 무엇인가 하는 것뿐이라고 말한다. 와이먼은 그것이 창조적인 상호 교환이라고 단정하면서, 신을 "창조적인 상호 교환 과정the process of creative interchange"과 동일한 것으로 보았다.[36] 스위스 신학자 게르하르트 에벨링은 우리가 인간으로 피조되었다는 표현은 언어를 통해서라는 사실을 언급하면서 "신"이라는 단어는 "인간 존재의 언어 상황" 혹은 보다 단순하게 말하면 우리의 "언어성liguisticality"을 가리키는 것이라고 말하였다.[37] 독일의 신약성서 학자 허버트 브라운은 "신"이라는 단어는 우리의 "공동 인간성co-humanity"를 가리키는 것으로 받아들여야 한다고 주장하였다.[38] 영국 신학자 도

널드 큐핏은 다른 개념을 제안하면서 "신"이라는 단어는 우리가 상상적으로 공식화하여 이 세계에 투사해 왔던 일군의 이상들a cluster of ideals을 언급하는 것이라고 말하였다. 이것은 존 듀이에 의해 수십 년 전에 만들어진 개념을 반복한 것이다.[39] 고든 카우프만 또한 신이란 우리 자신의 상상의 소산이라고 말한다. 그는 신이라는 개념이 탁자나 사람과 같은 지각 대상perceptual object에 대한 개념이 아니라 "마음속에서 상상적으로 구성된" 것이라고 말한다.[40] 윌리엄 드레이스는 유물론적 자연주의가 대답할 수 없는 질문은 왜 어떤 것이 과연 존재하는가 하는 것이라고 말하면서, "신"이라는 단어는 세계의 초월적 기반을 지칭하는 것이라고 주장한다. 하지만 그는 이 기반이 과연 어떤 것이라 할 것인지에 대해서는 말하지 않았다.[41]

이와 비슷한 신에 대한 규정 작업을 진행한 현대 신학자들은 신에 관한 언어God-language를 모두 쓸모없는 것으로 버리진 않았다 하더라도, 앞에서 이야기하였던 8가지 기독교 신앙의 본래적 가르침들을 정당하게 다룰 수 없었다. 왜냐하면 이러한 가르침들은 신이 이 세상을 창조하였고, 섭리적이고 구속적이며 자기계시적으로 이 세상 속에서 일하시며, 성령으로 경험될 뿐만 아니라, 선하시고 사랑이 넘치며 지혜롭고 목적이 있으며 정의에 관심을 갖는 존재라고 확언하기 때문이다.

죽음 이후의 삶에서 구원

근대 자유주의 신학의 마지막 특징을 언급하자면, 이 신학자들은
신이 우리 개인이나 집단의 구원 혹은 생명 전체의 구원을 위해
일할 뿐만 아니라, 육체적 죽음 이후의 보다 완전한complete 구원
을 주려 한다는 사실을 긍정할 수 없었다. 이러한 부정은 드레이
스와 같은 유물론적 자연주의자의 경우에 명백하게 드러난다. 그
는 "어떤 경우에는 나는 나의 뇌다"라고 말하면서 동일론적 견해
를 수용한다.[42] 그러나 죽음 이후 삶에서의 구원에 관한 어떠한 형
태도 긍정하지 않는 태도는 드레이스처럼 극도로 제한된 형태의
자연주의에 동의하지 않는 신학자들 사이에서도 광범위하게 퍼져
왔다. 이들 가운데 한 명이 불트만이다. 그는 예수의 부활을 신의
결정적인 행위로 간주하였지만, 그는 이 부활을 예수가 "부활신앙
안으로 부활하였다rose into the Easter faith"는 것으로 표현하였다.
따라서 예수가 부활하였다는 사실을 긍정한다는 것은 제자들이
그를 신의 결정적인 사자messenger로 믿게 되었다는 것을 의미하
는 것에 불과한 것으로 보인다.

　　다른 한 예는 20세기에 가장 영향력 있던 미국 신학자 중
한 명인 라인홀드 니버가 제공한다. 그는 유물론을 거부하고 이
세상 속에서의 신의 계속적인 활동을 긍정함에도 불구하고, 영혼
의 불멸성이란 "육체와 영의 연합"이라는 관념에 의해 배제되어야
한다는 근대적 견해를 수용하였다.[43] 니버는 육체의 부활이란 이

미지를 선호하였는데, 그것은 어디까지나 단지 "육체로 존재하고 역사 속에서 분투하는 자아의 영원한 중요성"에 대한 상징으로 받아들일 경우에 한정된 것이었다.[44] 하지만 니버는 이 상징이 문자적 의미를 지닌 것으로 보진 않았다. 왜냐하면 "영원히 유한성을 구현하고 폐지하지 않는다는 생각은 논리적으로 받아들일 수 없기" 때문이었다.[45] 이러한 부인은 니버의 신학적 상황에서 특별히 심각한 것이었는데, 그 이유는 그가 하나님의 통치의 이 땅으로의 도래나 개인의 성화sanctification라는 개념을 부정함으로써, 이 세상 안에서의 희망을 약화시켰기 때문이다. 대신, 니버는 "역사의 성취는 역사 너머에 있다"고 말하였다.[46] 그러나 우리가 니버의 종말론을 보면, 역사 너머의 성취라는 이 개념은 상상할 수 없는 개념이라는 것을 알게 된다.[47] 만약 니버의 신학적 과제가 원래의 기독교 복음을 오늘 우리가 복음으로 이해할 수 있는 형태로 번역하는 일이었다면, 우리는 그가 우리가 살펴보았던 다른 신학자들과 마찬가지로 실패하였다고 결론지어야 할 것이다.

하지만 우리는 이러한 신학자들이 기독교 신앙을 일부러 침식시키려 했다는 듯이 비방해서는 안 될 것이다. 또한 그들의 실패를 비난해서도 안 될 것이다. 왜냐하면 그들은 불가능한 것을 수행해야만 하는 과제 즉, 기독교 복음이 복음으로 진술될 수 없는 세계관의 틀 내에서 그것을 재진술해야 하는 과제를 가졌기 때문이다. 그들이 비난받을 필요가 없는 것은, 마치 무로부터의 창조 교리라는 틀 안에서 기독교의 신을 선하고 사랑이 많은 존재로 묘사하는 신정론을 제공할 수 없었던 초기의 신학자들의 경우와 같다. 이 초기의 신학자들처럼 불가능한 것을 해내지 못했다고 현대의 신학자들을 비난할 수는 없을 것이다.

물론 그들이 근대적 세계관을 기독교 세계관과 조화를 이루게 하거나 또 그 자체로써 타당하게 개조해 내기보다는 단지 수용하고 말았다는 사실에 대해서 비난할 수 있을지도 모른다. 하지만 한 시대를 풍미하던 가정들을 깨뜨린다는 것은 쉬운 일이 아니다. 특히 과학에 의해 재가를 받은 것으로 여겨지는 한 시대의 중심 사상에 대하여 포괄적 비평을 하는 일은 한층 더 어려운 작업이다. 이보다 더 어려운 일은 원리상으로 낡은 세계관을 대체할 수 있는 새로운 세계관을 불러오는 과제이다. 이 삼중적 과제는 천재성과 결합되어 있는 특유한 형태의 지적인 준비를 한 몇 안 되는 빼어난 사람만이 수행할 수 있는 것이라 하겠다.

3. 새로운 세계관의 부상

운 좋게도 20세기가 동터오면서 4명의 천재가 등장하였다. 프랑스에서는 앙리 베르그송이, 독일에서는 알버트 아인슈타인이, 미국에서는 윌리엄 제임스와 찰스 샌더스 피어스가 그 사람들이다. 이들은 근대 후기의 세계관을 비평할 수 있는 새로운 사상을 제공할 능력을 지닌 인물이었다.[48] 그러나 보다 더 운 좋게도 또 다른 한 명의 잘 준비된 천재가 그 다음 세대에 등장하였다. 그는 이 모든 사상가들의 작업을 하나의 포괄적인 세계관으로 종합할 수 있었다. 그가 제시한 세계관은 근대 후기의 세계관보다 더 과학에 타당한 것이자 또한 과학적 자연주의를 기독교 신앙과 조화시킬 수 있는 기초를 제공해 주었다. 내가 이미 가끔 인용하였던 그 사람은 바로 알프레드 노스 화이트헤드다. 그의 수리물리학적 이해는 아인슈타인의 일반상대성이론과 중력이론과 비견되는 대안 공식을 제시할 만한 것이었다. 과학과 종교의 관련성에 관한 화이트헤드의 관심은 그로 하여금 철학이란 "두 가지 것 즉 과학과 종교를 하나의 합리적 사상체계로 녹여 종합하는 것으로써 자신의 최고의 중요성을 획득하게 된다"고 쓰게 하였다.[49] 이제 나는 화이트헤드가 (특별히 윌리엄 제임스가 제안하였던 몇 가지 사상에 기초하여) 어떻게 그러한 종합을 획득하였고, 그렇게 함으로써 기독교 사상과 과학적 자연주의의 여덟 번째 종합을 만들었는지를 설명하도록 하겠다.

화이트헤드의 공헌은 감각주의적-무신론적-유물론적 형태의 자연주의($Naturalism_{sam}$)를 파악적-범재신론적-범경험주의적 형태의 자연주의($Naturalism_{ppp}$)로 대체한 것이었다. $Naturalism_{sam}$의 감각주의적 지각이론은 파악적 지각이론으로 대체되었는데, 이 이론에 의하면 감각 지각은 이차적인 양태의 지각으로서 "파악 prehension"으로 불리는 비감각적 양태의 지각에서 파생한 것이다. 무신론은 세계가 신 안에 존재한다고 주장하는 범재신론으로 대체된다. 유물론은 범경험주의로 대체되는데, 이 이론에 따르면 세계는 경험하는 것들, 부분적으로는 자기 창조적인 사건들로 구성된 것으로 이해된다. 이제 이 세 가지 학설을 하나씩 토론해 보기로 하겠다. 화이트헤드의 파악적 지각이론으로 시작하기로 하자.

4. 파악과 비감각적 지각

이 이론을 발전시키는 작업에서 화이트헤드는 윌리엄 제임스의 인식론에 기초하였다. 제임스는 자신의 이론을 "급진적 경험론"이라고 불렀는데, 이것은 18세기부터 유래된 감각주의적 경험론이 피상적인 견해라는 비판을 내포하고 있었다. 분명하고도 명확한 감각 지각에 집중했던 흄은 우리가 인과적 연관에 대한 직접적인 경험을 할 수 없다고 주장한 반면, 제임스는 우리 경험이란 인과적 연관에 대한 경험을 포함하고 있는 깊은 차원과 얽혀 있다는 사실을 지적하였다. 이 깊은 차원은 비감각적 지각에 뿌리를 두고 있는 것으로서 또한 도덕적·종교적 경험을 포함하고 있다. 또한 그것은 때로는 정신감응적telepathic 느낌들을 담기도 한다. (제임스는 심령psychical 연구의 선도적 주창자 가운데 한 사람이었다. 스스로의 탐구를 통해 그는 정신감응의 실재에 대해 믿게 되었다.)[50] 제임스는 이렇게 "보다 두텁고 보다 급진적인 경험론"이 미래의 종교 연구에 극도로 중요하게 될 것이라 믿으면서, 다음과 같은 유명한 말을 남겼다. "경험론을 다시 한 번 종교와 결합되도록 하라. 이제까지 종교는 기묘한 오해를 통해 비종교irreligion와 결합돼 었었다. 그러나 나는 이제 철학뿐만 아니라 종교의 새 시대가 열릴 준비가 될 것이라고 믿는다."51 물론 제임스가 알고 있었듯이, 경험론이 비종교와 결합되었던 이유는 단지 "기묘한 오해" 때문이 아니라 경험론이 진정한 종교적·도덕적 경험을 허락하지 않는 피상적인 감각주의적 경험론과 동일한 것으로 여겨져 왔었기 때문이었다. 고전이 된 그의 저서『종교 경험의 다양성』에서 보이듯이, 제임스의 급진적 경험론은 그로 하여금 종교 경험을 진지하게 다룰 수 있게 하였다.

　　　화이트헤드는 제임스의 급진적 경험론을 보다 충분히 발전시켜, 그것이 자연주의의 감각주의적 경험론보다 과학에 더 훌륭한 기초를 제공한다는 사실을 보여주었다. 이러한 보다 급진적인 경험론은 감각 지각sensory perception을 우리의 환경에 대한 비감각적 양태의 파악prehending에서 파생한 것으로 이해함으로써, 과학철학자들로 하여금 우리가 어떻게 수학적이고 논리적인 형식들을 이해할 수 있는지를 설명할 수 있게 해주었다. 아울러 이러한 비감각적 양태의 지각이 인과관계에 대한 우리의 경험을 설명해 준다는 사실을 강조하기 위해, 화이트헤드는 그것을 "인과적 효과성의 양태에서의 지각perception in the mode of causal efficacy"이라고 불렀다. ■ 그는 우리가 우리의 정신 너머에 있는 세계, 하지만, 우리의 경험에 대해 인과적 효과성을 가진 세계에 대한 직접적인 지각을 지닌다는 것을 보여줌으로써, 왜 우리가 유아론solipsism으로 고통당하지 않는지 설명했다. 그리고 이러한 양태의 지각이 우리가 "기억"이라고 부르는 형태의 지각을 포함한다는 것을 밝힘으로써, 이 이론이 어떻게 우리가 과거라는 것의 실재를 알고 그럼으로써 시간을 알게 되는지를 보여주었다. 이 지각설은 이로써 과학자들에게 가장 근본적인 네 가지 개념인 실재 세계, 인과관계, 과거, 시간에 관한 설명을 제공하였다.[52]

지각에 관한 이러한 견해는 과학의 목적을 위해서도 매우 타당한 것이기도 하지만 동시에 어떻게 도덕적, 미학적, 종교적 경험이 진정한 것이 될 수 있는지를 설명한다. 따라서 이 파악적 지각설은 화이트헤드가 과학과 종교 공동체 모두에게 타당한 형태의 자연주의를 발전시키는 데에 결정적으로 중요한 것이다.

5. 범경험주의와 정신-육체의 관계

동일하게 결정적이면서 밀접한 연관을 지닌 것은 화이트헤드가 자연주의샘의 유물론을 범경험주의panexperientialism로 대체한 것이다. 이 이론 덕분에 화이트헤드가 제창한 자연주의는 결국 유물

■ 화이트헤드의 독특한 인식론에 대한 자세한 설명은 그리핀의 책『화이트헤드 철학과 자연주의적 종교론』의 2장 "지각과 종교적 경험"을 참고하라.

론으로 귀착하고 만 이원론에 빠지지 않고, 정신과 두뇌의 차별성을 확언할 수 있었고, 이로써 인간의 자유를 설명할 수 있게 되었다. 어떻게 그럴 수 있는지를 설명해 보겠다.

"범경험주의"라는 말은 문자적으로 모든 사물이 경험을 가진다는 것을 의미한다. 그러나 이 이론을 너무 문자적으로 받아들일 필요는 없다. 첫째, 경험을 가진 것으로 이야기될 수 있는 것은 단지 모든 실재적인actual 사물이지, 숫자와 같은 관념적인ideal 것 또한 그렇다는 것은 아니다. 둘째, 경험이란 단지 진정한 개체들true individuals에게만 해당되는 것이지, 막대기나 돌과 같은 집합적 사회들aggregational societies과 같은 개체에게 해당되는 것이 아니다.■ 진정한 개체의 예는 인간, 다른 동물들, 살아 있는 세포들, 세포 소기관들organelles, 고분자들macromolecules(DNA 같은 것들),

---

■ 그리핀은 화이트헤드와 하트숀의 존재론적 사상을 종합하여 자신의 범경험주의 이론을 세운 후, 사물의 경험성을 세분하여 설명하기 위하여 "조직화의 이원성organizational duality"이란 개념을 내세운다. 조직화의 이원성이란 개념은 실제적인 경험을 하는 존재들과 그렇지 않은 존재를 (이원론으로 가르지는 않지만 이원적으로) 분류하는 데 활용된다. 즉 실제 경험이란 하트숀이 "복합적 개체들compound individuals"이라고 말한(본문에서는 "진정한 개체들"이라고 표현됨) 것들에게만 있는 것으로 여겨지는데, 그 까닭은 이 복합적 개체가 자신을 구성하는 여러 계기들 가운데 다른 모든 계기들을 통합할 수 있는 중심 계기dominant occasion를 가지고 있어 경험을 조직화할 수 있기 때문이다. 이와는 달리, '돌과 나무와 같은 "집합적 사회들"은 중심 계기를 갖고 있지 않기 때문에 경험을 조직화해내지 못하는 것으로 여겨진다. 화이트헤드는 나무를 "민주주의democracy"라고 표현하였고, 돌을 "입자적 사회corpuscular society"라고 하였다. 이 주제와 관련된 보다 깊은 논의는 그리핀의 책, 『화이트헤드 철학과 자연주의적 종교론』, 3장 5절을 참고하라.

보통의 분자들, 원자들, 전자나 양성자와 같은 아원자적 입자들이라 할 수 있다. 세 번째로 이야기되어야 하는 것은 모든 사물이 경험을 가진다고 말하는 것은 모든 사물이 의식적인 경험을 한다는 것을 의미하지 않는다. 의식이란 매우 고차원적 형태의 경험으로써, 이 지구 위에서는 인간 그리고 다른 몇몇 동물만이 경험하는 것이다.

이런 설명을 듣고서도 대부분의 사람들은 범경험주의가 스스로 분명한 불합리함을 가지고 있는 것처럼 여긴다. 그러나 그것이 실제로는 그 스스로 분명한 불합리함을 지니지 않았다는 것이 증명될 수 있는데, 그것은 화이트헤드뿐만 아니라 윌리엄 제임스, 찰스 피어스, 앙리 베르그송과 같은 위대한 철학자와 찰스 하트숀과 같이 중요한 과정철학자뿐만 아니라, 여러 명의 탁월한 물리학자들이 긍정하고 있다는 점에서 드러난다. 예를 들어, 진화생물학자 C. H. 와딩턴은 모든 것들이 "경험의 계기들"로 구성되어 있다는 화이트헤드의 견해를 승인한다.[53] 물리학자 데이비드 보옴과 B. J. 하일리는 그들의 견해가 "어떤 점에서는 미발달된rudimentary 정신과 같은 성질이 입자물리학과 같은 단계에서조차 존재한다는 사실"을 내포하고 있다고 주장한다.[54] 이 사상가들은 무슨 이유로 범경험주의를 지지하고 있는가?

한 가지 이유는 범경험주의가 정신-육체의 관계에 관한 문제를 풀 수 있게 하기 때문이다. 앞에서 살펴보았듯이, 데카르트의 이원론과 연결된 이 문제는 어떻게 의식적으로 경험하는 실재인 정신이 경험이 없는 물질의 조각들로 구성된 것으로 이해되는 두뇌와 상호작용할 수 있는지 설명할 수 없다는 것이었다. 유물론은 정신과 그것의 의식적인 경험이 그것과 "상호작용하는" 두뇌와 서로 다른 것이라는 사실을 부인하고, 그 대신 의식적 경험이란 단순히 두뇌의 자산 중 하나에 불과하다고 말함으로써 이 문제를 피해 보려고 하였다. 그러나 이것은 문제를 실제로 피한 것이 아니었다. 콜린 맥긴이 지적하였듯이, 유물론자들은 여전히 풀리지 않은 문제를 떠안고 있다. 그것은 "어떻게 개체적으로는 의식이 없는 수백만 개의 뉴런의 군집이 주체적인 의식을 산출해내는가?" 하는 문제이다.[55]

하지만 범경험주의는 우리 두뇌의 뉴런들이 의식이 없고, 경험이 없는 것들이 아니라고 주장하면서 맥긴의 논의의 전제를 부정한다. 우리는 정신과 두뇌가 서로 그 종류kind에서 완전히 다르기보다는 단지 둘 다 감정을 갖고 있는 그 정도degree에서 다르기 때문에, 양자는 상호작용할 수 있다고 이해할 수 있다. 하트숀이 설명하듯이, "세포들은 우리가 느낄 수 있는 감정을 그들도 갖고 있기 때문에 우리의 경험에 영향을 미칠 수 있다. 세포에 대한 인간 경험의 영향을 다루기 위해서는 이 사실을 뒤집어 말하면 된다. 우리는 세포들이 느낄 수 있는 감정을 가졌다."[56]

정신-육체의 문제를 해결하는 작업에서 내가 강조해야만 하는 것은 범경험주의가 신다원주의적 진화론 안에 있는 주된 문제점들 가운데 하나인, 어떻게 경험이 최초로 출현할 수 있게 되었는가 하는 문제를 피하게 해준다는 사실이다. 진화론 사상가들이 이원론이나 유물론적 견해를 전제하고 있는 한, 이 문제에 대해 자연주의적 틀 내에서는 대답할 수 없었다는 것이 증명되었다. 예를 들어, 이원론자 제퍼리 마델은 "진화의 과정에서 의식의 출현은 이원론자들에게는 전적으로 설명할 수 없는 출현으로써 상당히 기괴한 것처럼 보일 수밖에 없다"고 말한다.[57] 문제는 경험하지 않는 사물로부터의 경험의 출현은 불가능한 것처럼 보인다는 것이다. 탁월한 진화론자인 씨월 라이트는 이렇게 말한 적이 있다. "전적으로 정신이 아닌 것으로부터의 정신의 출현은 순전히 마술이다."[58] 이런 마술은 초자연적 도움을 요청하는 것처럼 보인다. 종교철학자인 리처드 스윈번은 이 문제를 초자연주의의 진리를 증거하는 것으로 사용하였다. 그는 "전능한 신은 영혼을 창조할 능력을 가졌다"고 말하면서, "정신-육체의 신비한 연결에 관한 또 다른 문제를 설명할 수 있는 신의 능력 있는 행위는 신의 존재를 가정할 수 있는 근거가 된다"고 주장한다.[59] 콜린 맥긴은 이 문제가 너무 심각하기 때문에 이러한 해결책에 유혹을 받게 된다고 인정한다. 그는 어떻게 "감성sentience이 물질로부터 생겨났는지 우리는 설명할 수 없다"고 주장하면서 덧붙여 말하기를,

우리는 아무리 마음 내키지 않더라도 신의 도움을 향해 돌아서고자 하는 유혹을 받는다. 그것은 초자연적 마술사가 물질, 심지어 살아 있는 물질로부터 의식을 추출해내는 것

이다. 의식은 자연 질서에 예리한 단절을 삽입하고 있는 것처럼 보이는데, 그곳은 과학적 자연주의가 그 흐름을 계속할 수 없는 지점이다.[60]

물론 자연주의자인 맥긴은 자신으로 하여금 정신-육체의 문제를 항구적인 미스터리로 남겨두어야만 하는 것으로 결론을 맺도록 만드는 이런 해결책[61]을 수용할 수 없었다.[62] 그러므로 범경험주의를 지지하는 주요 이유 중 하나는 그것만이 어떻게 정신이 두뇌와 연결되는가 하는 문제를 초자연주의의 도움 없이 풀 수 있기 때문이다.

그러나 다른 이유들도 있다. 이것들 중 하나는 우리가 보통 "물리적 세계"라고 부르는 것에 관한 우리의 가장 직접적인 관계는 우리 자신의 육체에 대한 우리의 관계를 의미한다. 우리는 우리의 육체를 느낌이 없는 것으로서가 아닌 고통과 즐거움의 공급원으로서 경험한다. 이 경험에 대한 자연스러운 해석은 우리가 우리 육체 세포의 감정을 교감적으로 느낀다고 하는 것이다.

우리 육체의 세포들이 자신들의 경험을 가진다는 이 생각은 이제 과학적 증거를 통해 지지받고 있다. 박테리아가 기억에 기초하여 결정을 내린다는 사실이 실험을 통해 증명되었다.[63] 원핵세포인 박테리아는 우리의 몸을 이루고 있는 진핵세포보다 훨씬 더 미발달된 것으로서, 진화 과정의 매우 초기에 등장하였다. 만약 박테리아가 기억을 갖고 결정을 내린다면, 우리는 우리 몸을 구성하고 있는 훨씬 더 복잡한 세포들 역시 경험과 자발성을 가진 것으로 이해해야 할 것이다. 더 나아가 진정한 개체들의 계보에서 비록 그 끝까지 내려간다 할지라도 우리는 경험이 있음을 가장 강력하게 알려주는 자발성의 증거를 발견하게 된다. 예를 들어, RNA나 DNA와 같은 고분자들은 유기체의 특성을 드러내 보여준다.[64] 보통의 분자들에 관해 생각해 보면, 이 문제에 정통하여 "Mr, 분자"로 불리는 로버트 밀리칸은 만약 우리가 분자들을 개나 고양이처럼 볼 수 있게 된다면 우리는 그것들이 자기 결정의 속성을 갖고 있다는 것을 즉각 인정하게 될 것이라고 말한다.[65] 마지막으로, 양자quantum의 단계까지 내려가 본다면, 양자역학에서의 불확정성의 원리는 자기 결정의 요소가 가장 밑바닥 단계까지 퍼져 있다는 사실을 암시하고 있다고 하겠다.

이러한 이유들과 아직 설명하지 않은 다른 이유들로 인해,[66] 화이트헤드의 사상을 따르는 과정신학자들은 범경험주의를 긍정하고, 이러한 긍정은 많은 유용함을 제공해 준다. 이 유용함 가운데 하나는 범경험주의가 우리에게 실제적인 자유에 관한 생각을 다시 확증할 수 있게 해준다는 점이다. 정신과 두뇌를 구분하였던 이원론자들은 정신을 자기 결정 능력을 가진 개체로 간주하였기 때문에 인간의 자유를 긍정할 수 있었다. 그러나 이원론은 정신과 두뇌의 상호작용을 인정할 수는 있었지만 설명할 수는 없었기 때문에 결국 유물론으로 추락하고 말았다. 그 결과 우리 모두 실제 행동에서는 전제하고 있는 자유가 개념적으로는 이해할 수 없는 것이 되고 말았다. 수십억 개의 분자로 구성된 당구공을 자기 결정 능력을 가진 것으로 생각할 수 없듯이, 수십억 개의 세포로 이루어진 두뇌를 자기 결정 능력을 가진 개체로 이해할 수 없다는 것이다. 그러므로 유물론자들은 일반적으로 자유에 대한 우리의 느낌을 환영으로 간주한다.[67]

범경험주의는 이원론처럼 정신과 두뇌가 서로 다른 존재이며 상호작용을 한다고 인정한다. 하지만 범경험주의는 이원론과는 달리 이 상호작용을 설명할 수 있다. 왜냐하면 그것은 비이원론적 상호작용이기 때문이다. 다시 말하자면, 비록 정신과 두뇌가 숫자적으로는 다른 것이라 할지라도, 그 종류에서는 다르지 않기 때문에 이들의 상호작용은 이해될 수 있다. 이런 방식으로 범경험주의는 정신이 두뇌와 다른 것이라고 확언할 수 있었다. 그리고 인간은 그 정신의 덕택으로 자기 결정을 실행할 수 있는 진정한 개체라는 점 또한 주장할 수 있었다.

범경험주의가 제공하는 또 다른 유용함은 그것이 자연주의적 사고 틀 안에서 육체적 죽음 이후의 삶에 관한 문제를 재논의할 수 있게 한다는 점이다. 화이트헤드는 이 사실을 인지하고서, 만약 믿을 만한 증거를 얻을 수 있다면 이 문제는 경험적 증거를 바탕으로 해결해야 한다고 주장하였다.[68] 화이트헤드가 비록 자신의 시대에 얻을 수 있는 믿을 만한 증거에 대해서 언급하지 않았지만, 나는 최근에 여러 종류의 (대부분 화이트헤드 이후에 생겨난) 증거들을 검토하였고, 죽음 이후의 삶의 가능성에 관한 주장이 설득력 있다고 결론을 내렸다.[69] 따라서 기독교인들에게 예수의 부활에 의해 제공된 증거는 보다 최근의 증거들로 보충될 수 있을 것이다. 그 증거들 가운데 어떤 것들은 초심리학자들parapsychologists 과 내과의사들이 엄격하게 심사해 문서화한 것이다.[70] 과정신학이 예수의 부활에 관하여 어떻게 설명하는지에 대해서는 마지막 장에서 보다 충분하게 설명하겠다.

지금까지 내가 강조하고 싶었던 점은 죽음 이후의 삶에 대한 증거가 매우 강력하다 할지라도 이 사실에 관한 신념이 다시 지성계에서 존경할 만한 것으로 받아들여지기 위해서는 자연주의 샘으로부터 화이트헤드가 주장한 형태의 자연주의(자연주의PPP-역자)로의 전환이 중요하다는 것이다. 경험적 증거는 사람들이 그것을 연구해야지만 설득력을 갖게 될 것이다. 왜냐하면 대부분의 지성인들이 그렇게 하는 것을 꺼려 왔기 때문이다. 이들은 정신을 두뇌와 동일한 것으로 여기거나 최소한 두뇌에 전적으로 의존하는 것으로 생각하기 때문에, 죽음 이후의 삶은 불가능한 것이요 그것에 관한 증거라고 여겨지는 것들의 양과 질이 불충분한 것이라고 믿는다.[71] 또한 그들은 증거로 추정되는 것들의 대부분이 불가사의한 현상들apparitions에 관한 비감각적 지각과 관련된 것이기 때문에, 그런 지각이 불가능하다고 여기는 그들로서는 그 증거들의 진정성을 받아들일 수조차 없다. 그러나 사람들이 화이트헤드가 제창한 형태의 자연주의 사상과 그것의 비이원론적 상호작용주의와 파악적 지각설이 내포하고 있는 탁월함을 알게 되는 한,

이러한 선험적인 반대들은 극복될 것이고 이에 따라 그 증거들은 보다 진지하게 받아들여질 수 있게 될 것이다.

6. 범재신론

화이트헤드의 자연주의PPP에 담긴 파악적prehensive, 범경험주의적panexperientialist 차원에 대해 토론해 왔는데, 이제 세 번째 차원인 범재신론panentheism을 다뤄 보겠다. 나는 이 주제를 무로부터의 창조 교리에 관한 화이트헤드의 수정을 소개하는 것으로 시작하겠다.

상대적인 무Relative Nothingness로부터의 창조

내가 강조해 온 사실은 기독교 신학의 대부분의 문제점들이 2세기 말엽에 소개된 무로부터의 창조 교리 때문에 발생했거나, 아니면 최소한 그것에 의해 악화되었다는 점이다. 화이트헤드는 신이 혼돈으로부터 질서를 가져오는 방식으로 우리 세계를 창조하였다는 입장을 가진 성서적-플라톤적 견해(자연주의와 기독교 신앙의 최초의 결합 형태-역자)로 되돌아갔다. 하지만, "무nothing"라는 것이 절대적인 것이 아닌 상대적인 무nothingness를 의미한다는 것을 분명히 한다면, 화이트헤드의 주장은 여전히 "무로부터의 창조"라는 언어의 사용을 용인한다 할 수 있겠다.

이 점을 설명하자면 다음과 같다. 우리 세계our world■는 유한한 존재의 절대적 부재로부터 창조된 것이라기보다는, 아무런 "사물things"도 (여기서 "사물"이란 우리가 일반적으로 이해하는 형태와 속성을 가진 것들을 뜻한다) 존재하지 않았던 혼돈 상태로부터 창조되었다. 다시 말해, 우리가 "사물"에 대해 말할 때, 우리는 보통 막대기나 돌과 같은 것들, 그리고 더 낮은 단계에서는 분자나 원자나 전자 같은 것들을 염두에 둔다. 이 모든 것들이 공통적으로 가지고 있는 속성은 그들이 시간의 흐름을 따라 지속한다endure는 점이다. 전자는 지속적인 공간을 따라 이동함이 없이 다른 위치들에서 발생하는 사건들의 연쇄sequence로 구성되었다고 이해할 수 있다는 점에서, 우리는 분명히 전자가 바위가 지속하는 방식과 같은 의미에서 지속하지는 않는다는 점을 알고 있다. 그럼에도 불구하고, 우리는 전자가 시간을 따라 지속하는 것이라 말할 수 있기 때문에, 그것은 시간이 흘러도 여전히 "같은 전자"라 할 수 있다. 하지만, 우리 세계가 창조되기 이전의 혼돈 상태에서는 지속하는 사물이란 존재하지 않았고 단지 무작위로 발생하는 매우 짧은 사

■ 화이트헤드 우주론에서 세계 자체the world와 우리 세계our world 또는 우리 우주 시대our cosmic epoch는 다른 개념이다. 세계 자체는 결코 존재하지 않을 수 없는 것으로서 영원한 신의 궁극적 대립자ideal opposite이며, 우리 세계나 우리 우주 시대라는 개념은 존재하거나(창조되거나) 존재하지 않을(파멸할) 수 있는 현재 우리가 거주하고 있는 세계를 가리킨다.

건들만이 있었다. 우리 세계가 창조되는 최초의 단계는 이러한 사건들의 혼돈으로부터 아마도 쿼크와 같은 매우 초보적인 지속하는 사물들이 형성된 것과 관련된다.

화이트헤드는 이런 생각을 부분적으로는 상대성이론과 양자역학에서 이끌어냈는데, 이 두 이론은 세계를 구성하는 궁극적 단위ultimate units가 지속하는 입자들enduring particles이 아니라 순간적인 사건들momentary events이라는 주장을 내포한다.[72] 그는 또한 불교가 정신과 영혼을 포함한 모든 지속하는 사물들이 순간적인 사건들로 분석될 수 있다는 사상에 기초했다는 것을 알았다. 특히 영혼soul과 관련하여, 화이트헤드는 윌리엄 제임스의 관찰을 인용하여 다음과 같이 말하였다. "실재에 관한 우리의 지식은 문자 그대로 지각의 '싹이나 방울들buds or drops'에 의해 자란다. 그것들은 전체적으로 형성되거나 아니면 전혀 생기지 않거나 한다."[73] ■ 실제 세계의 궁극적 단위들 즉 충분히 현실적인 존재들 the fully actual entities이 순간적인 사건들이라는 생각은 더 나아가, 이 현실적 존재들 가운데 물리학자들이 "기초적인 입자들elemen-

---

■ 그리핀이 중간을 생략하여 인용하고 있기 때문에 화이트헤드(그리고 제임스)가 말하고자 하는 의미가 잘 포착되지 않을 수도 있을 것 같다. 따라서 원문을 그대로 번역하여 본다. "실재에 관한 우리의 지식은 문자 그대로 지각의 싹이나 방울들에 의해 자란다. 지성적으로나 반성적인 견지에서는 이것들(지각의 싹이나 방울들)을 그 구성요소들로 나눌 수 있겠지만, 직접적으로 주어진 것이라고 생각할 때에는 그것들을 하나의 전체로서 생기거나 아니면 전혀 생기지 않은 것으로" 여길 수 있을 것이다.

tary particles"이라고 부르는 것들은 10조 분의 1초도 채 지속하지 않는다는 사실에 의해 지지를 받는다. 그런 실재를 입자라고 하기보다는 사건이라고 부르는 것이 더 정당할 것이다.

화이트헤드는 이러한 순간적 사건들을 지칭하기 위해 "현실적 계기들actual occasions"이라는 기술적 용어를 사용한다. 여기서 "계기들"이라는 말은 그것들이 순간적으로 발생하는 사건들이라는 점에 대한 강조요, "현실적"이라는 말은 그것들이 그 말의 가장 충분한 의미에서 실재하는 존재를 가리킨다는 점에 대한 강조이다. "현실적"이라는 말은 또한 이들이 활동하는act 사물 즉 행위를 실행하는 사물이라는 것을 강조한다. 그들이 실행하는 행위의 종류들은 근대 초기와 후기 사상에 공통적으로 담긴 자연에 관한 기계론적-유물론적 견해에 대해 화이트헤드가 비판했던 또 하나의 방식을 대변한다. 앞에서도 살펴보았지만 이 기계론적-유물론적 견해에 따르면, 지속하는 물질 조각인 세계의 궁극적 단위들은 단지 다른 사물에 대한 인과관계를 뜻하는 작용인efficient causation만을 실행한다. 목적이 있는 행위로서의 목적인final causation은 배제되었다. 그러나 화이트헤드의 현실적 계기들은 작용인만이 아니라 목적인도 실행한다. 모든 사건은 과거로부터 자신에게 주어진 총체적인 인과적 영향으로부터 형성되지만, 그 사건은 그러고 나서 정확히 어떻게 그러한 영향들에 응답할 것인지를 자신의 목적에 비추어 결정함으로써 자신을 완성한다.

현실적 계기들이 결정을 내린다make decisions는 이러한 생각은 앞에서 토론했듯이 모든 개체가 경험을 가진다는 사실을 반영한 것이다. 이 점을 강조하기 위해 화이트헤드는 현실적 계기들을 "경험의 계기들occasions of experience"이라고 하였다. 모든 현실적 존재는 현실적 계기요 모든 현실적 계기는 경험의 계기들이기 때문에, 당신 자신의 경험의 한 순간은 현실적 존재에 대한 하나의 예증이 될 수 있을 것이다. 주어진 어떤 순간에 당신이 경험하는 것은 당신에게 미친 무수한 영향들로부터 생겨난다. 이 영향들은 목마름이나 배고픔의 고통과 같은 육체적 충동에서 생기기도 하고, 당신의 눈이나 귀 그리고 촉각이라는 당신의 육체 그 너머로부터 오기도 하며, 과거 사건에 대한 기억이나 계획 또는 약속으로부터 오기도 하며, 체득되어 온 가치나 습관으로부터 오기도 한다. 그러나 이러한 영향들의 총합조차도 당신의 현재 경험이 그렇게 다양한 영향들에 어떻게 응답하는지를 다 설명하지 못한다. 어쩌면 오히려 당신이 현재 지닌 목적의식에 따라 당신은 그 다양한 영향들에 관심을 줄이거나 늘이기도 할 것이며, 그것들 중 어떤 것과 관련하여 행동을 취할 것인지를 결정할 것이다. 당신의 현재 경험, 그리고 이로부터 생기는 미래에 있을 효과는 전적으로 자기 결정적이고 자기 창조적인 행위이다. 화이트헤드는 자연에 목적인을 되돌려 줌으로써, 플라톤과 아리스토텔레스 그리고 마술적 자연주의 사상 안에서 표현되었던 보다 풍부한 자연주의의 요소를 통합해내었던 것이다.

화이트헤드의 풍부한 자연주의 사상을 보여주는 한 부분

은 아리스토텔레스가 사물의 "물질인material cause"이라고 불렀던, 모든 사물을 구성하는 기본 "재료stuff"에 관한 그의 생각이다. 이 문제는 초기 그리스 자연주의자들의 철학적 사색의 핵심으로써, 그들은 모든 사물의 기초가 되는 근본 재료는 물이나 공기, 흙과 같은 우리 세계의 공통 요소들 가운데 하나일 것이라는 제안을 하였다. 하지만 아리스토텔레스는 그 모든 것들은 물질matter과 어떤 특별한 형상form의 결합이라고 주장하면서, 모든 사물의 기초가 되는 물질인은 그 자체로서는 결코 발견되지 않지만 항상 어떤 특정한 방식을 통해 알려지는 근본 물질prime matter이라고 하였다. 아리스토텔레스에 따르면 이 근본 물질은 순전히 수동적이다. 따라서 그것의 형상화embodiments는 스스로 움직이는 사물들이 아닌, 그 사물들의 외부에 있는 어떤 것에 의해서만 만들어질 수 있다. 이 점이 바로 아리스토텔레스의 사상 체계가 부동의 동자 the unmoved mover라는, 스스로는 움직이지 않지만 다른 모든 사물 운동의 궁극적 원천이 되는 신적 존재를 요구하는 이유이다.

이원론을 받아들인 근대 초기 사상은 모든 사물들에게서 구현되는 단 하나의 보편적인 재료가 있다는 생각을 부인하고, 대신 두 가지의 근본적으로 다른 재료가 있다고 주장하였다. 데카르트는 자연이 수동적이고 의식이 없는 물질을 입고 있는데 반해, 인간의 정신은 전적으로 다른 종류의 재료 즉 의식에 의해 구성된다고 주장하였다. 육체를 구성하는 재료에 관한 데카르트의 견해를 받아들인다면, 이 이원론은 우리의 경험과 자유를 설명하기 위해 필요한 것이었다고 할 수 있다. 하지만 우리가 앞에서 고찰하였듯이, 그토록 철저하게 서로 다른 물질과 정신이 상호작용하는 것을 어떻게 이해할 것인가 하는 문제는 근대 후기 사상가들로 하여금 이 이원론을 부인하도록 이끌었다. 이로써 그들은 인간을 포함한 모든 사물이 단지 의식이 없고 비활성화된 물질로 구성된 것으로 이해하려 했으며, 그 시도는 앞에서 살펴보았듯이 유물론이라는 부적절한 사상으로 귀착되었다.

화이트헤드는 모든 실재하는 사물들에는 하나의 근본적인underlying 재료가 있다고 했던 아리스토텔레스의 견해로 되돌아갔다. 그러나 화이트헤드에게 그 재료는 수동적인 것이 아니라 활동적인 것이다. 실제로 그것은 활동력activity 자체이다. 화이트헤드는 그것을 "창조성creativity"이라고 불렀다. 이러한 방향으로의 이동은 이미 근대 물리학에 의해서 만들어졌다. 근대 물리학은 다양한 종류의 에너지가 서로 전환될 수 있을 뿐만 아니라, 아인슈타인의 $E = mc^2$이라는 공식으로 상징화된 에너지와 질량이 서로 전환될 수 있다는 사실 또한 발견하였다. 따라서 근대 물리학자들은 대체로 에너지를 모든 사물의 "재료"로 생각하며, 그것은 역동적인 것이지 수동적인 재료가 아니라는 사실을 강조한다. 화이트헤드는 이런 발전된 사고를 수용하고, 거기에 덧붙여 말하기를 "물리학자들의 에너지라는 개념은 명백히 추상적인 것"인데, 그것은 물리학이 "존재하는 어떤 것이 그 자체로서 무엇인가" 하는 문제를 무시하기 때문이라고 하였다. 다시 말해, 물리학은 무엇을 탐구하는 일에서 사물의 내재적intrinsic 실재는 무시하고, 단지 그것이 다른 사물에 어떤 영향을 주는지를 의미하는 사물의 외적인extrinsic 실재만을 다룬다는 말이다.[74] 사물이 본질적으로 어떤 것이며, 그것들은 어떻게 다른 것들에게 영향을 미치는지를 알수 있는 개념을 얻기 위해, 화이트헤드는 "에너지"라는 개념을 "창조성"이라는 개념으로 확대시켰다. 사물의 각 단위는 경험의 계기이기 때문에, 하트숀이 말했듯이 우리는 또한 모든 사물을 구성하는 재료는 "창조적인 경험"이라고 말할 수 있을 것이다.[75]

어쨌든, 우리의 현재 목적을 위한 이러한 개념의 확대가 가리키고자 하는 요지는 창조성 혹은 창조적인 경험이란 두 가지 종류의 인과성을 수반한다는 점이다. 선행하는 현실적 계기들로부터 작용인을 받은 현실적 계기는 그것이 정확히 무엇이 되고자 하는지를 결정하는 행위 속에서 자기-인과성self-causation을 실행한다. 이 결정 가운데에는 미래의 계기들에 영향을 주려는 자기예측anticipation이 포함되어 있다. 예를 들어, 당신이 나에게 질문을 하면, 나는 어떻게 반응하고자 하는지를 결정한다. 이것은 나의 목적인이다. 그리고 나서 나는 원하는 말을 하기 위하여 나의 발성 기관을 가다듬는다. 내 정신의 내 육체에 대한 이 작용인은 모든 현실적 계기들에 의해 실행되는 두 번째 종류의 인과성의 실례다. 창조성을 모든 실제 사물들에 들어 있는 보편적인 재료라고 말함으로써, 화이트헤드는 모든 현실적 계기들 즉 인간의 정신을 구성하는 것에서부터 아원자적 입자를 구성하는 것에 이르기까지 작용인만이 아닌 목적인까지 실행한다는 것을 주장하였던 것이다.

우리 세계가 사건들의 혼돈으로부터 창조되었다는 주장에서 화이트헤드가 의미하고자 했던 것은 우리 세계가 현실적 계기들로부터 창조되었고, 모든 현실적 계기는 창조성을 지니고 있으며 따라서 자기 결정 또는 자유의 요소를 지닌다는 점이다. 그의 주장은 러시아 정교회 신학자 니콜라스 베르자예프의 견해와 비슷한데, 베르자예프는 우리 세계가 상대적인 무relative nothingness로부터 창조되었다고 말하였다. 그가 의미하고자 하는 것을 설명하면서 베르자예프는 자신이 "절대적 무"로 번역했던 그리스어 ouk on을 "상대적 무"로 번역한 me on과 구별하였다. 베르자예프는 이 상대적 무를 시원적 자유primordial freedom로 이해하였다. 그러므로 그는 우리 세계가 "상대적 무의 자유meontic freedom"로부터 지어졌다고 말하고자 한 것이다.[76] 신이 우리 세계를 시원적 창조성을 지닌 사건들로부터 창조하였다고 말한 화이트헤드의 주장 역시 본질적으로 동일한 것을 말하는 것이다.

여기서 결정적인 점은 이 창조성이 피조된 것이 아니라 시원적인 것이라는 주장이다. 앞에서 살펴보았듯이 절대적 무로부터의 창조를 주장하는 수많은 신학자들은 신이 우리 세계를 물질로부터 창조하였다고 기꺼이 말하고자 하였다. 그러나 그들은 이 물질 자체는 신에 의해서 절대적 무로부터 만들어졌다고 주장한다. 이것은 물질이 전적으로 신의 통제 아래 있다는 것을 의미한다. 화이트헤드는 이와는 대조적으로 "우주의 궁극적인 창조성이 신의 의지volition에 기인한 것으로 봐야 한다"는 주장을 거부한다.[77] 베르자예프가 시원적 자유를 언급하면서 바로 이 "피조되지 않은 자유"로부터 우리 세계가 지어졌다고 말했듯이, 화이트헤드는 창조성을 피조되지 않은 것으로 간주하였다. 물론 전통적인 신학자들 또한 한편으로는 그렇게 생각하였다. 즉, 창조적인 힘은 신의 본질에 속한 것이라는 의미에서 피조되지 않았다. 그러나 전통적인 유신론자들이 창조적인 힘을 세계에 속한 것으로 여겼을 때에는, 그것은 순전히 신의 자발적인 선물로 간주되었다. 이와는 달리, 화이트헤드는 창조성이란 시원적으로 신과 유한한 현실적 계기들 양자에게 구현되어embodied 있는 것으로 여겼다. 분명히 신은 "이 창조성의 원생적인 예증aboriginal instance of this crea-tivity"이라는 점에서 독특하다.[78] 신은 그 자체로서 필연적으로 존재하는 유일한 개별자only individual이다. 그러나 신은 하나의 세계 즉 유한한 현실적 계기들의 다수성과 항상 연관을 맺으면서 존재한다. 그러한 현실적 계기들이 우리의 우주와 같이 질서로 조직되어 있든지, 아니면 단지 혼돈의 상태로 있든지 간에 말이다. 신이 모든 창조성과 모든 능력을 구현하면서 전적으로 홀로 존재했던 시간은 결코 없다는 말이다.

보다 정확히 말해서 이 세계는 신 안에 존재한다. 이 주장은 범재신론으로 알려진 것으로써, 모든 유한한 사물이 신 안에 있다는 것을 의미하고, 사도행전 가운데 우리가 신 안에서 "살고,

움직이며, 우리 존재를 소유한다"는 말씀에 의해 제안된 사상이다.[79] 이 견해는 모든 것이 신이라고 말하는 범신론과 다르다. 범재신론에 따르면 신과 세계는 각자의 창조적인 힘을 갖는다. 양자는 각자 독특함을 지닌 채 남아 있으며, 따라서 세계에 존재하는 악으로 인해 신의 선함이 비난당하지 않는다. 그러나 (어떤 혹은 다른) 세상의 존재는 신의 존재를 필요로 한다.

범재신론과 악의 문제

신과 세계의 관계에 대한 이러한 방식의 이해는 헤르모게네스와 같은 성격의 주장으로 되돌아가는 것을 의미하는데, 이것은 화이트헤드도 충분히 알고 있었겠지만 분명히 악의 문제에 관한 암시를 내포하고 있다. 화이트헤드에 의하면 전통적 유신론은 신이 이 세계를 절대적 무로부터 창조하였다고 주장함으로써 "모든 선뿐만 아니라 모든 악의 기원까지도 신에게 있다는 생각을 부정할 만한 어떠한 대안도 남겨두지 않았다."[80] 이와는 대조적으로, 화이트헤드는 우리 세계의 창조를 "[유한한] 실제 물질의 시작이 아닌, 어떤 형태의 사회적 질서의 도입"으로 이해하였다.[81] 즉, 우리 세계를 창조할 때, 신은 가능한 형태의 질서를 이미 어떤 질서의 원리들이 구현되어 있는 상황으로부터 불러냈다는 것이다. 이 원리들은 우연적이지 않고 필연적이며 사물의 본성 자체에 놓여 있는 것들이다. 우리는 이러한 원리들의 가장 근본이 되는 것들을 살펴보아 왔다. 그것은 신뿐만 아니라, 창조성을 구현하는 유한한 현실적 계기들의 다양성이 항상 존재한다는 것인데, 이때의 창조성이란 미래의 사건에 자기 결정(목적인-역자)과 작용인이라는 이중적 힘의 행사와 연관된 것이다. 또 하나의 필연적인 원리는 유한한 현실적 계기들의 이러한 이중적 힘은 신의 힘으로도 제압될over-ridden 수 없다는 점이다. 여기서 이 "불가능"은 단순히 도덕적인 "불가능" 다시 말해, 전통적인 자유의지 유신론자들이 말하듯이 신이 인간의 자유를 절대로 거둬들이지 않겠다고 세운 취소할 수 없는 결정으로 인해 형성된 불가능이 아니라 형이상학적▪ "불가능"을 의미한다.

　　신이 할 수 없는 어떤 것이 있다는 이 생각은 물론 새로 생긴 관념은 아니다. 우리가 보아 왔듯이, 전통적인 유신론자들은 논리적으로 자기모순적이기 때문에 신이 할 수 없는 일, 예를 들어 둥근 사각형을 만드는 일과 같은 것이 있다고 말하였다. 자유의지 유신론자들은 신이 자유를 가진 피조물의 행동을 전적으로 결정할 수 없다고 덧붙였다. 왜냐하면 그렇게 하는 것은 자기모순적이기 때문이다. 화이트헤드는 여기서 더 나아가 한 가지 사실을 덧붙였는데, 그것은 모든 개별자들은 최소한 아주 작을지라도 자유를 필연적으로 지니고 있고 또 이 자유는 세계의 본성에 내재된

▪ "형이상학적metaphysical"이란 말은 철학에서 여러 의미로 사용될 수 있겠지만, (특히 과정철학에서) 존재론과 우주론을 다룰 때 그 말은 '실제적인' 또는 '사물의 본성 자체의'라는 의미로 사용된다.

inherent 것이기 때문에, 신은 어떠한 피조물의 행위도 완전히 통제할 수 없다는 점이다.

신에게 불가능한 어떤 일이 있다는 이 생각은 신의 본성과 관련해서도 생각될 수 있다. 신학자들은 항상 신은 자기 자신의 본성에 반대되는 행위를 할 수 없다고 말해 왔다. 전지한 신은 어떤 사실에 대해 무지할 수가 없고, 무소부재한 신은 우주의 한 구석으로 물러날 수 없으며, 완벽하게 지혜로운 신은 어리석게 행동할 수 없다. 이렇게 신의 본성에 반하는 행동을 신이 할 수 없다는 생각에 동의한다면, 이제 신이 할 수는 일과 할 수 없는 일이 무엇인가 하는 질문은 우리가 신의 본성을 어떻게 이해하느냐 하는 것에 달려 있게 된다.

무로부터의 창조 교리를 가진 전통적 신론에 따르면, 유한한 존재자들의 영역과 관련을 맺는 것은 신의 본성에 속한 것이 아니었다. 그러므로 일단 신이 세계를 창조하면, 그 세계가 신과 관련을 맺는 방식과 관련된 모든 것은 신의 의지에 의해 결정되었다. 이 믿음이 극단적 의지론의 기초였다. 이와는 대조적으로, 화이트헤드의 신론에 따르면 유한한 사물들의 영역과 관련을 맺는 것, 더 나아가 신에 의해 무효화되지 않는 창조적인 힘을 지닌 유한한 존재들에 관한 생각은 신의 본성과 관련된 것이다. 이러한 주장이 지닌 함축성을 끄집어내면서, 화이트헤드는 "신이 세계와 맺는 관련성은 의지의 사건들accidents of will 너머에 있다. 그것은 신의 본성과 세계의 본성의 필연적인 면들에 기초하고 있다"고 말했다.[82] 그러므로, 유한한 존재들의 세계와 관련을 맺는 것은 신의 본성과 연관된 것이다. 이 유한한 존재들의 행동은 일방적으로 결정된다는 의미에서 강압적으로 제압되지 않고, 오직 설득될 수 있을 뿐이다.

신의 힘을 설득의 힘으로 재인식한 화이트헤드는 플라톤의 입장을 의식적으로 지지하였다. 플라톤은 비록 이 점에서 망설였음에도 불구하고, 플라톤의 최종적인 견해는 화이트헤드의 언어를 빌리자면 "세계에서 신의 요소는 설득적인persuasive 작용으로 이해되어야지 강압적인coercive 작용으로 이해되어서는 안 된다"는 것이었다. 화이트헤드는 플라톤이 이러한 견해를 내세우면서 "종교의 역사 속에서 가장 위대한 지적 발견들 중의 하나"를 만들어냈다고 덧붙여 말하였다.[83] 하지만, 화이트헤드는 이 주장을 지지하면서도, 자신 스스로는 그리스적 견해가 기독교적 견해에 반대되는 것으로 생각하지 않았다. 오히려, 화이트헤드는 "기독교의 핵심은 그리스도의 삶이 신의 본성에 대한 계시이자 세상에서의 그분의 활동에 대한 계시라고 호소하는 것"이라고 말하면서, 그 삶에 관한 신약성서 기사들 가운데 있는 요소들 즉 "인간의 본성 가운데 있는 최고의 것들로부터 도출되는 응답을 불러내는" 요소들을 지적하였다. 이러한 요소들로 "성모, 그 아이, 빈 구유, 그리고 집도 없고 자기를 돌보지 않으면서도 평화와 사랑과 공감sympathy의 메시지를 가졌던 그 겸손한 사람, 그리고 고난과 비통과 생명을 끌어오는 부드러운 말씀들"을 포함시키면서, 화이트헤드는 "기독교의 힘은 행동 속에 나타난 계시들 즉 플라톤이 이론적으로 예감했던 것을 행동으로 보여준 기독교적 계시에 있다"고 말했다.[84] 분명히 기독교 신학자들은 이 계시를 얼마 가지 않아 뒤엎고서, 기독교의 신을 "최상의 강제 작용"을 하는 존재로 변화시켰는데, 이것은 "최종적인 강압적 힘으로써 천둥을 휘두르는" 것으로 보았던 신에 관한 야만적 관념을 형이상학적으로 승화시킨 것에 불과한 것이라고 화이트헤드는 말한다.[85] 그럼에도 불구하고 화이트헤드는 세상에서의 신의 요소를 강압적인 작용이 아니라 설득적인 작용이라고 보는 것이 기독교의 본질에 속한 것으로 생각하였다. 이러한 생각을 채택함으로써 화이트헤드는 악의 문제 즉, 우리 세상에 어떤 진정한 악이 있다는 것은 신이 존재하지 않음을 나타내는 것이거나 신이 완벽하게 선하지 않다는 것을 나타낸 것이라고 보는 생각을 유발시키는 근본 원인을 제거하게 되었다.

하지만 또 다른 차원의 문제가 있다. 비록 사람들이 어느 정도 악의 존재란 불가피한 것이라고 여긴다고 할지라도, 그들은 아마 세계에 이토록 많은 끔찍스러운 악이 존재하는지에 대해서는 의아해 할 것이다.[86] 많은 사람들이 우리 세상을 사랑이 많은 신이 창조했다는 것을 의심하게 되는 것은 이러한 극악성 때문이다. 우리 세계가 절대적 무가 아닌 상대적 무로부터 피조되었다는 생각은 악에 관한 문제의 이러한 특성에도 적절한 것이다. 우리가 앞에서 보았듯이, 신과 세계의 관계에 대한 이러한 방식의 이해는 사물의 본성 속에는 신의 결정 때문에 생겨난 것이 아닌 어떤 질서의 원리가 본래부터 내재되어 있다는 생각을 내포한다. 우리는 이미 이러한 원리들 몇 가지를 이야기하였다. 그것은 유한한 사건들의 세계가 필연적으로 존재한다는 것, 이러한 사건들은 최소한 스스로를 결정할 능력을 극미량이나마 지니며 또 미래에 영향을 미친다는 것, 그리고 신의 힘은 유한한 사건들의 이러한 이중적 힘을 완전히 무시할 수 없다는 것이다. 여기에 또 하나의 원리를 덧붙이자면, 그것은 악에 대한 가능성이 증가되지 않고서는 선을 위한 가능성 역시 증가될 수 없다는 것이다.

이 원리를 설명할 한 가지 이유를 말하자면, 보다 높은 형태의 가치를 경험한다는 것은 큰 감응성을 요구하며, 이 감응성은 큰 고통으로 연결될 수도 있다는 것이다. 예를 들어, 생명에 대한 우리의 향유enjoyment는 부분적으로는 운동이나 좋은 음식 그리고 성적 행동과 같은 우리의 육체에 대한 우리의 감응성으로부터 생겨난다. 그러나 우리가 다치거나 병으로 고생할 때 이와 똑같은 감응성이 우리로 하여금 큰 고통에 빠지기 쉽게 만든다. 육체의 고통에 대한 이 감응성은 인간에게만 아니라 다른 동물에게도 있다. 그러나 인간의 삶은 개나 고양이가 알지 못하는 종류의 고통에 민감하다. 우리 인생이 의미 없다고 느껴질 때 생겨나는 절망과 같은 인간만이 지닌 독특한 형태의 고통은 그 반대 면에서는 문학, 음악, 수학, 철학, 신비 체험, 그리고 깊은 우정을 경험할 수 있는 우리의 능력과 같은 인간만이 갖는 독특한 형태의 가치 경험

value-experience이기도 하다. 사상이나 가치에 대한 우리의 고유한 감응성은 우리가 이러한 독특한 가치들을 향유할 수 있게 해주며, 또한 자살에 이르게 할 만큼 격심한 종류의 인간 특유의 고통에 대해 우리를 노출시키기도 한다.[87]

선의 가능성의 증대가 악의 가능성을 필연적으로 증대시키게 되는 또 하나의 이유는 보다 높은 가치를 향유할 수 있는 능력이 보다 큰 힘과 관련되어 있고, 이 힘은 선을 위해서도 악을 위해서도 사용될 수 있다는 사실에 있다. 우리 인간은 우리가 가진 보다 큰 힘을 통해 다른 생물들이 할 수 없는 형태의 선good, 예를 들어 의술, 교육기관, 노동절감 도구들, 위대한 문학, 베토벤 피아노 협주곡들과 같은 것을 만들어낼 수 있다. 그러나 우리는 또한 견줄 수 없이 큰 고통과 파괴를 몰고 올 능력을 유일하게 갖고 있다. 오직 인간만이 대량학살을 벌인다. 오직 인간만이 신이 수십억 년 걸려 창조한 지구상의 모든 고등 생물들의 목숨을 위협한다.

인간이 유일하게 지닌 악에 대한 이 능력은 반유신론 철학자들로 하여금 "왜 신은 합리적인 성인들을 창조하지 않았는가?" 하고 그들의 친구 유신론자들에게 묻도록 만든다. 여기서 합리적인 성인들이라는 말로 그들이 의미하는 것은 대부분의 경우에는 우리와 같이 합리적 사고를 할 능력이 있고 따라서 모든 인간 특유의 가치들을 향유할 능력을 지니고 있으면서도, 다른 한편으로는 죄를 결코 짓지 않는 존재를 말한다. 이 질문에 대한 화이트헤드적 답변은 분명하다: 신은 그런 존재를 창조할 수 없었을

것이다. 왜냐하면 신은 인간과는 다른 피조물들이 자유를 갖지 않
도록 창조함으로써 그들이 죄를 짓지 않도록 보증할 수 있었겠지
만, 그것은 불가능하기 때문이다. 유신론에 대한 비평가들은 "좋
다. 하지만 분명히 신은 음악과 수학과 신비를 경험할 수는 있지
만 인간보다 훨씬 덜 위험한 피조물을 만들 수 있었지 않았겠냐"
고 물을지도 모른다. 하지만 과정신학자들은 이러한 주장조차도
거부한다. 그러한 주장은 전통적인 유신론에 적용되는 것이다. 절
대적 무로부터의 창조 교리에 따르면, 우리 세계에서 우리가 발견
하는 가치와 힘의 상관관계 중 그 어느 것도 필연적으로 존재하지
않는다. 하지만 과정유신론에 따르면, 우리 세계에 존재하는 그러
한 상관관계들은 필연적 진리를 반영한다. 인간이 느끼는 가치를
향유할 수 있는 피조물을 만든다는 것은 반드시 인간만큼의 위험
스러운 피조물을 만드는 것이다. 어쩌면 신은 인간이 출현하기 이
전에 진화의 전진을 막음으로써 인간만이 저지를 수 있는 독특한
형태의 악의 발생 가능성을 막을 수 있었을 수도 있었다. 신은 돌
고래나 침팬지와 같은 수준의 피조물들로 만족할 수 있었을 수도
있었다.

    이런 관점을 전제한다면, 우리는 인간의 악이 너무도 나
쁘기 때문에 세계는 인간이 없었을 때 훨씬 나았다고 정직하게 말
할 수 있을 때에 비로소 우리는 세계의 악에 대한 책임을 신에게
물을 수 있을 것이다. "신이 가진 유일한 구실은 그가 존재하지 않
는 것이다"고 했던 스탕달의 비난과는 대조적으로, 과정유신론자

들은 인간이 만들든 가공할 악에 대해 신이 가질 변명은 그러한 악의 가능성은 오직 인간과 같은 존재가 없는 세계 안에서만 막을 수 있다는 점에 있다고 말한다. 만약 누가 악에 대한 그 불평은 단지 인간의 악만이 아니라 생명체가 고통스럽게 경험하는 모든 악에 해당되는 것이라고 말한다면 과정신학은 동일한 답을 할 것이다: 신은 세상이 생명을 배출하도록 자극하지 않음으로써만 이 모든 고통의 가능성을 미리 배제할 수 있었을 것이다. 생명이 없는 세상은 고통이 발생할 가능성이 없는 세상을 그 대가로 가진다. 신조차도 악의 위험이 없는 선을 가질 수 없는 것이다.

신의 존재

과정신학은 초자연주의를 거부함으로써 근대 사상가들이 신의 실재성에 관한 믿음을 거부하게 된 주요 이유들 즉, 그러한 실재성에 대한 믿음은 과학적 자연주의와 상충된다는 가정, 그 믿음은 세계의 악에 의해 부정된다는 것, 그리고 그러한 믿음은 현실 질서(status quo)를 지지한다는 생각 등을 극복한다. 그러나 신에 관한 믿음을 거부하는 이런 이유들을 극복하는 것 외에도 화이트헤드의 세계관은 신의 실재를 재긍정할 수 있는 많은 적극적인 이유들을 제공한다. 이러한 이유들 중의 어떤 것들은 인간의 독특한 경험의 차원과 관련된 것으로써, 그것들은 과정범재신론이 지지하는 한 가정 즉 우리는 언제나 신을 직접적으로 경험한다는 가정과 관련하여 가장 잘 설명될 수 있다. 이것은 종교적 차원의 경험에 아주 명백한 진실이다. 그러나 이것은 또한 논리적, 도덕적, 미학적 규범들과 같은 수학적 원리나 규범적인 이상들에 대한 우리의 인지awareness와 관련해서도 사실이다. 만약 우리가 모든 것을 포괄하는 실재all-inclusive actuality(신을 뜻함-역자), 그래서 그분 안에 이러한 이상적인 것들이 존재할 수 있고 또 작용할 수 있게 된다는 것을 인정하지 않는다면, 인간이 그런 원리들을 언제 어디서나 전제해 왔다는 사실은 설명하기 힘들게 된다.

이러한 논의를 여기서 발전시킬 수는 없지만 나는 다른 곳에서 과정신학이 최소한 13가지의 독창적인 논증을 할 수 있으며, 또 이것들이 함께 모여 범재신론의 진실을 말해 줄 수 있는 매우 강한 진술을 구성한다는 점을 밝혔다.[88] 분명히 이러한 논증들 중 많은 것들이 토마스 아퀴나스와 같은 전통적 유신론자들에 의해 발전된 논증들과 비슷하다. 하지만 이러한 논증들이 전통적 유신론의 신의 존재에 대한 증거로 사용된 한, 그 논증들은 악에 관한 문제나 신의 존재를 의심케 하는 다른 이유들에 의해 침식되었다. 신을 믿는 이유들은 신을 믿지 않을 이유들에 의해 상쇄되었다. 하지만 이 전통적 논증들이 자연주의적 범재신론의 신에 관한 논증으로써 보다 잘 이해된다는 것을 알게 될 때, 우리는 신의 실재를 인정할 수많은 이유가 있지 그것을 거부할 이유는 없다는 것을 알 수 있게 될 것이다. 자연주의적 유신론 덕택으로 신의 실재에 관한 논증은 다시 설득력을 얻게 된 것이다.

다양한 신의 인과관계

물론 언급되었던 신의 실재가 기독교 신앙의 본래적 가르침들을 입증하는 데 타당한 경우에만 신에 관한 설득력 있는 논증의 발견이 기독교 신앙을 위해 중요한 사건이 될 것이다. 우리가 앞서 보았듯이, 수많은 근대 철학자들과 신학자들에 의해 이야기되었던 "신"은 현실적 존재actual being가 아니기 때문에, 그 신은 어떤 사건들로 하여금 자신을 특별히 드러내는 것이 되도록 세계 속에서 변화무쌍하게 활동하는 존재는 최소한 아니다. 보수주의에서 근본주의에 이르는 수많은 신학자들은 바로 이 이유 때문에 기독교 신앙이 초자연적인 신 즉, 이따금씩 세계의 정상적인 인과관계 방식들을 중단시킴으로써 다양한 인과관계를 실현할 수 있는 신에 관한 믿음을 요구한다고 가정한다. 자연주의적 유신론의 형태인 화이트헤드의 과정유신론의 독특한 특징은 그것이 세계 속에서의 신의 변화무쌍한 인과관계를 인정한다는 점이다.

　　　화이트헤드는 이런 생각을 분명히 하는 일에 있어서 윌리엄 제임스가 제안했던 주장을 발전시켰다. 우리가 감각적 지각을 통해 아는 물리적 세계에 더해서, 제임스는 "우리의 이상적인 충동이 일어나는 전혀 다른 차원의 존재"가 있음을 주장하였다. "이상의 세계는 작용 인과성efficient causality을 갖지 않으며, 결코 특별한 지점에서 현상 세계로 터져 나오지 않는다"는 견해를 거부한 그는 자신이 "이상적 영역으로부터 나온 영향들을 실제 세계의 세부적인 것들을 인과율적으로 결정하는 힘들 가운데로 삽입함으로써 이상과 실제의 세계를 함께 섞는 일에 지적인 어려움을 발견하지 않았다"고 말한다.[89] 보다 정확히 말하면, 신적인 실재는 세계를 전체로써 관계할 뿐이요 따라서 이상적 세계는 "경험의 평면적 수준 위로 내려올 수 없으며 자신을 조금씩 자연의 일정한 부분들 가운데에로 삽입할 수 없다"고 말하는 사람들을 반대하며, 제임스는 신이 그렇게 행동할 수 있다고 주장한다.[90] 다른 말로 해서, 제임스는 특정한 섭리 즉 신의 예기하는prevenient 은총은 다른 사건들에는 다르게 임하는 것으로써 상황에 좌우된다는 생각을 주장하였다. 하지만 특정한 섭리에 관한 이 주장은 초자연주의를 의미하지는 않았다. 왜냐하면 신은 자신이 "이상적 충동들ideal impulses"이라고 말한 것들을 "에너지의 개개의 중심들personal centers of energy"에 공급함으로써 항상 형식에서는formally 동일한 방식으로 일하기 때문이다. 그러나 형식에서는 동일하지만, 다른 이상들이 저마다의 다른 상황에 적합하듯이 이 신의 영향은 그 내용에서는 가변적인 것이다.[91]

화이트헤드는 "특별한 계기들에게 주어진 특정한 섭리"를 명시적으로 주장함으로써 이 학설을 발전시켰다.[92] 화이트헤드는 제임스처럼 신이 이상들ideals을 제공함으로써 세상에서 활동한다고 주장하였고, 이 이상을 "최초의 지향들initial aims"이라고 불렀다.[93] 따라서 그는 "이상들의 경험들 즉 받아들여진entertained 이상들, 목표가 세워진aimed at 이상들, 성취된achieved 이상들, 마멸된defaced 이상들에 대한 경험들이 있고, 이것은 우주의 신성에 대한 경험이다"고 말하였다.[94] 신은 이러한 지향들aims을 제공함에 있어서 경험의 각 계기들이 자신에게 주어진 구체적인 상황 속에서 자신에게 열려진 최상의 가능성을 실현시키도록 설득한다.[95] 마지막 장에서 나는 어떻게 이 학설이 우리로 하여금 강건한 형태의 기독교 신앙을 확증하면서도 또 한편으로는 종교다원주의를 지지하도록 허락하는지를 설명하도록 하겠다.

원주

1 이 점을 설명할 때에 나는 오웬 토마스의 탁월한 해설에 의존하였다. 그의 개정판 *God's Activity in the World*, 1-14를 참고하시오.

2 G. Ernest Wright, *God Who Acts: Biblical Theology as Recital* (London: SCM Press, 1952), 120.

3 Langdon Gilkey, "Cosmology, Ontology, and the Travail of Biblical Language," in *God's Activity in the World: The Contemporary Problem*, edited by Owen Thomas (Chico, CA: Scholars Press, 1983), 29, 31.

4 위의 책, 32, 35, 37.

5 Rudolf Bultmann, *Kerygma and Myth: A Theological Debate*, edited by Hans Werner Bartsch (New York: Harper & Low, 1961), 19, 37-38.

6 Rudolf Bultmann, *Jesus Christ and Mythology* (New York: Charles Scribner's Sons, 1958), 15.

7 위의 책, 65.

8 위의 책, 62, 68; Bultmann, *Kerygma and Myth*, 196.

9 Bultmann, *Jesus Christ and Mythology*, 61-62.

10 Etienne Gilson, "The Corporeal World and the Efficacy of Second Causes," in *God's Activity in the World: The Contemporary Problem*, edited by Owen Thomas (Chico, CA: Scholars Press, 1983), 222

11 Willem Drees, Religion, *Science and Naturalism* (Cambridge: Cambridge University Press, 1996), 18.

12 Bultmann, *Jesus Christ and Mythology*, 15.

13 Drees, Religion, *Science and Naturalism*, 12.

14 John Hick, *The Metaphor of God Incarnate* (London: SCM Press, 1993), 12.

15 위의 책, 7.

16 위의 책, 99, 104, 106.

17 John Hick, *God and the Universe of Faiths* (London: Macmillan, 1975), 94.

18 위의 책, 51.

19 Maurice Wiles, *The Remaking of Christian Doctrine* (London: SCM Press, 1974), 93.

20 위의 책, 102.

21 Maurice Wiles, "Religious Authority and Divine Action," in *God's Activity in the World: The Contemporary Problem*, edited by Owen Thomas (Chico, CA: Scholars Press, 1983), 186.

22 Wiles, *The Remaking of Christian Doctrine*, 38.

23 Wiles, "Religious Authority and Divine Action," 182.

24 위의 책, 188.

25 보다 정확하게 말하자면 나는 여기서 유신론적 종교 경험에 대해서 이야기하고 있다. 이것과 비유신론적 종교 경험의 차이에 대한 토론은 나의 책 『화이트헤드 철학과 자연주의적 종교론: 초자연주의를 넘어서는 종교를 지향하여』 장왕식, 이경호 역 (서울: 동과서, 2004)의 7장을 참고하라.

26 Immanuel Kant, *Religion within the Limits of Reason Alone*, trans. Theodore M. Greene and Hoyt H. Hudson (New York: Harper & Row, 1960), 163.

27 J. J. C. Smart, "Religion and Science," in *Philosophy of Religion: A Global Approach*, ed. Stephen H. Phillips (Fort Worth: Harcourt Brace, 1996), 222-23.

28 Emil Durkheim, *Elementary Forms of the Religious Life*, trans. Joseph Ward Swain (New York: Free Press, 1963), 57.

29 Samuel J. Preus, *Explaining Religion: Criticism and Theory from Bodin to Freud* (New Haven: Yale University Press, 1987), 174.

30 위의 책, xv.

31 Robert J. Seagal, *Explaining and Interpreting Religion: Essays on the Issue* (New York: Peter Lang, 1992), 71.

32 Gordon D. Kaufman, *In Face of Mystery: A Constructive Theology* (Cambridge, MA: Harvard University Press, 1993), 415.

33 Paul Tillich, *Systematic Theology* (Chicago: University of Chicago Press, 1951), 1:214.

34 위의 책, 1:238, 271-73, 280.

35 Paul Tillich, *Systematic Theology* (Chicago: University of Chicago Press, 1957), 2:9-10.

36 Henry Nelson Wieman의 *The Source of Human Good* (Chicago: University of Chicago Press, 1946)을 참고 하시오.

37 Gerhard Ebeling, *God and Word* (Philadelphia: Fortress Press, 1967), 27-29.

38 Herbert Braun, "The Problem of New Testament Theology," in *The*

Bultmann School of Biblical Interpretation: New Direction? ed. Robert Funk (New York: Harper & Row, 1965), 183.

39 Donald Cupitt의 *Taking Leave of God* (New York: Crossroad, 1981)과 John Dewey의 *A Common Faith* (New Haven: Yale University Press, 1934)를 참고하시오.

40 Kaufman, *In Face of Mystery*, 323.

41 Drees, Religion, *Science and Naturalism*, 237, 266-68.

42 위의 책, 184.

43 Reinhold Niebuhr, *The Nature and Destiny of Man*, 2 vols. (New York: Charles Scribner's Sons, 1943), 2:297-98.

44 위의 책, 2:311-12.

45 위의 책, 2:297.

46 Reinhold Niebuhr, *Beyond Tragedy* (New York: Charles Scribner's Son, 1937), ix.

47 Niebuhr, *The Nature and Destiny of Man*, 2:297-98.

48 나는 다른 곳에서 이 새로운 세계관을 기술하기 위해 "포스트모던"이란 용어를 사용하는 것에 대해 설명하였다. 나의 논문 "재구성주의 신학(Recon-structive Theology) in *The Cambridge Companion to Postmodern Theology*, ed. Kevin J. Vanhoozer, 102-08 (Cambridge: Cambridge University Press, 2002)와 나와 여러 명이 함께 저술한 *Founders of Constructive Postmodern Philosophy: Peirce, James, Bergson, Whitehead, and Hartshorne* (Albany: SUNY, 1993)의 서론을 참고하시오. 나는 보통 알려진 것과는 매우 다르게 사용되는 이 포스트모던이란 개념이 어떤 의미에서 타당한지에 대해서는 여기서 설명하지 않겠다.

49 Alfred North Whitehead, *Process and Reality* (1929), Corrected edition, ed. David Ray Griffin and Donald W. Sherburne (New York: Free Press, 1978), 15.

50 나의 책 *Parapsychology, Philosophy, and Spirituality: A Postmodern Exploration* (Albany: SUNY Press, 1997), 46-48.

51 William James, *Essays in Radical Empiricism* (in a volume with A Pluralistic Universe), ed. Ralph Barton Perry (New York: E. P. Dutton, 1971), 270.

52 이 점의 중요성은 감각 지각이 칸트의 관념론, 그리고 나중에 헤겔과 마르크스를 자극하여 이끌었던 여러 개념들에 대한 경험적 기초를 제공할 수 없었다는 사실을 기억함으로써 드러날 수 있다. 동일한 문제가 자신의 신에 관한

(자유의지가 허락된 개정된) 칼빈주의적 견해를 어떠한 지지도 필요로 하지 않는 "근본적인 신념basic belief"으로 받아들이는 것이 정당화될 수 있다고 말한 앨빈 플란팅가의 주장의 기초에서 나타난다. 이 점은 『화이트헤드 철학과 자연주의적 종교론』의 마지막 장에서 토론하였다.

53 C. H. Waddington, *The Evolution of an Evolutionist* (Edinburgh: Edinburgh University Press, 1975), 4-5.

54 David Bohm and B. J. Hiley, *The Undivided Universe: An Ontological Interpretation of Quantum Theory* (London: Routledge, 1993), 386. 범경험주의를 지지하는 또 한 명의 위대한 과학자인 Sewall Wright는 본문의 아래에서 이야기될 것이다. 위에 나오는 철학자들의 견해에 대해서는 앞에서 언급했던 책 *Founders of Constructive Postmodern Philosophy: Peirce, James, Bergson, Whitehead, and Hartshorne*을 참고하라.

55 Colin McGinn, *The Problem of Consciousness: Essays toward a Resolution* (Oxford: Basil Blackwell, 1991), 1.

56 Charles Hartshorne, *The Logic of Perfection and Other Essays in Neoclassical Metaphysics* (La Salle, Il: Open Court, 1962), 229.

57 Geoffrey Madell, *Mind and Materialism* (Edinburgh: Edinburgh University press, 1988), 140-41.

58 Sewall Wright, "Panpsychism and Science," in *Mind and Nature: Essays on the Interface of Science and Philosophy*, ed. John B. Cobb, Jr., and David Ray Griffin (Washington, D.C.: University Press of America, 1977), 82. 라이트는 내가 참석하고 있었던 컨퍼런스에서 이런 코멘트를 하였다. 그가 이렇게 말을 하고 나자, 또 다른 위대한 진화론자인 도브잔스키Theodosius Dobzhansky가 "그러면 나는 마술을 믿소!" 하고 말하였다. 걸쭉한 러시안 악센트의 재치 있는 유머와 함께 발언된 도브잔스키의 코멘트는 회의장을 무너뜨릴 정도였다. 하지만, 웃음이 지나가고 난 다음에도 라이트의 지적은 여전히 남아 있었고, 도브잔스키는 경험이 경험을 하지 않는 것들로부터 어떻게 출현하였는지 그가 설명할 수 없고 단지 그렇게 되었을 것이라고 믿을 뿐임을 인정하였다.

59 Richard Swinburne, *The Evolution of the Soul* (Oxford: Clarendon Press, 1986), 198-99.

60 McGinn, *The Problem of Consciousness*, 45.

61 맥긴은 "정신-육체의 문제가 유신론적 가정을 피하는 것이 그 관계에 대한 설명에 타당성을 부여하는 조건이다"고 말하는데(위의 책, 17), 여기서 유신론은 그가 "초자연주의적 마술사"에 대해 언급했던 것에서도 알 수 있듯이 초

자연주의적 신론을 의미한다.

62 위의 책, 213.

63 Julius Adler and Wing-Wai Tse, "Decision-Making in Bacteria," *Science* 184 (June 21, 1974): 1292-94와 A. Goldbeter and Daniel E. Koshland, Jr., "Simple Molecular Model for Sensing Adaptation Based on Receptor Modification with Application to Bacterial Chemotaxis," *Journal of Molecular Biology* 161, no. 3 (1982): 395-416을 보라.

64 Evelyn Fox Keller, *A Feeling for the Organism: The Life and Work of Barbara McClintock* (San Francisco: W. H. Freeman, 1983)을 보라.

65 찰스 하트숀은 한 강연에서 밀리칸이 이런 말을 자신이 참석했던 자리에서 남겼다고 말하였다.

66 보다 충분한 토론을 보려면, 나의 책 *Unsnarling the World-Knot*의 7장을 참고하라.

67 그 실례는 나의 책 *Unsnarling the World-Knot*, 37-40, 163-217에 나와 있다.

68 Alfred North Whitehead, *Religion in the Making*, 111.

69 나의 책 *Parapsychology, Philosophy, and Spirituality: A Postmodern Exploration*의 4-8장을 참고하라.

70 여러 명의 내과의사들이 임사상태의 육체이탈 경험near-death out-of-body experiences에 관한 연구에 참여하였는데, 이 점에 관하여 나의 책 *Parapsychology, Philosophy, and Spirituality: A Postmodern Exploration*의 8장을 참고하라.

71 예를 들어, 유물론 철학자 카이 닐슨은 다음과 같이 말하고 있다. 만약 "우리가 육체로부터 분리된 존재disembodied existence라는 개념이 이해될 수 없다고 생각한다면, … 우리는 그 자료를 다르게 해석해야 할 것이다. … 우리가 그것을 설명할 수 있는 좋은 대안을 갖고 있지 않다 할지라도, 그것[육체로부터 분리된 존재]은 발생한 사실에 관한 올바른 기술이 될 수 없다고 우리는 말할 것이며, 합리적으로 그렇게 말해야 할 것이다." Kai Nielsen, "God and the Soul: A Response to Paul Badham," in *Death and Afterlife*, ed. Stephen T. Davis (London: Macmillan, 1989), 61.

72 Alfred North Whitehead, *Science and the Modern World* (1925) (New York: Free Press, 1967), 34-35.

73 Whitehead, *Process and Reality*, 68. 여기서 화이트헤드는 제임스의 책, *Some Problems of Philosophy*의 10장을 인용하였다.

74 Whitehead, *Science and the Modern World*, 36, 153.

75 Lewis Edwin Hahn, ed., The Philosophy of Charles Hartshorne, *The Library of Living Philosophers* 20 (La Salle, Il: Open Court, 1991), 690, 720.

76 Nicolas Berdyaev, *The Destiny of Man* (New York: Harper & Row, 1960), 22-35; Nicolas Berdyaev, *Truth and Revelation* (New York: Collier Books, 1962), 124.

77 Whitehead, *Process and Reality*, 225.

78 위의 책, 같은 곳.

79 이러한 견해의 점증하는 대중성은 필립 클레이튼과 아서 피콕이 편집하여 최근에 출판한 *In Whom We Live and Move and Have Our Being: Reflections on Panentheism for a Scientific Age* (2003)라는 책에서도 잘 보인다.

80 Whitehead, *Science and the Modern World*, 179.

81 Whitehead, *Process and Reality*, 96.

82 Whitehead, *Adventures of Ideas*, 168.

83 위의 책, 166.

84 위의 책, 167.

85 위의 책, 166.

86 Marilyn McCord Adams, *Horrendous Evils and the Goodness of God* (Ithaca, NY: Cornell University, 1999)을 참고하라.

87 이 문단의 논점과 관련하여 찰스 하트숀은 다음과 같이 말하였다. "악의 기회는 선의 기회와 겹친다. 죽은 사람은 고통의 기회가 없으며, 즐거움의 기회 또한 없다. 이 원리는 보편적이며 선천적a priori이다. 민감성과 자발성이 손상되면 고통을 당할 위험이 줄어들지만, 심오한 기쁨을 느낄 기회 또한 줄어든다."(*Reality as Social Process*, 107).

88 나의 책『화이트헤드 철학과 자연주의적 종교론』의 5장을 참고하라.

89 William James, *The Varieties of Religious Experience* (New York: Penguin Books, (1902) 1985), 510.

90 위의 책, 511-12.

91 위의 책, 510, 507. 불행히도 제임스는 "자연주의"란 감각을 통해 알 수 있는 세계는 존재하는 모든 것(all there is)이라는 점을 의미한다고 생각하였고, 따라서 자신의 입장을 "부분적 초자연주의piecemeal supernaturalism"라고 말하였다. 제임스는 이로써 신은 세상과는 다른 존재로서 다른 사건들에는 다른 이상을 부여한다는 점을 말하고자 하였음에도 불구하고, 그가 사용한 "초자연주의"란 말은 다양한 신의 영향은 세상의 기본적인 인과과정들에 대한 초자연적인 간섭과 관련된다는 것을 의미하는 것으로 쉽게 해석되었다. 그럼으로써 제임스의 생각은 존 매키에 의해 잘못 해석되었다(*Miracle of Theism*, 12, 13, 182). 이런 잘못된 해석은 왜 세계의 기본적 인과 원리들에 대한 간섭들을 허락할 것인지 하지 않을 것인지에 대한 대비를 엄밀하게 가리키기 위해

"초자연주의"와 "자연주의"라는 대비를 사용하는 것이 더 좋은지를 말해 준
다. 이런 대비와 관련해서는 제임스는 그의 뒤를 이은 화이트헤드처럼 유신
론적 자연주의자였다.

92 Whitehead, *Process and Reality*, 351.
93 위의 책, 244.
94 Whitehead, *Modes of Thought* (New York: Free Press, (1938), 1968), 103
95 Whitehead, *Process and Reality*, 84, 244.

4장

기독교 신앙

—오만에서 소심으로,
소심에서 예의바른 확신으로

1장에서 나는 지난 2세기 동안 발전되어 온 과학적 자연주의가 매우 모호한 운동이었음을 밝혔다. 한편으로 과학적 자연주의는 세계의 가장 근본적인 인과과정에 초자연적 간섭이 있을 수 없다는 위대한 진리를 발견하여 확립하였다. 그러나 다른 한편으로 과학적 자연주의는 이 진리를 감각주의적, 무신론적, 유물론적 형태로 만들어 왜곡시켰고, 이로써 우리가 지닌 가장 깊은 도덕적·종교적 신념들이 만들어낼 수 있는 진리를 배제했을 뿐만 아니라 심지어 과학 자체를 위해서도 부적합한 것이 되게 하였다.

2장에서는 기독교 역시 매우 모호한 운동이었음을 밝혔다. 한편으로 기독교 신앙의 본래적 가르침들은 보편적인 중요성을 지닌 위대한 진리를 구성하였다. 그러나 다른 한편에서 역사적으로 발전되어 온 기독교는 이 본래적인 가르침들에 주의를 기울이지 않거나 심지어 그것과 모순되는 이차적이고 삼차적인 교리들에 의지하여, 그 본래적 가르침들의 빛을 잃게 만들고 결국 위대한 진리를 왜곡시키고 말았다. 이러한 왜곡 가운데 중심적인 것이 신의 전능이라는 개념이었다. 이 개념은 특히 우리 세계가 절대적 무로부터 피조되었다는 교리에 의해 뒷받침되었는데, 그것은 신이 세계 안에 있는 모든 세부적인 것에 영향을 미치는 절대적인 힘을 갖고 있다는 주장이었다. 이 교리는 기독교 신앙에 대한 무수한 왜곡을 가져왔다. 그중 하나는 악에 관한 풀 수 없는 문제를 만든 것으로써, 우리 세계를 선하고 자비로운 신적 존재가 창조했다는 본래적 가르침이 이 교리로 손상되었다. 신의 전능이라는 관념은 또한 정치 경제 사회적 현상 질서의 유지를 도왔는데, 이렇게 함으로써 신은 정의를 세우는 데 관심을 갖는다는 것 그리고 우리가 주기도문을 통해 간구하는 "이 땅 위에서의 신의 통치"를 신 역시 추구한다는 것을 말해 온 기독교 신앙의 또 다른 본래적 가르침을 침식시켰다. 세 번째의 왜곡은 신의 사랑으로부터 기독교 자체로 관심을 이동시킨 것이었다. 이로써 기독교는 신의 사랑에 대한 가르침을 손상한 대가로 "오직 하나의 참된 종교"라고 주장되었다. 이 세 번째 왜곡에 대해서는 1장과 2장에서 간략하게 언급하였는데, 4장에서는 이 문제를 주목하고 또 그것을 어떻게 극복할 것인지 이야기하도록 하겠다.

　　이 장의 제목이 암시하듯이, 전통적인 형식의 기독교 신앙은 몹시 오만하였다. 예를 들어, 신은 모든 사람들이 구원 얻기를 희망한다는 분명한 언급들이 신약성서에 있음에도 불구하고, 3세기의 교회는 "교회 밖에는 구원이 없다"는 공식적인 견해를 발전시켰다. 15세기 플로렌스 공의회는 "가톨릭교회 안에 살지 않는 사람들은 영원한 삶에 참여할 수 없으며, 그들의 생명이 끝나기 전까지 거룩한 무리에 속하지 못하게 된다면 악마와 그 수종을 드는 천사들을 위해 마련된 영벌에 빠지게 될 것"이라고 선언하였다.[1]

구원에 관한 이 배타적인 교리는 이른 세기에 발전되어 4세기의 니케아 회의와 5세기의 칼케돈 회의에서 공식적인 입장이 된 초자연주의적 기독론과 밀접하게 연관된 것이었다. 이 기독론에 미묘한 뉘앙스의 차이들이 있긴 하지만 그것이 본질적으로 말하고자 하는 것을 존 캅의 용어를 빌려 표현하자면, 예수는 "인간의 형식으로 이 땅 위를 걸어 다녔던 초월적이고 전지전능한 이 세상의 통치자"라는 것이었다.[2] 존 힉이 지적하였듯이, 이 공의회들은 예수가 성삼위의 성육신한 제2격이라고 말하였고, 이에 따라 "종교 가운데 기독교만이 유일하게 사람이 되신 신에 의해 세워진 것으로써 다른 종교는 결코 그럴 수 없다는 의미에서 기독교가 신 자신의 종교였다"고 여겨졌다.[3]

　　기독교 역사에서 가장 유감스러운 장면들 가운데 하나였을 뿐만 아니라 20세기에는 나치가 주도한 홀로코스트의 발생 동인이 된 기독교의 유대인 박해 이면에는 이러한 오만한 태도가 자리 잡고 있었다. 이 태도는 또한 이슬람 세계에 대한 십자군 전쟁을 뒷받침하였고, 그 잔존 효과는 오늘날에도 여전히 왕성하다. 또한 이러한 오만이 미국 신학이 "명백한 운명"[4]이라고 말한 것 즉, 데이빗 스테너드가 인디언의 실질적인 멸절을 빗대어 "미국 홀로코스트"라고 불렀던 것을 정당화했던 생각들을 뒷받침하였다.

　　하지만 전통적인 기독교 신학의 이러한 효과들이 18세기부터 20세기까지 지속적으로 작동하고 있었지만, 사물의 본성 안에서 기독교의 상태는 기독교 신학에 의해서 근본적으로 다시 생각되었는데, 이 기독교 신학은 3장에서 언급했던 근대 자유주의 신학으로서 문화적 발전들과 지속적으로 접촉하고 있었던 신학이었다. 이 신학적 사고는 부정적인 함축성과 긍정적인 함축성을 동시에 지녔다.

그 부정적 함축성은 무엇보다 문화적으로 지배적인 것이 되어 갔던 과학적 자연주의가 자연주의ₐᵦ으로 이해되었다는 사실에 기인한다. 그 결과 근대 자유주의 신학은 확신을 잃게 되었으며 극도로 소심한 것이 되어 갔다. 예를 들어, 19세기 후반 존 틴달이 유물론적 형태의 과학적 자연주의를 지지하는 사람들을 위해서 "우리는 우주론적 이론의 전체적인 영역을 요구하며, 그것을 신학으로부터 떼어놓을 것이다"고 제창하였을 때,[5] 근대 자유주의 신학은 그렇게 하도록 할 도리밖에 없었다. 이제 지성계에서는 신학자들이 우리 우주의 본성을 다루는 학문인 우주론에 공헌할 것이 아무것도 없다는 생각이 널리 퍼져 있다.

과학적 자연주의(여기서 중요한 것은 단순히 자연주의ns이다)가 가져온 긍정적 영향들 중의 하나는 종교다원주의의 등장이었다. 기독교를 창시하는 일에서의 신의 활동은 다른 종교전통들 속에서의 신의 활동과 그 종류에서부터 다르다는 생각을 기독교 사상가들이 부인하게 되자, 그들은 다른 종교들과 기독교의 관계는 선험적으로 정립될 수 없고 대신 각각의 종교가 맺는 열매 다시 말해 각각의 종교들이 배출해내는 사람들의 종류에 대한 실제적인 심사에 기초할 필요가 있다고 깨닫게 되었다. 이 기초 위에서 많은 신학자들은 기독교가 종교적 진리와 구원을 인류에게 가져다주는 신의 유일한 수단이 아니라고 결론지었다.

이들 신학자들을 다원주의적 형태의 기독교 신앙으로 이끌었던 또 다른 요인은 그들이 배타적인 기독교의 견해를 보게 되었다는 점이다. 이 배타적 견해에 따르면 기독교만이 오직 하나의 참된 종교요 그것을 통해서만 구원이 배타적으로 전달된다고 이해되었는데, 이러한 견해는 신의 보편적 사랑에 대한 기독교의 본래적인 가르침과 심각한 긴장을 가졌다. 예를 들어, 아놀드 토인비는 "신을 사랑의 존재로 보는 유대교와 기독교의 비전은 그 신이 다른 사람들에게는 또 다른 계시를 주지 않았다고 여길 수밖에 없도록 만드는 것 같다"고 주장하였다.[6] 이와 비슷하게 어린 시절 매우 보수적인 형태의 기독교 신앙을 지녔던 존 힉은 악의 문제와 씨름하면서 자신이 나중에는 어떻게 "오직 하나의 참된 종교라는 관념을 신의 보편적 구원활동에 대한 믿음과 화해시킬 수 있는지" 의아해하게 되었다.[7] 힉은 "오직 믿음으로 그리스도 안에서 신에게 응답함으로써만 구원받을 수 있다"는 생각은 "무한한 사랑이 실제로는 대다수의 인간을 배제하는 방식을 통해서만 인간이 구원받을 수 있다고 규정한다"는 것을 의미한다고 깨닫게 된 것이다.[8] 이런 형태의 사고는 많은 기독교 신학자들로 하여금 종교다원주의를 긍정하도록 이끌었다. 로마 가톨릭 신학자인 폴 니터의 말로 하자면, 이 종교다원주의는 "기독교가 그러하듯이 다른 종교들도 구원의 길이 될 수 있다는 가능성"을 수용하는 것이다.[9]

그러나 이런 다원주의적 태도에 겸손과 존경의 마음이 담겨 있다는 사실은 매우 긍정적인 발전이기는 하지만, 다원주의가 취한 지배적인 방향은 혼합된 축복mixed blessing이었다. 앨런 레이스가 지적했듯이, 대부분의 다원주의는 "자멸적 상대주의debilitating relativism" 즉 모든 종교를 동등하게 오류라고 보는 방식으로써만 모든 종교가 참이라고 이해될 수 있는 견해로 빠지는 경향을 보여 왔다.[10] 그 결과 근대 자유주의 신학의 소심성은 지금까지 지배적인 형태의 종교다원주의에 의해 증대되어 왔다.

이제 우리 앞에 놓인 질문은 우리가 기독교 신앙의 초자연주의적 해석과 그것이 가진 오만함으로 되돌아가지 않고서도 이 소심함을 넘어서 예의바른 확신으로 나아갈 수 있는가 하는 문제라고 나는 말하고 싶다. 즉, 우리가 기독교 신앙의 본래적 가르침들이 지닌 보편적인 진리와 중요성에 대한 확신을 되찾으면서, 이와 동시에 과학적 자연주의의 위대한 진리를 수용하고 또한 다른 위대한 종교 전통들에게 존경을 표시할 수 있는가 하는 문제이다. 다른 말로 하자면, 우리는 자연주의적이고 다원주의적이면서도 또한 대담하게 기독교적일 수 있는 신학을 발전시킬 수 있는가 하는 것이다.

나는 3장에서 이 질문에 대하여 내가 긍정적으로 대답할 수 있는 배경을 제공하였다. 거기서 나는 알프레드 노스 화이트헤드에 의해 발전된 자연주의의 한 형태를 설명하였는데, 그것은 과정신학이라고 알려진 운동의 기초가 되어 온 것이다. 이것은 유물론적 자연주의를 범재신론적 자연주의로 대체함으로써, 세계를 신의 피조물로 다시 이해할 수 있는 기초를 제공하면서도 악의 문제를 해결할 수 있는 방식으로 진행하였다. 범재신론은 악의 문제를 재발시키지 않는다. 왜냐하면 그것은 세계의 인과과정에 신이 간섭하는 것은 가능하지 않은 자연주의적 유신론이기 때문이다. 그럼에도 불구하고 이러한 형태의 유신론은 세상에서 신이 행사하는 다양한 인과관계를 긍정한다. 따라서 이사야 43장 19절에서 선언하였듯이, 신이 "새 일을 행하는 것"이 가능하다. 초자연주의를 거절하면서도 당당할 수 있는 기독교 신앙의 형태를 발전시키기 위해서 이 점은 결정적으로 중요하다. 나는 어떻게 우리가 신론을 삼위일체적으로 다시 생각할 수 있는지를 제안하면서 이 점을 설명하도록 하겠다.

신을 삼위일체적으로 생각하기

삼위일체론이 전통적인 기독교 신학 내에서 발전되었을 때 그것은 초자연주의의 부분이었다. 신이 세 위격의 삼위일체라는 생각은 한 가지 것을 위하여 사용되었는데, 그것은 절대적 무로부터의 창조 교리를 지지하려는 것이었다. 이러한 창조 교리로 생겨난 문제점은 그것이 "신은 사랑이시다"는 신약성서의 선언 즉 사랑이 신의 본성에 속한다는 선언을 위배하는 것처럼 보인다는 것이었다. 사랑이란 둘 이상 사이의 관계성이다. 혼자밖에 없다면 그것은 사랑일 수 없다. 그러나 절대적 무로부터의 창조 교리는 바로 이 점, 세계가 창조되기 이전에 신은 전적으로 혼자 존재했다는 점을 의미하고 있는 듯했다. 이 문제에 대한 해결책이 신을 사회적 삼위일체 즉 세 위격의 사회a society of three persons로 생각했던 신학자들에 의해서 제안되었다. 신은 사랑이시라는 성서의 진술은 삼위의 각 구성원들이 서로를 위해서 가진 사랑을 일차적으로 언급하는 것으로 이야기되었다. 신은 본성적으로 사랑의 존재가 되기 위해 세상을 필요로 하지 않는다는 것이다. 이러한 견해는 여전히 많은 초자연주의자들에 의해서 신봉되고 있다. 예를 들면, 20세기의 유명한 성공회 신학자 오스틴 파러는 "세상을 넘어 세상으로부터 떨어져 존재하는" 신은 세상을 필요로 하지 않는다고 말하였다. 왜냐하면 "신은 자신의 삶을 신 안에서, 모든 세상을 넘어서 또 모든 세상 이전에 신성한 삼위일체의 친교를 갖기" 때문이다.[11] 삼위일체론은 이로써 무로부터의 창조라는 2차적인 교리를 지원하는 삼차적인 교리로 봉사하였다.

이 세 위격의 삼위일체라는 생각은 또한 초자연주의적 기독론을 지원하는 데 사용되었다. (이 기독론은 앞에서 단 하나의 참된 종교라는 기독교의 주장과 관련하여 토론되었다.) 존 힉이 말하듯이 기독교만이 사람이 되신 신에 의해 창시되었다는 생각은 예수가 "신이었다는 것, 보다 정확히 말하면 아들 신God the Son 혹은 성육신한 성삼위일체의 제2격"이라는 교리에 기초하였다.[12] 이러한 견해에 따르면, 신이 예언자들에게는 단지 성령으로 현존하였고, 예수 안에서만 신이 성육신한 아들이었다는 것이다.

삼위일체적 신론은 초자연적 계시를 통해서 어떤 교리들이 우리에게 알려졌다고 주장하는 전통신학의 인식론적 초자연주의에서도 중심적이었다. 예를 들어, 토마스 아퀴나스는 삼위일체론을 "자연"신학과 "계시"신학의 차이를 나타내는 분명한 예로 사용하였다. 토마스는 말하기를, 자연신학 즉 어떤 외부적 도움도 없는 인간의 이성 활동을 통해서 우리는 신이 존재한다는 것을 알 수 있다. 그러나 신이 신적 위격의 삼위일체라는 점을 우리가 배우게 되는 것은 오직 초자연적 계시를 통해서만 가능하다. 삼위일체론은 또한 심지어 그것이 계시된 후에도 우리가 그것을 이해할 수 없다는 의미에서 초자연적이라고 이야기되었다. 다시 말해, 신은 세 위격three persons이지만 완전히 연합된 한 분one being으로 계시된다는 것이다. 어떻게 그럴 수 있는지는 우리의 이해를 넘어서는 신비라고 말해졌으며, 이 교리의 뜻을 이해하려고 했던 역사는 이 점을 확실히 승인하여 왔다.

삼위일체론과 초자연주의 사이의 이런 밀접한 결합을 전제할 때, 자연주의적 기독교 신학을 발전시키기 위해 신에 관한 삼중적threefold 이해를 활용하겠다는 생각은 가망 없는 것처럼 보인다. 하지만 또 다른 20세기의 성공회 신학자인 찰스 레이븐은 이것의 가능성을 보여주었다. 신의 삼중성이 신을 창조자요 구원자요 신성케 하는 자Sanctifier로 생각한다는 것을 의미할 때, 그것은 마르시온적인 이원론에 대한 부정 즉 우리 세계가 예수를 통해서 나타난 구원의 신redeeming God과는 다른 악한 신에 의해 창조되었다는 견해에 대한 반박과 관련된다고 레이븐은 지적한다. 초대 교회는 창세기를 기독교 경전에 포함시킴으로써 이런 이원론을 부정하고 창조와 구원은 동일한 신적 실재의 두 가지 행위라고 선언하였다. 불행하게도 전통신학은 이러한 동일화의 충분한 중요성을 놓쳐 버린 채, 그것이 단순히 한 신이 두 가지 다른 방식으로 활동한다는 것 즉, 세계를 창조하기 위해서는 강압적인 힘을 사용하고 인간을 구원하기 위해서는 설득적인 힘을 사용한다는 것을 의미하는 것으로 여겨졌다고 레이븐은 말한다. 그러나 그가 주장하기를, 마르시온의 사상에 대한 거부가 지니고 있는 진정한 중요성은 우리가 신의 창조적 활동을 예수에게서 분명히 드러난 신의 구원 활동의 본성에 입각하여 이해해야만 한다는 것에 있다.[13] 그러므로 기독교인들은 "신의 활동의 이중적 방식"에 관한 생각을 거부해야만 하고, "힘이 아닌 사랑을 가장 궁극적인 능력"으로 믿어야 한다.[14]

　　물론 니케아 신조는 분명히 마르시온이 아니라, 예수에게 화육한 선재하는 로고스는 실재로 신이 아닌 종속적인 존재 즉 피조물들 가운데 첫 번째라고 주장했던 아리우스를 대항한 것이었다. 성부와 신적 로고스를 '동일 본질homoousion' 즉 동일한 실체substance 혹은 동일 본질essence이라고 주장한 니케아 회의는 예수에게 화육한 존재가 신적 현실태 자체라고 선언하였다. 당시의 신학자들은 신이 전능하며 또한 고통을 느끼지 않는다impassible

는 관념을 받아들였기 때문에, 동일 본질이라는 주장을 예수의 신적 요소 또한 전능하며 고통을 느끼지 않는 것을 의미하는 것으로 받아들였다. 325년에 공표된 이 교리는 그리하여 예수의 이러한 신적 본성을 어떻게 전능하지도 않고 고통을 느끼기도 하는 그의 인간적 본성과 관련하여 이해할 것인가 하는 기나 긴 투쟁으로 이끌었다. 451년에 열린 칼케돈 회의에서 예수는 진정한 신이요 진정한 인간이지만 나눠지지 않은 한 인격person이라고 선언되었다. 어떻게 이럴 수 있을까 하는 것은 신비로 간주되었다. 마치 삼위일체 교리가 오로지 찬미될 뿐 이해될 수는 없었듯이 말이다.

　　　하지만 레이븐은 성령도 동일한 신으로 선언되었던 381년의 콘스탄티노플 신조에서 구체적으로 표현된 니케아 신조의 중요성에 대한 다른 이해 방식을 제안하였다. 그는 우리가 이 신조를 신의 활동 방식modus operandi을 암시하는 것으로 이해해야만 한다고 말한다. 신이 예수 안에서 진실로 현존하여 활동한다고 말하는 것은 예수 즉 고통을 당하지 않는 전능의 모습을 보여주지 않고 있는 그가 우리에게 신의 활동 방식을 드러내고 있음을 의미하는 것으로 받아들여야만 한다는 것이다. 이 점이 한 가지 의미하는 것은 악에 대한 신의 최후의 승리는 강압적인 전능coercive omnipotence을 통해 획득되는 것이 아니라는 점이다.[15] 화이트헤드도 이와 비슷한 지적을 하면서, "기독교의 본질은 신의 본성의 계시이자 세상에서의 신의 대리agency인 예수의 삶에 호소하는 것이다"고 말하였다.[16]

이런 방식으로 이해될 때, 삼위일체론은 두 가지의 활동 방식을 지닌 신이 세계의 정상적인 인과과정을 시시때때로 간섭할 수 있다는 생각을 부정하면서 자연주의적 유신론의 빠른 요약처럼 기능할 수 있을 것이다. 레이븐의 해석을 받아들이면, 삼위일체론이 의미하는 바는 창조와 구원의 계시와 성화sanctification는 동일한 한 가지 방식 즉 강압적 힘이 아닌 설득이라는 사랑의 방식으로 동일한 한 신에 의해 이루어진다는 것이다. 따라서 삼위일체론은 신이 모든 사건들과의 관계에서 어떤 결과들을 일방적으로 도출해내기 위해 가끔씩 강압적인 방식으로 활동하여 이런 정상적인 방법들을 중단시킴이 없이, 설득적으로 활동한다는 것을 말하는 것으로 이해된다. 특히 레이븐은 신이 창조와 화육과 성화의 활동에서 이러한 방식으로 일한다고 강조한다. 나는 이제 우리가 어떻게 이 세 가지의 과정이 신의 설득을 통해 이루진다고 이해할 수 있는 것인지에 대해서 말하겠다.

설득을 통한 창조

창세기를 우리 세계의 기원과 인간의 출현에 대한 역사적 기사로 받아들인 전통적 기독교 사상가들은 현재 형태의 우리 세계가 기원전 4천 년경에 실제적으로 거의 한 번에 창조되었다고 믿었다. 이런 믿음을 전제하면, 그 사람들이 이 세계가 전능한 강압적 힘을 통해 창조되었다고 가정한 것은 자연스러운 것이었다. 그들이

레이븐의 해석 즉 세계가 예수를 통해 분명하게 드러난 유혹을 통한 설득이라는 힘으로 창조되었다고 상상하는 것은 거의 불가능했었을 것이다. 그들이 세계의 기본적인 요소들은 매력적인 가능성들에 응답할 수 있는 종류의 사물들이라고 확신할 수 있었다 할지라도, 그들은 설득의 방법은 아마도 수십억 년이라는 매우 긴 시간을 요구한다는 점을 지적했을 것이다.

물론 근대 과학의 위대한 발견 중의 하나는 우리 세계가 형성되는 데 150억 년 정도가 걸렸다는 점이다. 초기 기독교인들이 이 세계가 문자 그대로 6일 만에 창조되었다고 믿었다는 것을 놓고 보면, 신이 세계를 창조하기 위해 사용한 시간은 거의 수 조 배가 되는 셈이다. 그리고 이것은 수량적 차이가 매우 크기 때문에 그것이 질적 차이를 의미하게 되는 경우 가운데 하나인 것처럼 보인다. 다시 말해, 6일이라는 시간표는 세계가 강압적 힘을 가진 지성coercive intelligence에 의해 창조되었다는 것을 의미하는 반면, 거의 150억 년이라는 시간표는 이 세계의 창조가 만약 지성에 의해 인도받았다면 그것은 강압적으로가 아닌 설득적으로 활동하는 지성에 의해 인도받은 것이 분명하다는 것을 의미한다. 그렇지 않으면, 왜 이 과제가 그렇게도 오래 걸렸겠는가? 따라서 우리 세계가 신의 설득에 의해 생겨난 것이라는 주장은 그 나이와 어울리는 것이다.

그러나 신의 설득에 의해 창조되었다는 주장은 단순히 우리 세계가 길고 느린 진화의 과정을 통해 생겨났다는 증거와 양립할 수 있다는 사실을 넘어, 이 과정을 설명하는 데 있어서 현재 주도적 이론인 신다윈주의보다 훨씬 더 나은 해석을 우리에게 제공해 준다. 명백히 반反유신론적인 신다윈주의 이론은 어떻게 명백한 설계를 지닌 듯한 이 세계가 어떠한 종류의 지적인 인도intelligent guidance도 없이 맹목적으로 나올 수 있게 되었는지를 보여주려 한다. 리처드 도킨스가『눈먼 시계공』에서 말하듯이, 이 이론의 목적은 너무도 아름답게 설계되어 우연에 의해 생겨났다고는 도저히 믿기 어려운 생명체가 그럼에도 불구하고 어떻게 우연히 생겨나게 되었는가 하는 질문에 대답하는 것이다. 다윈의 대답은 "단순한 시작으로부터 점진적인 한걸음 한걸음의 변화를 통해서"였다고 도킨스는 설명한다. 여기서 핵심적인 사항은 "점진적 진화 과정 속에서 각각의 연속하는 변화는 그 선행자와의 관계에서 충분히 단순하여 우연에 의해 존재할 수 있다"는 것이라고 도킨스는 강조한다.[17]

그러나 처음부터 제기되었던 신다윈주의 이론이 지닌 심각한 문제는 화석의 기록이 아주 작은 보폭을 통해 점진적인 진화가 이루어졌다는 이 이론의 그림을 지지하지 않는다는 것이다. 비록 도킨스가 "자연은 결코 도약jump하지 않는다"는 금언으로 자기 주장을 밝히고 있다고 할지라도, 화석의 기록은 한 종species에서 다른 종으로 일련의 도약이라는 수단에 의해 진화가 이루어졌다는 것을 설명해 준다. 만약 진화가 다윈주의가 요구하는 방식으로 진행되었었다면, 화석 기록은 수만 개의 과도기적 형태를 가지고 있어야만 할 터인데 사실 그것은 거의 아무것도 가지고 있지 않다. 한 종이 일단 등장하면 그것은 수백만 년 동안 중요한 변화 없이 멈추는 경향이 있다.[18] 따라서 단지 약 5억 4천만 년 전에 일어난 캄브리아기의 대폭발이 시작된 후부터 발전되어 온 대부분의 현재 생명체의 진화를 위한 시간은 없었던 것처럼 보인다. 더 나아가 다세포 생물의 대부분의 설계들이 이 "폭발"의 기간 동안 단지 5백만 년에서 천만 년 정도의 간격 안에서 형성되었다.[19]

신다윈주의가 맞고 있는 이 경험적 문제점과 밀접하게 관련된 것이 어떻게 새로운 종이 순수한 우연적 변이들chance mutations을 통해서 생겨날 수 있는가를 이해할 개념적 문제이다. 이 문제는 각각의 생물 종들이 되돌릴 수 없을 정도의 복잡성을 가진다는 것으로, 이것은 각 생물 종들이 하나의 기능 단위functioning unit가 되어 그 속에서 각 부분들의 기능은 다른 부분들의 기능을 함축한다는 것을 의미한다. 그러므로 변화를 통해서 생존 가능한 새로운 종이 탄생하기 위해서는 (여기서 자연선택은 작동할 수 있을 것이다) 무수한 주요 변화들이 동시적으로 발생해야만 할 것이다. 예를 들면, 양서류에서 파충류로의 진화에서 새로운 종류의 알은 최소한 여덟 가지의 동시적인 혁신을 필요로 했었을 것이다.[20] 우리는 정말로 그렇게 상호 조정된 변화들이 시간이 흐르고 흘러도 계속해서 순전히 우연에 의해서 발생했다고 가정할 수 있는가? 다윈 자신은 이 문제를 지적했었다. "만약 무수하게 연속적인 미세 변화들에 의해서 형성될 수 없었을 것으로 여겨지는 어떤 복잡한 기관이 존재한다는 것이 증명될 수 있다면, 나의 이론은 전적으로 무너지고 말 것이다."[21] 다윈의 이론은 우리가 보는 거의 모든 점에서 무너지는 듯하다.

신다윈주의 전통은 자신의 무신론과 명목론nominalism 때문에 이 극단적 점진설extreme gradualism에 휩쓸렸다. "명목론"이라는 말로 내가 의미하는 것은 사물의 본성에 플라톤적 형상이 존재한다는 것을 부정하는 입장을 가리킨다. 신다윈주의자들은 이러한 형상의 존재를 부인한다. 왜냐하면 다른 무신론자들처럼 그들은 모든 것을 포괄하는 신적 현실태all-inclusive Divine Actuality 즉, 그 안에서 이러한 형상들이 존재할 수 있고 또 그것들이 효과적으로 세상에 제공되기도 하는 신적 실재를 부정하기 때문이다. 다른 무신론자들이 수학적, 도덕적, 미학적 형상들의 존재를 반드시 부정했었던 것과 똑같이 신다윈주의자들은 유기적인 형상의 존재를 부정한다. 만약 그러한 형상이 존재했다면 우리는 진화적 도약evolutionary jump이 순전히 우연한 일이었다고 말할 필요도 없었을 것이다. 우리는 다양한 선재하는 형상들이 "유혹자들at-tractors"로 일하면서 유기체에게 어떤 것을 지향할 수 있는 통일된 가능성을 제공하였다고 가정할 수 있을 것이다. 하지만 신다윈주의는 무신론에 몰입하고 그것에 의해서 명목론에 빠졌기 때문에 모든 변화는 순전히 우연에 의해서 발생하는 미세변화라고 말할 수밖에 없었다. 그러므로 우리 세계가 어떻게 형성되었는가에 대한 신다윈주의적 설명은 그 이론이 요청하는 방식으로 진화가 명백히 발생하지도 않았고 또 발생할 수도 없었을 것으로 여겨진다는 이 이중적인 문제점에 의해서 반박되는 것으로 보인다.

화이트헤드적인 자연주의는 이 두 가지 문제점을 풀 수 있다. 화이트헤드가 오랜 기간 불가지론자로 남아 있었거나 혹은 심지어 무신론적 입장을 지녔음에도 결국 신의 존재를 긍정하게 된 주요 이유들 중 하나는 어떻게 다양한 형태의 형상들forms이 존재할 수 있고 그것들이 세계 안에서 영향을 미칠 수 있는가 하는 점을 설명해야만 했기 때문이다. 우리가 살펴보았듯이, 이 신은 피조물들이 앞으로 나아가도록 설득하기 위하여 형상들을 피조물들에게 유혹하는 가능성attractive possibility으로 제공하는 방식으로써만 세상에서 활동한다. 더 나아가 화이트헤드의 견해는 어떻게 피조물들이 신 안에 있는 새로운 형상들을 파악하여 그것들을 자신들 속으로 편입하여 짜 넣으면서 후손들에게 전달하는 방식으로 할 수 있는지를 설명할 수 있다.

어떻게 진화를 이해할 수 있는가에 관한 이 설명은 화이트헤드의 유신론적 자연주의가 현재 지배적인 무신론적 자연주의보다 훨씬 더 나은 설명을 제공한다는 것을 증명하는 여러 방식들 중의 하나이다. 그러므로 그것은 기독교 사상가들로 하여금 유신론적 관점이 지닌 설명의 능력에 대한 확신을 회복하고 이로써 신학 사상이 우주론에 공헌할 것이 없다는 관념에 도전할 수 있는 사상적 기반들 중 하나를 제공한다.

더 나아가 유신론이 반드시 초자연주의를 필요로 하는 것은 아니라는 점을 과학 공동체가 이해하게 될 때, 이러한 공헌을 인정할 수 있게 될 것이고 따라서 유신론적 형태의 자연주의로 변할 수도 있을 것이다. 오늘날 많은 과학자들은 현재 형태의 자연주의가 매우 믿겨지기 힘든 이론들로 나아가고 있다는 것을 알고 있다. 예를 들어, 우리 시대의 가장 명석한 생물학자 중의 하나로 여겨지는 하버드 대학의 리처드 르완틴은 순전히 유물론적인 견해로부터 요구되는 어떤 설명들이 지닌 "명백한 불합리함patent absurdity"을 인정하였다. 하지만 그는 이러한 주장이 불합리함을 만들어낸다고 할지라도 유지되어야 한다고 믿는다. 왜 그런가? 그가 말하기를, "우리는 문 안으로 신의 발자국이 찍히는 것을 인정할 수 없다. 왜냐하면 전능한 신에게 호소한다는 것은 자연의 규칙성들이 어느 순간에라도 깨져 버릴 수 있다는 것과 기적들이 발생한다는 것을 인정하는 것이기 때문이다."[22] 제3의 대안이 있다는 사실을 과학자들이 발견하게 되어 그들이 유물론과 초자연주의 사이에서 선택할 것을 요구당하지 않는다는 것을 알게 될 때, 그들은 아마도 플라톤이 오래전에 보았듯이 유신론이 과학적 진취성을 위협하기보다는 뒷받침할 수 있다는 것을 깨닫게 될지도 모른다.

설득을 통한 성육신

다음 질문은 우리가 예수 안에서의 신의 성육신을 신이 세상에서 활동하는 정상적인 방식이 아닌 초자연적 예외를 요구하는 방식이었다고 이해하는 것이 아니라 설득을 통해 발생한 것으로 이해할 수 있는가 하는 점이다.[23] 만약 우리가 신이 예수와 관계를 맺은 방식이 예언자들과 맺은 방식과 본질적으로 같은 것이었다고 받아들인다면, 그것은 가능할 것이다. 이 견해는 에비오나이트 ebionites로 불리던 초대 기독교의 일부가 품었던 생각이기도 하다. 물론 만약에 우리가 이 시대의 기독론적 과제의 핵심 부분이 니케아, 콘스탄티노플, 칼케돈 신조에서 공표되었던 교리들을 재확언하는 것에 있다고 본다면 그러한 기독론은 부적당한 것이 될 것이다. 그러나 그 교리들의 대부분은 우리가 재확언해야 할 필요가 없는 이차적이고 삼차적인 교리들이다. 본질적인 것은 신이 자신의 특성과 목적과 활동 방식을 드러내는 방식으로 예수 안에 현존하였다는 예수에 관한 본래적 가르침을 뒷받침하는 것이다.

과정철학에서 이런 종류의 성육신은 자신에게 임한 신의 영향에 대한 예수의 경험 즉 예수의 파악prehension으로부터 생겨날 수 있었던 것으로 본다. 두 개별자 사이의 인과관계는 당구공들 사이의 충돌과 같은 방식의 외적external 관계가 아니라, 어떤 점에서는 원인이 결과 속으로 침투하는 내적internal 관계를 수반한다. 화이트헤드는 자신의 철학은 "'다른 존재 안에 현존하는 것'에 관한 관념을 분명하게 하는 과제를 주로 수행하는 것"이라고 말하였다.[24] 이 과제를 신에게 적용할 때, 그것은 신이 모든 사건에 영향을 미치기 때문에 신이 모든 사건에 현존한다는 것을 의미하게 된다. 화이트헤드는 심지어 "세계는 신을 자신 안에 화육시 킴으로써 산다"고까지 말하였다.[25] 그렇다면, 이러한 철학적 틀 내 에서는 어떻게 신이 예수에게로 화육할 수 있었는가를 이해하는 것은 문제가 되지 않는다. 오직 문제는 어떻게 신이 예수를 신의 결정적인 계시decisive revelation라고 여겨지는 방식으로 예수 안에 현존할 수 있었는지에 관한 것이다.

　　　　이 점에 관해서는 이미 다른 곳에서 길게 설명하였기 때 문에[26] 여기서는 주요 논점만 간략하게 요약하도록 하겠다. 첫째, 신은 항상 개별자에게 그 과거의 역사와 현재 상태를 고려할 때 최상의 가능성으로 열려 있는 최초의 지향initial aims ▪을 수여한 다. 그러므로 이 최초의 지향은 선행하는prevenient 은총을 구성한 다. 둘째, 서로 다른 개별자들에게 주어질 수 있는 최상의 가능성 이란 서로 매우 다를 수 있다. 예를 들어, 인간을 위한 최상의 가 능성이란 전자나 생쥐를 위한 최상의 가능성과 전적으로 다르다. 그랜드 래피드 지역에 사는 기독교인들을 위한 최상의 가능성은

▪ "최초의 지향"은 모든 현실적 계기들이 자신의 물질적 자료(과거의 영향, 작용인) 를 창조적으로 종합하려는 주체적인 목적의식의 시작을 말하는 것으로서, 새로 움(만족)을 향하여 움직이도록 만드는 목적인의 출발점이라 할 수 있다. 이 최초 의 지향은 현실 세계를 구성하는 현실적 계기들로부터 생겨나지 않고, 현실적 계기들이 신을 느낌으로써 수여받는 것이다. 현실적 계기들의 입장에서 보면 최 초의 지향은 신으로부터 오는 계시라 할 수 있겠고, 신의 입장에서 보면 그것은 세계를 자신의 진, 선, 미의 비전으로 끌고 가기 위해 세계의 모든 구성원들에게 부여하는 은총이라 하겠다.

봄베이에 사는 힌두교인들에게 열려 있는 최상의 가능성들과 매우 다르다. 온 일생 동안 신의 설득에 긍정적으로 응답해 온 사람을 위한 최상의 가능성과 신의 설득을 계속 거부해 온 사람에게 있을 최상의 가능성은 아주 다르다. 그러므로 서로 다른 개별자들을 향한 신의 목적aims의 본성 혹은 선행하는 은총은 근본적으로 다를 것이다. 셋째, 어떤 개별자들을 위한 목적은 다른 개별자들을 위한 목적들보다 일반적인 신의 목적을 보다 직접적으로 반영할 것이다. 넷째, 특별히 예언자들의 메시지를 포함하고 있는 이스라엘의 역사가 신의 뜻을 담은 진정한 계시를 포함하고 있다고 생각하고, 또한 그 전통 가운데에서 성장해 온 예수와 같이 경건한 사람은 (특별히 인간) 세상을 위한 신의 일반적인 목적을 받아들이는 일에 아주 적합할 것이다. 다섯째, 우리는 예수를 그분 안에서 신의 특성과 목적과 활동 방식이 결정적인 계시로 나타났음을 알 수 있는 방식으로 신이 성육신한 것으로 이해할 수 있다.

기독교인이 이것 즉, 신이 예수 안에서 특별한 방식으로 화육하였기 때문에 그분을 신의 결정적인 계시로 여기는 것이 옳다고 믿는 것은 기독교가 다른 종교들보다 우월하다고 여기는 것을 의미하는 것처럼 보일지도 모른다. 그러나 이것은 그런 경우가 될 수 없다. 이 주제는 매우 복잡하여 짧게 처리할 수 없음에도 불구하고, 존 캅의 말을 인용하여 생각의 방향을 어떻게 잡아야 할지에 대해서 말하고자 한다.

고타마가 붓다라는 불교의 주장을 생각해 보라. 그것은 신이 예수 안에 화육하였다는 주장과는 매우 다른 진술이다. 붓다는 깨달은 분이다. 깨닫게 된다는 것은 사물의 근본적인 본성, 그것의 비실체성insubstantiality, 그것의 상대성, 그것의 빔emptiness 등을 깨닫게 됨을 의미한다. 예수가 신의 성육신이었다는 것은 고타마가 깨달은 분이라는 것을 부정하는 것이 아니다.[27]

칸의 설명 배후에 놓여 있는 생각은 각각의 종교들은 서로 다른 질문들에 대답하고 있기 때문에 반드시 서로 경쟁관계에 있지는 않다는 것이다. 그들은 또한 다른 궁극자ultimates를 향하고 있을 수도 있다. 유대교와 기독교 그리고 이슬람교와 같은 유신론적 종교가 신을 향하고 있는 반면, 불교와 힌두교에 기반한 다양한 형태의 비유신론적 종교들은 그들이 "공emptiness" 또는 "니르구나 브라만nirguna Brahman"■으로 부르기도 하는 "창조성"을 향한다. 종교가 상호 보충적인 것으로 여겨질 수 있는 이러한 관점을 전제하면, 다른 종교가 구원의 가치와 진리의 진정한 중재자라고 존중하면서도 이와 동시에 자신들의 종교에 대한 확신도

■ 힌두교 종교철학에서 사구나 브라만Saguna Brahman은 속성을 지닌 궁극적 실재로서 세상과의 관계에서 인격신의 형태로 나타나는 반면, 니르구나 브라만은 속성attribute을 지니지 않은 채 세상 만물에 널리 퍼져 있는 것으로 여겨지는 궁극적 실재를 가리킨다.

지킬 수 있게 된다.[28]

설득을 통한 성화

이제 종말론에 관한 주제로 전환하겠다. 기독교 신앙은 악에 대한 선의 승리라고 말할 수 있는 궁극적 승리에 관한 희망을 수반하고 있다. 이러한 승리가 신의 설득을 통해 얻어진 것으로 이해할 수 있겠는가? 대부분의 기독교 신학자들은 그럴 수 없다고 생각한다. 사실 이것이 전능에 관한 전통적 교리가 악의 주제와 관련하여 심각한 문제를 양산함에도 불구하고 그 교리에 여전히 매달리게 되는 주요 이유이기도 하다. 분명히 마지막 날에 관한 성서의 묘사, 특히 요한계시록에 나타난 기술들과 관계된 상像들의 대부분은 많은 기독교인들로 하여금 악의 궁극적인 패배는 압도적인 신의 힘 혹은 신의 폭력까지도 요구할 것이라고 상상하도록 이끈다. 예를 들어, 예수가 그의 사역 기간 동안 비폭력적 설득의 방식을 사용했을지라도, "마지막 날에는 모든 범죄자들(죄인들)을 폭력적 수단을 사용하여 심판의 자리로 부를 것이다(힘으로 적그리스도의 군사를 쓸어버리고 죄인들을 지옥으로 던질 것이다)."[29] 이와 비슷하게『아마게돈』이란 제목을 가진 책은 다음과 같이 말한다.

이 땅에 처음 오셨을 때, 예수 그리스도는 비교적 평화스러운 시간에 마구간에서 태어났다. 그분의 두 번째 오심은 평화로운 구유의 장면이 아닐 것이다. 그것은 우주의 전 역사에서 가장 극적이고 파괴적인 사건일 것이다. 도시들은 문자 그대로 무너지고, 섬들은 가라앉으며, 산들은 사라질 것이다. 각각 50Kg의 무게가 나가는 거대한 우박이 하늘로부터 떨어질 것이다. 그리스도의 재림에 저항하였던 통치자들과 그들의 군대는 대량학살을 당하게 될 것이다.[30]

다른 말로 하면, 다정다감한 분을 더 이상 만날 수 없다는 말이다(no more Mister Nice Guy)!

레이븐의 시각에서 볼 때, 만약 우리가 삼위일체론의 함축적 의미를 올바로 이해한다면, 이런 종류의 신학은 이단적이라 할 것이다. 레이븐은, 예수 안으로 화육했던 선재한 존재를 종속적인 신으로 보았던 아리우스 이단사상에 대한 거부가 진정으로 의미하는 것은 "그리스도의 구원 방식을 보편적인 특징과 효과성을 가진 것으로 이해하는 것이다. 만약 우리가 신이 마지막 심판과 관련하여 다른 수단을 사용할 것이라는 점에 동의한다면, 아무리 니케아 신조를 자주 암송한다 할지라도 우리는 아리우스주의자들이 되고 말 것이다"고 말한다.[31] 다른 말로 하면, 신은 악에 대한 선의 궁극적인 승리를 가져오기 위해 강압적인 힘에 의지하지 않을 것이라는 말이다. 만약 우리가 진정으로 사랑의 힘이 악의 힘을 극복할 수 없다고 말한다면 우리는 사랑이 우주의 궁극적인 힘이라는 점을 실제로는 부정하고 있는 것이다.

어떻게 사랑이 악에 대한 우리의 복종을 극복할 수 있는지 알 수 있는 가능성은 기독교 신앙의 또 다른 본래적인 가르침과 연결되어 있다. 그것은 비록 예수에게서 나타난 신의 목적이 이 세상 속에서 가능한 한 많은 구원과 완전성을 가져오는 것임에도 불구하고, 그것은 또한 (내가 전에 말했던 것을 인용한다면) "육체적 죽음 너머의 삶에서 보다 완벽한 구원을 가져오는 것"이기도 하다.

물론 이러한 가능성을 이해하기 위해선 우리는 죽음 이후의 삶이 가능하다는 것을 믿어야 할 것이다. 대부분의 근대 자유주의 신학자들은 명시적으로든 묵시적으로든 그들이 근대 후기의 세계관(자연주의sam - 역자)을 받아들였기 때문에 이 점을 부정해 왔다. 자유주의 신학자와 보수주의 신학자가 가진 일반적인 가정은 죽음 이후의 삶은 초자연적 간섭을 필요로 한다는 것이었다. 물론 우리가 육체적인 몸physical body의 부활에 대해서 생각하고 있는 것이라면, 그럴 수도 있을 것이다. 사실, 게르하르트 메이는 육체의 부활이 절대적 전능을 필요로 한다고 알게 된 것이 초기의 기독교 신학자들로 하여금 무로부터의 창조 교리를 채택하도록 이끈 요인들 중의 하나였다고 말한 바 있다.[32]

그러나 최초의 기독교인들은 분명히 이런 방식으로 생각하지 않았다. 우리가 가진 자료를 볼 때 부활한 예수에 대한 첫 번째 증인이 된 사도 바울은 죽어 버린 육체적인 몸과 부활한 생명의 몸인 영적인 몸을 구분하였다. 더욱이, 나의 클레어몬트 동료인 그레고리 라일리는 자신의 책『부활에 대한 재해석, *Resurrection Reconsidered*』에서 예수의 부활이 그의 육체적인 몸의 부활과 관련되었다는 생각은 단지 1세기 말에 영지주의자들의 견해에 대응하기 위해 생겨난 것이라고 말한다. 가장 초기의 기독교인들은 "영의 부활resurrection of the soul"에 관하여 특징적으로 사고하였던 것이다.

사실 이 생각은 과정신학자 존 캅의 논문 "영의 부활"■이라는 제목의 논문에서 지지되었다. 캅이 지적하였듯이, 이 공식 (영의 부활-역자)은 오랫동안 경쟁관계에 있었던 두 개의 표준적인 공식이 각각 말하고 있는 주요 논점을 증언하는 것이다. 즉, "영의 불멸성immortality"이라는 표현과 같이 "영의 부활"은 죽음 이후의 삶은 영의 본성에 내재된 힘에 뿌리를 두고 있고 따라서 어떠한 초자연적 도움도 필요 없다는 생각을 주장한다. 하지만, "몸body의 부활"이라는 표현처럼, "영의 부활"이라는 표현은 죽음 이후의 새 삶은 신의 은총 때문이라는 점을 암시한다. 그리고 그것이 사실이다. 만약에 인간의 영혼이 이제 육체적 죽음 이후에도 생존하고 또 그래서 새로운 환경에서 존재할 능력을 갖게 된다면, 그 능력은 오직 수십억 년이 넘는 기간 동안 반복되어 온 신의 시동ini-tiatives 때문에 존재하는 것이다. 이 신의 시동은 인간이 생겨날 가

■ John B. Cobb, Jr., "The Resurrection of the Soul," *Harvard Theological Review* 80, no. 2 (1987): 213-27.

능성을 위해서도, 그러고 나서 실제로 인간이 출현하는 데에서도 필수적인 것이었다. 또한 신으로부터 오는 최초의 지향initial aims이 모든 사건에 필수적이라는 사실 이외에도, 신의 새로운 목적aims은 영혼soul이 육체적인 몸과 관련했던 삶 이후에 전적으로 다른 새로운 환경에서의 삶으로 전환되기 위해서라도 요구될 것이다.

어찌되었든, 아마도 우리는 지금 초심리학이 제공하는 경험적 증거와 결합된 새로운 형태의 자연주의를 통해서 우리의 현재적 삶의 끝이 신과 함께하는 우리 여행의 종말이 아니라 단순히 이 삶의 다음 단계로 가는 시작이라고 생각하고 있는 것이다. 만약 그렇다면, 전적으로 사랑의 매력적인 힘을 통해 작동되는 신의 은총은 우리 모두를 성화시킬 수도 있다might sanctify고 생각할 수 있을 것이다. 죄인을 지옥으로 던져 버리는 신의 폭력은 필요치 않을 것이다. 대신 신은 우리로부터 생긴 지옥을 사랑으로 바꿔갈 것이다.

설득을 통한 창조에 관한 사고의 가능성과 필적하는 것이 여기 있다. 이것은 오직 신이 사용할 수 있는 시간에 대한 우리의 상상이 무제한적으로 확대되었기 때문에 가능하게 된 것이다. 비유적으로 말하면, 초기 기독교인들이 세계가 단지 수천 년 전 한 주간 동안에 만들어졌다고 생각했듯이 그들은 세계의 종말도 역시 조만간 도래하며, 세상의 창조에서 그랬던 것처럼 악의 패배도 강압적인 전능의 힘을 필요로 한다고 생각하였다. 그러나 만약 우리가 죽음 이후의 삶을 지속적인 여정으로 생각한다면, 우리는 구원도 성화의 점진적인 과정으로 생각할 수 있을 것이다. 그 과정에서 신의 사랑은 악마적 가치들에게 포로상태로 **빠져** 있는 우리를 점진적으로 정결케 할 것이라고 생각할 수 있다. 물론 이런 생각의 한 형태는 가톨릭 신학의 연옥 교리에서 발전되었다. 그러나 심지어 거기에서도, 힌두교나 불교의 가르침들이 말하는 구원에 필요한 시간과 비교해 볼 때 신의 은총이 활동할 수 있는 시간은 매우 짧았다. 존경받았던 산타 바바라의 가톨릭 사제 버질 코르다노■가 즐겨 말했던 그 말, 신은 세상의 모든 시간을 갖고 있다는 말을 우리는 기억해야 할 것이다. "합중국 전투 송가"■■에 나오듯이, 이 시간으로 신은 "너와 나를 변모시킬transfigure 것이다."

　　　이 마지막 장에서 나는 하나의 접근법을 소개해 왔다. 그것을 통해서 우리는 기독교 신앙의 본래적 가르침에 대한 확신을 회복할 수 있으며, 그 가르침들이 모든 사람들, 심지어 과학을 위해서도 중요한 진리가 될 수 있음을 토론하였다. 그러나 이 접근법은 과학적 자연주의 전통을 포함하여 다른 위대한 전통들이 지니고 있는 진리를 부정하지 않는 방식으로 이루어진다.

■ Father Virgil Cordano(1919~2008). 미국 캘리포니아 산타 바바라 미션에서 오랫동안 활동하였던 가톨릭 사제.

■■ "The Battle Hymn of the Republic"은 미국의 노예폐지론자들이 불렀던 노래로써, 1861년 Julia Ward Howe에 의해 작곡되어 그 다음 해에 알려진 다음, 남북전쟁 기간에 유명하게 불리게 되었다(Wikipedia 사전을 참고하였음).

원주

1 John B. Cobb, Jr., *Beyond Dialogue: Toward a Mutual Transformation of Christianity and Buddhism* (Philadelphia: Fortress Press, 1982), 9에서 재인용.

2 John B. Cobb, Jr., *Christ in a Pluralistic Age* (Philadelphia: Westminster Press, 1975), 163.

3 John Hick, *A Christian Theology of Religions: The Rainbow of Faiths* (Louisville, KY: Westminster John Knox Press, 1995), 15.

4 Frederick Merk, *Manifest Destiny and Mission in American History* (New York: Alfred A. Knopf, 1963); Anders Stephanson, *Manifest Destiny: American Expansion and the Empire of Right* (New York: Hill & Wang, 1995)을 보라.

5 John Tyndall, *Fragments of Science*, 5th ed. (London: Longmans, Green & Co., 1876), 530.

6 Arnold Toynbee, "What Should Be the Christian Approach to the Contemporary Non-Christian Faiths?" in *Attitude toward Other Religions: Some Christian Interpretations*, ed. Owen C. Thomas (New York: Harper & Row, 1969), 161.

7 John Hick, *God Has Many Names* (Philadelphia: Westminster Press, 1982), 17. 기독교 배타주의가 전통적인 유신론이 이미 어렵게 만들었던 악의 문제를 더욱 악화시키게 된 과정에 대해서 가장 잘 다룬 글은 아마도 오그덴의 글일 것이다(Schubert M. Ogden, *Is There Only One True Religion or Are There Many?* (Dallas: SMU Press, 1992), 33-41.

8 John Hick, *Philosophy of Religion*, 3rd ed. (Englewood Cliffs, NJ: Prentice-Hall, 1983), 117-18.

9 Paul Knitter, *No Other Name? A Critical Survey of Christian Attitude toward the World Religions* (Maryknoll, NY: Orbis Books, 1985), 17.

10 Alan Race, *Christians and Religious Pluralism: Patterns in Christian Theology of Religions* (Maryknoll, NY: Orbis Books, 1983), 78.

11 Austin Farrer, "The Prior Actuality of God," in *Reflective Faith: Essays in Philosophical Theology*, ed. Charles C. Conti (London: SPCK, 1972), 191, 180.

12 Hick, *A Christian Theology of Religions*, 15.

13 Charles Raven, *Is War Obsolete? A Study of the Conflicting Claims of Religion and Citizenship* (London: George Allen & Unwin, 1935), 128.

14 위의 책, 182.

15 Charles Raven, *The Theological Basis of Christian Pacifism* (New York: Fellowship Publications, 1951), 65.

16 Whitehead, *Adventures of Ideas*, 167.

17 Richard Dawkins, *Blind Watchmaker: Why the Evidence of Evolution Reveals a Universe without Design* (New York: W. W. Norton & Co., 1987), 43.

18 Robert G. Wesson, *Beyond Natural Selection* (Cambridge: MIT Press, 1991), 207; Stephen M. Stanley, *The New Evolutionary Timetable* (New York: Basic Book, 1981), 90; Norman D. Newell, "The Nature of the Fossil Record," *Proceedings of the American Philosophical Society* 103, no. 2 (1959), 267; Michael Denton, *Evolution: A Theory in Crisis* (London: Burnett Books, 1991), 162-64.

19 나의 책에 있는 토론을 참고하라. *Religion and Scientific Naturalism*, 280.

20 Denton, *Evolution*, 218-19.

21 Charles Darwin, *The Origin of Species* (New York: Mentor Book, 1958), 171.

22 Lichard Lewontin, "Billions and Billions of Demons," *New York Review of Books* (January 9, 1997), 31.

23 오스틴 파러가 초자연주의를 주장하는 부분적인 이유는 기독교의 구원이 그가 "진정한 성육신true incarnation"이라고 부르는 것 즉, 예수를 "신 자신이 인간이 된 분"으로 봐야만 하는 것을 요구한다는 믿음 때문이다. "The Prior Actuality of God," 184-85, 190.

24 Whitehead, *Process and Reality*, 50.

25 Whitehead, *Religion in the Making*, 156.

26 David Ray Griffin, *A Process Christology* (Philadelphia: Westminster Press, 1973)을 참고하라.

27 John B. Cobb, Jr., *Transforming Christianity and the World: A Way Beyond Absolutism and Relativism*, ed. Paul F. Knitter (Maryknoll: Orbis Books, 1999), 140.

28 화이트헤드주의의 상호보충적 다원주의에 대한 설명을 보려거든 다음의 자료를 참고하라. Cobb, *Beyond Dialogue*; Cobb, *Transforming Christianity and the World*; Griffin, "The Two Ultimates and the Religions" (『화이트헤드 철학과 자연주의적 종교론』, 7장); and Griffin, ed., *Deep Religious Pluralism*

(Louisville: Westminster John Knox Press, 2005).

29 Ranald Macaulay, "Review of Nuclear Holocaust and Christian Hope," in *Who Are the Peacemakers? The Christian Case for Nuclear Deterrence*, ed. Jerram Barrs (Westchester, Il: Crossway Books, 1983), 60.

30 Walvoord and Walvoord, *Armageddon, Jewett, Jesus against the Rapture* (Philadelphia: Westminster Press, 1979), 16에서 재인용.

31 Raven, *The Theological Basis of Pacifism*, 65.

32 May, *Creatio Ex Nihilo*, 129, 132, 137.

참고문헌

Adams, Marilyn McCord. *Horrendous Evils and the Goodness of God*. Ithaca, N.Y.: Cornell University Press, 1999.

Adler, Julius, and Wing-Wai Tse. "Decision-Making in Bacteria." *Science* 184 (June 21, 1974): 1292-94.

Augustine. *Augustine: Earlier Writings*. Library of Christian Classics 6. Philadelphia: Westminster Press, 1953.

Baker, Gordon, and Katherine J. Morris. *Descartes' Dualism*. London: Routledge, 1996.

Barbour, Ian. *Religion in an Age of Science*. San Francisco: Harper & Row, 1990.

_____. *When Science Meets Religion: Enemies, Strangers, or Partners?* San Francisco: HarperSanFrancisco, 2000.

Barnard, L. W. *Justin Martyr: His Life and Thought*. Cambridge: Cambridge University Press, 1967.

Baumer, Franklin. *Religion and the Rise of Scepticism*. New York: Harcourt, Brace & Co., 1960.

Berdyaev, Nicolas. *The Destiny of Man*. New York: Harper & Row, 1960.

_____. *Truth and Revelation*. New York: Collier Books, 1962.

Bohm, David, and B. J. Hiley. *The Undivided Universe: An Ontological Interpretation of Quantum Theory*. London: Routledge, 1993.

Boyle, Robert. *The Works of the Honourable Robert Boyle*. London: A. Millar, 1744.

Braun, Herbert. "The Problem of New Testament Theology." In *The*

Bultmann School of Biblical Interpretation: New Directions? Edited by Rober Funk, 169-83. New York: Harper & Row, 1965.

Brooke, John Hedley. *Science and Religion: Some Historical Perspectives.* Cambridge: Cambridge University Press, 1991.

Buckley, Michael J. *At the Origins of Modern Atheism.* New Haven, Conn.: Yale University Press, 1987.

Bultmann, Rudolf. *Jesus Christ and Mythology.* New York: Charles Scribner's Sons, 1958.

_____. *Kerygma and Myth: A Theological Debate.* Edited by Hans Werner Bartsch. New York: Harper & Row, 1961.

Calvin, John. *Institutes of the Christian Religion.* Edited by John T. McNeill. Translated by Ford Lewis Battles. Library of Christian Classics 20-21. Philadelphia: Westminster Press, 1960.

Chihara, C. "A Gödelian Thesis regarding Mathematical Objects: Do They Exist? And Can We Perceive Them?" *Philosophical Review* 91 (1982): 211-17.

Clayton, Philip, and Arthur Peacocke, eds. *In Whom We Live and Move and Have Our Being: Reflections on Panentheism for a Scientific Age.* Grand Rapids: Wm. B. E. Eerdmans Publishing Co., 2003.

Cobb, John B., Jr. *Beyond Dialogue: Toward a Mutual Transformation of Christianity and Buddhism.* Philadelphia: Fortress Press, 1982.

_____. *Christ in a Pluralistic Age.* Philadelphia: Westminster Press, 1982.

_____. "The Resurrection of the Soul." *Harvard Theological Review* 80, no. 2 (1987): 213-27.

_____. *Transforming Christianity and the World: A Way beyond Absolutism and Relativism.* Edited by Paul F. Knitter. Maryknoll, N.Y.: Orbis Books, 1999.

Cobb, John B., Jr., and Clark H. Pinnock, eds. *Searching for an Adequate God: A Dialogue between Process and Free Will Theists.* Grand Rapids: Wm. B. Eerdmans Publishing Co., 2000.

Cottingham, John G., Robert Stoothoff, and Dugald Murdoch, eds. *The Philosophical Writings of Descartes.* Vol. 1. Cambridge: Cambridge University Press, 1985.

Crombie, A. C. "Marin Mersenne." In *Dictionary of Scientific Biography.* Edited by C. G. Gillispie, 9:316-22. New York: Chares Scribner's Sons, 1974.

Cupitt, Donald. *Taking Leave of God*. New York: Crossroad, 1981.

Darwin, Charles. *The Origin of Species* (1872). New York: Mentor Books, 1958.

Darwin, Francis, ed. *The Life and Letters of Charles Darwin*. New York: D. Appleton,1896.

Davis, Stephen T., ed. *Encountering Evil: Live Options in Theodicy*. Louisville, KY: Westminster John Knox Press, 2001.

Dawkins, Richard. *The Blind Watchmaker: Why the Evidence of Evolution Reveal a Universe without Design*. New York: W. W. Norton &Co., 1987.

Denton, Michael. *Evolution: A Theory in Crisis*. London: Burnett Books, 1991.

Dewey, John. *A Common Faith*. New Haven, Conn.: Yale University Press, 1934.

Drees, Willem. *Religion, Science and Naturalism*. Cambridge: Cambridge University Press, 1996.

Durkheim, Emile. *The Elementary Forms of the Religious Life*. Translated by Joseph Ward Swain. New York: Free Press, 1963 (French Original, 1912).

Easlea, Brian. *Witch Hunting, Magic and the New Philosophy: an Introduction to the Debates of the Scientific Revolution, 1450-1750*. Atlantic Highlands, N.J.: Humanities Press, 1980.

Ebeling, Gerhard. *God an Word*. Philadelphia: Fortress Press, 1967.

Erickson, Millard J. *Christian Theology*. Grand Rapids: Baker Book House, 1985.

Farley, Edward, and Peter Hodgson. "Scripture and Tradition." In *Christian Theology: An Introduction to Its Traditions and Tasks*, 2d ed., edited by Peter C. Hodgson and Robert H. King, 61-87. Philadelphia: Fortress Press, 1985.

Farrer, Austin. "The Prior Actuality of God." In *Reflective Faith: Essays in Philosophical Theology*, edited by Charles C. Conti. London: SPCK, 1972.

Field, Hartry. *Science without Numbers*. Princeton, N.J.: Princeton University Press, 1980.

Frederikson, Paula. *From Jesus to Christ: The Origins of the New Testament Images of Jesus*. New Haven, Conn.: Yale University Press, 1988.

Gilkey, Langdon B. "Cosmology, Ontology, and the Travail of Biblical Language." In *God's Activity in the World: The Contemporary Problem*, edited by Owen Thomas, 29-43. Chico, CA: Scholars Press, 1983.

Gilson, Etienne. "The Corporeal World and the Efficacy of Second Causes." In *God's Activity in the World: The Contemporary Problem*, edited by Owen Thomas, 213-30. Chico, CA: Scholars Press, 1983.

Goldbeter, A., and Daniel E. Koshland, Jr. "Simple Molecular Model for Sensing Adaptation Based on Receptor Modification with Application to Bacterial Chemotaxis." *Journal of Molecular Biology* 161, no. 3 (1982): 395-416.

Griffin, David Ray, ed. *Deep Religious Pluralism* (forthcoming).

_____. "Divine Goodness and Demonic Evil." In *Evil and the Response of World Religion*, ed. William Cenkner, 223-400. St. Paul: Paragon House, 1997.

_____. *God, Power, and Evil: A Process Theodicy*. Philadelphia: Westminster Press, 1976; reprinted with a new preface. Lanham, Md.: University Press of America, 1991.

_____. "In Response to William Hasker." In *Searching for an Adequate God: A Dialogue between Process and Free Will Thesis*, edited by John B. Cobb, Jr., and Clark H. Pinnock, 246-62. Grand Rapids: Wm. B. Eerdmans Publishing Co., 2000.

_____. "Materialist and Panexperientialist Physicalism: A Critique of Jaegwon Kim's *Supervenience and Mind*." *Process Studies* 28, nos. 1-2 (Spring-summer 1999): 4-27.

_____. *Parapsychology, Philosophy, and Spirituality: A Postmodern Exploration*. Albany, N.Y.: State University of New York Press, 1997.

_____. "Postmodern Theology for the Church." *Lexington Theological Quarterly* 28, no. 3 (fall 1993): 201-60.

_____. *A Process Christology*. Philadelphia: Westminster Press, 1973; reprinted with a new preface. Lanham, Md.: University Press of America, 1990.

_____. "Process Theology and the Christian Good News: A Response to Classical Free Will Theism." In *Searching for an Adequate God: A Dialogue between Process and Free Will Theists*, edited by John B. Cobb, Jr., and Clark H. Pinnock, 1-38. Grand Rapids: Wm. B. Eerdmans Publishing Co., 2000.

_____. "Reconstructive Theology." In *The Cambridge Companion to Postmodern Theology*, edited by Kevin J. Vanhoozer, 102-08. Cambridge: Cambridge

University Press, 2002.

_____. *Reenchantment without Supernaturalism: A Process Philosophy of Religion*, Ithaca, N.Y.: Cornell University Press, 2001.

_____. *Religion and Scientific Naturalism: Overcoming the Conflicts.* Albay, N.Y.: State University of New York Press, 2000.

_____. "Traditional Free Will Theodicy and Process Theodicy: Hasker's Claim for Parity." Process Studies 29, no. 2 (fall-winter 2000): 209-26.

_____. *Unsnarling the World-Knot: Consciousness, Freedom, and the Mind-Body Problem.* Berkeley, CA: University of California Press, 1998.

Griffin, David Ray, et al. *Founders of Constructive Postmodern Philosophy: Peirce, James, Bergson, Whitehead, and Hartshorne.* Albany, N.Y.: State University of New York Press, 1993.

Hahn, Lewis Edwin, ed. *The Philosophy of Charles Hartshorne.* The Library of Living Philosophers 20. La Salle, IL: Open Court, 1991.

Harman, Gilbert. *The Nature of Morality: An Introduction to Ethics.* New York: Oxford University Press, 1977.

Hartshorne, Charles. *The Logic of Perfection and Other Essays in Neoclassical Metaphysics.* La Salle, IL: Open Court, 1962.

_____. *Reality as Social Process: Studies in Metaphysics and Religion.* Glencoe, IL: Free Press, 1953.

Hellman, G, *Mathematics without Numbers.* Oxford: Oxford University Press, 1989.

Hick, John. *A Christian Theology of Religions: The Rainbow of Faiths.* Louisville, KY: Westminster John Knox Press, 1995.

_____. *God and the Universe of Faiths.* London: Macmillan, 1975.

_____. *God Has Many Names.* Philadelphia: Westminster Press, 1982.

_____. *The Metaphor of God Incarnate.* London: SCM Press, 1993.

_____. *Philosophy of Religion.* 3rd 3d. Englewood Cliffs, N.J.: Printice-Hall, 1983.

Hintikka, Jaakko. "Cogito, Ergo, Sum: Inference or Performance." *Philosophical Review* 71 (1962): 3-32.

Hodge, Charles. *Systematic Theology* (1872). 3 vols. Grand Rapids: Wm. B. Eerdmans Publishing Co., 1989.

Hooykaas, R. *Natural Law and Divine Miracle: A Historical-Critical Study of the Principle of Uniformity in Geology, Biology, and Theology*. Leiden: E. J. Brill, 1959.

Horsley, Richard. *Jesus and Empire: The Kingdom of God and the New World Disorder*. Minneapolis: Fortress Press, 2003.

_____. *Jesus and the Spiral of Violence: Popular Jewish Resistance in Roman Palestine*. San Francisco: Harper & Row, 1987.

Jacob, James. "Boyle's Atomism and the Restoration Assault on Pagan Naturalism." *Social Studies of Science* 8 (1978): 211-33.

_____. *Robert Boyle and the English Revolution: A Study in Social and Intellectual Change*. New York: B. Franklin, 1978.

James, William. *Essays in Radical Empiricism* (in a volume with *A Pluralistic Universe*), edited by Ralph Barton Perry. New York: E. P. Dutton, 1971.

_____. *Some Problems of Philosophy*. London: Longmans, Green & Co., 1911.

_____. *The Varieties of Religious Experience* (1902). New York: Penguin Books, 1985.

Jay, Martin. "The Debate over Performative Contradiction: Habermas versus the Poststructuralists." In *Force Fields: Between Intellectual History and Cultural Critique*, 25-37. New York: Routledge, 1993.

Jewett, Robert. *Jesus against the Rapture*. Philadelphia: Westminster Press, 1979.

Johnson, Philli E. *Reason in the Balance: The Case Against Naturalism in Science, Law, and Education*. Downers Grove, IL: InterVarsity Press, 1993..

Kant, Immanuel. *Reason within the Limits of Reason Alone*. Translated by Theodore M. Greene and Hoyt H. Hudson. New York: Harper & Row, 1960.

Kaufman, Gordon D. *In Face of Mystery: A Constructive Theology*. Cambridge: Cambridge, MA: Harvard University Press, 1993.

Keller, Catherine. *The Face of the Deep: A Theology of Becoming*. New York: Routledge, 2003.

Keller, Evelyn Fox. *A Feeling for the Organism: The Life and Work of Barbara McClintock*. San Francisco: W. H. Freeman, 1983.

Kim, Jaegwon. *Supervenience and Mind: Selected Philosophical Essays*. Cambridge: Cambridge University Press, 1993.

Kim, Stepen S. *John Tyndall's Transcendental Materialism and the Conflict between Religion and Science in Victorian England*. Lewiston, NY: Mellen University Press,

1996.

Klaaren, Eugene M. *The Religious Origins of Modern Science: Belief in Creation in Seventeenth-Century Thought.* Grand Rapid: Wm. B. Eerdmans Publishing Co., 1977.

Knitter, Paul. *No Other Name? A Critical Survey of Christian Attitudes toward the World Religions.* Maryknoll: Orbis Books, 1985.

Koyré, Alexandre. *From the Closed World to the Infinite Universe.* Baltimore: Johns Hopkins University Press, 1957.

Lamont, Corliss. *The Illusion of Immortality.* 4th ed. New York: Frederick Ungar, 1965.

Lenoble, Robert. *Mersenne ou la naissance du mécanisme.* Paris: Librairie Philosophique J. Vrin, 1943.

Lerner, Gerda. *The Creation of Patriarchy.* New York: Oxford University Press, 1986.

Levenson, Jon D. *Creation and the Persistence of Evil: The Jewish Drama of Divine Omnipotence.* San Francisco: Harper & Row, 1988.

Lewontin, Richard. "Billions and Billions of Demons." *New York Review of Books,* January 9, 1997, 28-32.

Lindberg, David C. *The Beginning of Western Science: The European Scientific Tradition in Philosophical, Religious, and Institutional Context, 600 B.C. to A.D. 1450.* Chicago: University of Chicago Press, 1992.

Luther, Martin. *On the Bondage of the Will.* Translated by J. I. Packer and O. R. Johnston. Grand Rapids: Fleming H. Revell, 1957.

Macaulay, Ranald. *Review of Nuclear Holocaust and Christian Hope* by Ronald J. Sider and Richard K. Taylor. In *Who Are the Peacemakers? The Christian Case for Nuclear Deterrence,* edited by Jerram Barrs, 55-61. Westchester, IL: Crossway Books, 1983.

Mackie, John. *The Miracle of Theism: Arguments for and against the Existence of God.* Oxford: Clarendon Press, 1982.

Madell, Geoffrey. *Mind and Materialism.* Edinburgh: Edinburgh University Press, 1988.

May, Gerhard. *Creatio Ex Nihilo: The Doctrine of "Creation out of Nothing" in Early Christian Thought.* Translated by A. S. Worrall. Edinburgh: T. & T. Clark, 1994.

McClenon, James. *Wondrous Events: Foundations of Religious Belief.* Philadelphia:

University of Pennsylvania Press, 1994.

McGnn, Colin. *The Problem of Consciousness: Essays toward a Resolution.* Oxford: Basil Blackwell, 1991.

Merk, Frederick. *Manifest Destiny and Mission in American History.* New York: Alfred A. Knopf, 1963.

Mosse, George L. "Puritan Radicalism and the Enlightenment." *Church History* 29 (1960): 424-39.

Murphy, Michael. T*he Future of the Body: Explorations in the Further Evolution of Human Nature.* Los Angeles: Jeremy Tarcher, 1992.

Needham, Joseph. *Science and Civilization in China.* 7 vols. Cambridge: Cambridge University Press, 1954-1996.

Neiman, Susan. *Evil in Modern Thought: An Alternative History of Philosophy.* Princeton, NJ: Princeton University Press, 2002.

Newell, Norman D. "The Nature of the Fossil Record." *Proceedings of Philosophical Society* 103, no. 2 (1959): 264-85.

Niebuhr, Reinhold. "As Deceivers Yet True." In *Beyond Tragedy.* New York: Charles Scribner's Sons, 1937.

_____. *The Nature and Destiny of Man.* 2 vols. New York: Charles Scribner's Sons, 1943.

_____. "The Truth in Myths." In T*he Nature of Religious Experience,* edited by J. S. Bixler, R. L. Calhoun, and H. R,. Niebuhr, 117-35. New York: Harper & Brothers, 1937.

Nielsen, Kai. "God and the Soul: A Response to Paul Badham." In *Death and Afterlife,* edited by Stephen T. Davis, 53-64. London: Macmilan, 1989.

Oates, Whitney J., ed. *Basic Writings of St. Augustine.* 2 vols. New York: Random House, 1948.

Ogden, Schubert M. *Is There Only One True Religion or Are There Many?* Dallas: SMU Press, 1992.

Pagels, Elaine. *The Gnostic Gospels.* New York: Random House, 1979.

Plantinga, Alvin. "Reply to the Basinger's on Divine Omnipotence." *Process Studies* 11, no. 1 (spring 1981): 25-29.

Preus, J. Samu다. *Explaining Religion: Criticism and Theory from Bodin to Freud.* New Haven, Conn.: Yale University Press, 1987.

Putnum, Hilary. *Words and Life,* edited by Jams Conant. Cambridge, MA:

Harvard University Press, 1994.

Race, Alan. *Christians and Religious Pluralism: Patterns in Christian Theology of Religions*. Maryknoll, NY: Orbis Books, 1983.

Rauschenbush, Walter. *A Theology for the Social Gospel*. Nashville: Abingdon Press, 1945.

Raven, Charles. *Is War Obsolete? A Study of the Conflicting Claims of Religion and Citizenship*. London: George Allen & Unwin, 1935.

_____. *The Theological Basis of Christian Pacifism*. New York: Fellowship Publications, 1951.

Riley, Gregory. *Resurrection Reconsidered: Thomas and John in Controversy*. Minneapolis: Fortress Press, 1995.

Reuther, Rosemary. *Faith and Fratricide*. New York: Seabury Press, 1974.

Sanders, E. P. *Jesus and Judaism*. Philadelphia: Fortress Press, 1985.

Schmookler, Andrew Bard. *The Parable of the Tribes: The Problem of Power in Social Evolution*. Boston: Houghton Mifflin, 1986.

Schüssler Fiorenza, *Elizabeth. In Memory of Her: A Feminist Theological Reconstruction of Christian Origins*. New York: Crossroad, 1990.

Searle, John R. *Minds, Brains, and Science: The 1984 Reith Lectures*. London: British Broadcasting Corporation, 1984.

Segal, Robert J. *Explaining and Interpreting Religion: Essays on the Issue*. New York: Peter Lang, 1992.

Smart, J. J. C. "Religion and Science." In *Philosophy of Religion: A Global Approach*, edited by Stephen H. Phillips, 217-24. Fort Worth: Harcourt Brace, 1996.

Stanley, Steven M. *The New Evolutionary Timetable*. New York: Basic Books, 1981.

Stannard, David E. *American Holocaust: The Conquest of the New World*. New York: Oxford University Press, 1992.

Stephanson, Anders. *Manifest Destiny: American Expansion and the Empire of Right*. New York: Hill & Wang, 1995.

Suchocki, Marjorie. *The Fall to Violence: Original Sin in Relational Theology*. New York: Continuum, 1994.

Swinburne, Richard. *The Evolution of the Soul*. Oxford: Clarendon Press, 1986.

Thomas, Aquinas. *Summa Contra Gentiles*. Translated by Vernon J. Bourke. Notre Dame, Ind.: University of Notre Dame Press, 1997.

_____. *Summa Theologica*. Translated by Fathers of the English Domincan Provine. Revisedby Daniel J. Sullivan. Chicago: Encyclopaedia Britannica, 1952.

Thomas, Owen C., ed. *God's Activity in the World: The Contemporary Problem*. AAR Studies in Religion 31. Chico, CA: Scholars Press, 1983.

Tillich, Paul. *Systematic Theology*. 3 vols. Chicago: University of Chicago Press, 1951, 1957, 1963.

Toynbee, Arnold. "What Should Be the Christian Approach to the Contemporary Non-Christian Faiths?" In *Attitudes toward Other Religions: Some Christian Interpretations*, edited by Owen C. Thomas, 153-71. New York: Harper & Row, 1969.

Tyndall, John. *Fragments of Science*. 5th ed. London: Longmans, Green & Co., 1876.

Vartanian, Aram. *Diderot and Descartes: A Study of Scientific Naturalism in the Enlightenment*. Princeton, NJ: Princeton University Press, 1953.

Waddington, C. H. *The Evolution of an Evolutionist*. Edinburgh: Edinburgh University Press, 1975.

Walvoord, John F., and John E. Walvoord. *Armageddon: Oil and the Middle East Crisis*. Grand Rapids: Zondervan Publishing House, 1976.

Waszink, J. H. *Tertullian: The Treatise against Hermogenes*. London: Westminster, 1956.

Wesson, Robert G. *Beyond Natural Selection*. Cambridge, MA: MIT Press, 1991.

Whitehead, Alfred North. *Adventures of Ideas* (1933). New York: Free Press, 1967.

_____. *Modes of Thought* (1938). New York: Free Press, 1968.

_____. *Process and Reality* (1929). Corrected edition, edited by David Ray Griffin and Donald W. Sherburne. New York: Free Press, 1978.

_____. *Religion in the Making* (1926). New York: Fordham University Press, 1996.

_____. *Science and the Modern World* (1925). New York: Free Press, 1967.

Wieman, Henry Nelson. *The Source of Human Good*. Chicago: University of Chicago Press, 1946.

Wiles, Maurice. "Religious Authority and Divine Action." In *God's Activity in the World: The Contemporary Problem*, edited by Owen Thomas, 181-94. Chico, CA: Scholars Press, 1983.

_____. *The Remaking of Christian Doctrine*. London: SCM Press, 1974.

Williamson, Clark M. *Has God Rejected His People? Anti-Judaism in the Christian Church*. Nashville: Abingdon Press, 1982.

Wright, G. Ernest. *God Who act: Biblical Theology as Recital*. London: SCM Press, 1952.

Wright, Sewall. "Panpsychism and Science." In *Mind in Nature: Essays on the Interface of Science and Philosophy*, edited by John B. Cobb, Jr., and David Ray Griffin, 79-88. Washington, D.C.: University Press of America, 1977.

찾아보기

[ㄱ]

가상디, 피에르, 47
가치와 힘의 상관관계, 192-194
감각주의, 13, 68-69, 140, 146,
    150-152, 155, 158, 164-166,
    209
간섭 (초자연적), 27, 34, 56, 143-145,
    150-154, 204, 209, 215, 220,
    233
  "기적"도 참고
갈릴레오, 갈릴레이, 47, 68
경험
  도덕적, 156, 167, 166, 195
  신비적인, 156
  의 계기들, 174, 180
  의식적인, 28, 68, 169, 170
  종교적인, 68, 156-157, 165-166,
      195
  창조적인, 86
경험론

감각주의적 (피상적), 165, 166
  급진적, 165-166
경험의 계기들, 84
계시, 33, 37, 67, 81, 142, 147, 154,
    190, 220
  절대무오한, 143-162
과정철학, 14, 16, 130, 187, 227
과정신학 (유신론), 17, 130, 175,
    194-197
  과 기독교 신앙, 6, 10
  과 기독교 신학, 11
  과 신학, 6
  과 종교, 6
  근대, 23, 33, 44, 129, 145, 149
  역사과학, 91
  자연, 32, 34, 52, 91, 153
과학적 자연주의, 4, 6-16, 23-26,
    63-69
  근대 후기의, 223
  "자연주의sam"도 참고
  기초적인 (최소한의), 8, 9, 23-26

"자연주의ns"도 참고

무신론적-유물론적 형태의, 23, 61,
　　66, 129

"자연주의sam"도 참고

왜곡된 형태의, 8, 24, 61

위대한 진리로서의, 24, 130

과학적 자연주의sam, "자연주의sam"을
　　참고

과학적 세계관, 10, 58, 41, 66, 68, 129

괴델, 쿠르트, 74

교리들

　　문자적으로 참된, 86

　　본래적 가르침의, 9, 79, 83-84, 86,
　　　　89, 141, 147, 209, 223

　　신화적, 86-88

　　이차적이고 삼차적인, 4, 92, 83-84,
　　　　86, 209, 227

　　잘못된, 91

구원, 46, 81-84, 180, 113, 161, 213,
　　218, 230, 231

　　교회 밖의, 82, 210

　　성화, 162, 220, 231-236

　　죽음 이후의 삶에서의, 161

　　"죽음 이후의 삶"도 참고

　　현재적, 80-82

균일론, 54

근대 자유주의 신학, 129, 140, 145-147,
　　149, 161, 212, 214

근본주의, 6-7, 10, 15, 89, 141, 143,
　　145

기적

　　물리적, 66, 151

　　성서적, 31, 35

　　에 대한 주관주의적 견해

　　"초심리학"도 참고

존재하지 않는 것으로서, 147

초자연주의적 개임으로서, 32, 46-48

기계론적 자연론, 61, 127, 140, 146,
　　150-151

　　프랑켄슈타인과 같은 괴물로서, 140

기독교

　　오직 하나의 참된 종교로서, 34,
　　　　128-129, 210, 213-215

　　의 본질, 82, 190

　　"기독교 신앙"도 참고

기독교 복음, 79, 80, 82, 83, 86, 127,
　　141, 146, 162

　　나쁜 소식으로서의, 93, 127

　　좋은 소식으로서의, 82

기독교 신앙, 6-8, 60

　　강건한 형태의, 130, 198

　　과 그리스 철학, 31-41

　　다원주의적 형태의, 9, 213

　　보수주의에서 근본주의에 이르는, 6,
　　　　7, 143, 196

　　소심한 형태의, 209-212

　　오만한 형태의, 210, 211

　　왜곡된, 9-10, 52-61, 85, 127, 129

　　위대한 진리로서의, 9, 70, 79, 130

　　의 본래적 가르침, 9, 85-86, 89, 140,
　　　　151, 160, 196, 209-210, 214,
　　　　233, 216

　　이차적, 삼차적 교리의, 85-86,
　　　　87-93, 227

기독론, 9, 146, 152-155, 215, 227

　　초자연주의적, 129, 153, 211

　　"예수"도 참고

길키, 랭던 B. 148, 150

길슨, 에티엔, 150

김, 재권, 65, 74

[ㄴ]

나이만, 수잔, 136
뉴턴, 아이작 (뉴턴주의), 41, 52, 51-54, 73
니덤, 조셉, 71
니버, 라인홀드, 87, 131, 161-162
니케아 회의 (신조), 146, 211, 218, 219, 227, 232
니터, 폴, 213
닐슨, 카이, 203

[ㄷ]

다양한 신의 영향, 80, 195, 204, 215
다윈, 찰스, 54-56, 222-224
데모크리투스, 28, 41, 47, 62
데카르트, 르네, 41, 42, 43, 47, 50, 57, 58, 64, 67, 72-74, 181
도덕적 경험, 165, 166, 167, 195, 197
도브잔스키, 테오도시우스, 202
도스토예프스키, F., 119
도킨스, 리처드, 222
동일론, 59, 161, 218
동정녀 탄생, 83-84, 89, 145
뒤르켐, 에밀, 157
듀이, 존, 160
드레이스, 빌렘, 151, 152, 160, 161
디드로, 데니스, 56, 57, 60, 73

[ㄹ]

라메트리, 줄리앙, 60
라몽, 콜리, 60
라이프니츠, G. W., 118, 119, 135

라이트, G. 어네스트, 148
라이트, 씨월, 171, 202
라일리, 그레고리, 234
라플라스, 피에르, 53
레빈슨, 존 D., 93, 95-96, 107
레이븐, 찰스, 217-221, 232
레이스, 앨런, 214
로크, 존, 68
루터, 마틴, 113-115, 117, 119, 120, 123, 128, 134
르완틴, 리차드, 126
리엘, 찰스, 54-55, 73
린드버그, 데이비드 C., 26, 27, 29, 37, 39

[ㅁ]

마니교, 80, 108
마델, 제퍼리, 171
마르시온, 99-100, 102, 103, 105, 108, 113, 217, 218
마리아
    신-담지자로서의, 91
    의 무흠수태, 84
    의 항구적 처녀성, 89
마술적 자연주의, 45-46, 48-51, 67, 129, 132, 180
마호메트, 129
    "이슬람"도 참고
매키, 존, 204
맥긴, 콜린, 64, 170, 171, 172, 202
머피, 마이클, 132
메르센, 마린, 41, 42, 47, 48, 129
메이, 게르하르트, 93, 96-106, 113, 136, 233

모세, 91, 98
목적인, 42, 57, 179, 180, 183, 184,
    187, 228
무
    상대적, 9, 175-176, 184, 190
    절대적, 9, 29, 37, 100-105, 184,
        186, 190, 215, 216
무로부터의 창조 교리, 40, 93, 97, 99,
        102, 104-107, 118, 123,
        127-129, 136, 139, 144, 176,
        188, 193, 215, 223
    성서기록 이후에 생긴 것으로서의,
        96-106
    엄격한 의미에서의, 96, 97
    "절대적 무로부터의 창조"도 참고
    에 따른 왜곡들, 8-9, 92, 106,
        127-128
    와 기적, 34
    와 악의 문제, 108-126
    와 전능, 43, 94, 128, 146
    와 초자연주의, 34, 43, 94
무신론, 13, 15, 23-24, 52, 56-57, 60,
        124, 164, 224-225
    "무신론적 자연주의, 자연주의샘"도
        참고
무오한 영감, 143-145
물질
    근본, 181
    기계론적 견해에서 본, 42-46, 47-50
    비기원적, 100
    비활동적, 49-50
    비형상적, 98, 100, 103, 105
    선도 악도 아닌 것으로서의, 101
    영원한 것으로서의, 29, 36, 37,
        99-100

    악으로서의, 99-100
    자기-이동적인, 49-50
밀리칸, 로버트, 173, 203

[ㅂ]

바버, 이안, 12, 15, 16
바우머, 프랭클린, 136
범경험주의, 164-165, 167-170,
        173-176, 202
    와 자연주의, 173-175
범신론, 185
범재신론, 164, 176, 185-198, 215
법정적-기계론적 견해, 41-46, 46-48,
        50
베르그송, 앙리, 163, 169
베르자예프, 니콜라스, 9, 184-185
베르히만, 잉그마르, 85
변모, 236
보움, 데이비드, 168
보일, 로버트, 41-43, 48-50, 67, 72,
        129
본래적(일차적), 이차적, 삼차적 교리들,
        9, 84-86, 93, 227
볼테르, 56, 124, 127
브루크, 존 헤들리, 34
부활, 35
    영(혼)의, 234-236
    예수의, 161, 175, 234
    육체의, 35, 128, 151, 161, 233, 234
부처로서의 고타마, 230
불가피한 전제들, 62-63, 169, 172
    "확고한 상식"도 참고
불교, 23, 141, 142, 178, 230, 236
불트만, 루돌프, 148-149, 152, 161

비감각적 지각, 67-68, 73, 165, 175
　"파악"도 참고
비모순율, 63
비이원론적, 174, 175

[ㅅ]

사도 바울, 233
사멸론, 48, 60
　"영혼"도 참고
사탄, 87-88
삼위일체, 90, 146, 153, 215-216,
　　　219-220, 232
　사회적, 217
　삼차적 교리로서의, 216
　와 자연주의적 신학, 217-219
　와 초자연주의, 216-217
상식
　허약한, 22
　확고한, 62-64, 66
　"불가피한 전제들"도 참고
상호작용 (정신-육체), 58-59, 170-174
샬러튼, 왈터, 49
서얼, 존 R., 66
섭리, 36, 54, 121, 123, 135, 147, 151,
　　　159, 197
　"신의 활동"도 참고
성령, 83, 122, 160, 216, 219
성육신, 90, 106, 152, 153, 211,
　　　216-217, 226-229, 238
세계
　본질적인 선으로서, 80
　본질적인 악으로서, 80
　세계 자체와 우리 세계, 29
　영원한, 29, 36, 37, 99-100

소심함, 214
쇼펜하우어, 아서, 50
수학적 지식, 67-68
수행적 자기모순, 64-65
순교자 저스틴, 98, 106, 133
스마트, J. J. C., 156, 157
스윈번, 리처드, 171
스탕달, 126, 136, 193
스테너드, 데이빗 E. 211
스투베, 헨리, 48, 49
시걸, 로버트 J., 157
신
　고통을 느끼지 않는, 219
　과 불가능, 35, 105, 156, 187-188
　과 필연적 (형이상학적) 원리들, 187
　삼위일체로서의, 90, 217, 220
　성령으로서의, 160, 219
　세계와 항상 관계된, 196-198
　실제적 존재로서의, 158
　전능한, 37, 46, 50, 118, 171, 226
　초자연적인, 51, 127, 195
　"초자연주의"도 참고
　에 관한 의지주의적 견해의, 40, 41,
　　　103, 139
　에 대한 인간의 경험, 139, 151, 152,
　　　158
　영원한 (숨겨진) 그리고 명령
　　　의지로서의, 110, 116
　의 내재와 초월, 147, 148
　으로부터의 최초의 지향(이상적
　　　자극), 197, 228, 235
　의 사랑, 81-82, 210, 236
　의 예기하는 은총, 120, 197, 234,
　　　236
　의 이성과 의지, 40

의 자유, 36, 38, 40, 41, 104
의 절대적이고 제정된 힘, 39, 40
의 존재, 46, 51, 125, 127, 171, 186,
   194-196, 225
의 통치, 80, 131, 162, 210
신다윈주의, 170, 222-224
의 명목론, 124
의 무신론, 56, 224
"다윈"과 "진화"도 참고
신비, 193, 217, 219
신을 죽임, 127-127
신의 행위, 147-149, 154, 155
"신의 활동"도 참고
신의 활동 (인과관계, 영향), 53,
   147-149, 154, 155, 212
다양한, 80, 149, 196-198, 218
의 양태, 219-221
창조적이고 구원적인, 154, 219-220
신의 활동방식, 219-220
신의 힘
강압적이거나 설득적인, 185, 190,
   218-221, 232
전능한, 37, 171, 220
신정론, 107
전통적인, 107-108
전통적인 자유의지의, 123-127
전통적인 전-결정적, 108-123
신플라톤주의, 44
신학
과 우주론, 212, 215
과정, 17, 130, 175, 194-195
근대 자유주의, 129, 140-163, 212,
   214
보수주의부터 근본주의적, 10, 195
의 방법, 141

자연, 142, 217
초자연주의 (계시된), 142, 143
신화, 86-88, 90, 148-149, 152
심령 연구, 165
"초심리학"도 참고

〔ㅇ〕

아낙시만드로스, 27
아낙시메네스, 27
아담과 하와, 87, 115
아리스토텔레스, 7, 30, 32, 34-38,
   40-42, 44, 45, 47, 62,
   180-182
아리우스(주의), 218, 232
아인슈타인, 알버트, 163, 164, 182
악
의 문제, 9, 30, 32, 34-38, 40-42,
   44, 45, 47, 62, 180-182
자연의, 123-125
피할 수 없는 전제로서의, 121-123
악마, 86-87, 210
악마적 힘, 80, 88, 132
악의 문제, 9, 30, 32, 34-38, 40-42, 44,
   45, 47, 62, 180-182
아테나고라스, 98
양립가능론, 111, 124
어거스틴
의 신정론, 109-110, 123
의 원죄 이해, 83-84, 110-111
에벨링, 게르하르트, 159
에비오나이트, 227
에릭슨, 밀러드 J., 95
에슬레아, 브라이언, 44-45
연옥, 236

열광, 67, 90, 156
영지주의, 80, 99, 102, 104-105, 111,
　　234
영혼, 28, 29
　　불멸하는 것으로서의, 30, 46, 48-50,
　　　　52, 57, 60, 127, 161
　　사멸하는 것으로서의, 30, 35, 48
　　의 경험 (의식), 50
　　의 부활, 234
　　"정신-육체" 문제도 참고
　　의 자유, 28, 50, 52
　　"자유"도 참고
　　자기-운동하는 것으로서의, 48
　　죽음 이후에 지속되는 것으로서의, 30,
　　　　48, 234
영혼의 불멸성, 46, 48-50, 57-61, 127
예기하는 은총, 197
예수
　　신의 성육신으로서의, 90-91, 152,
　　　　153, 211, 216, 226
　　신(의 아들)으로서의, 90-91, 216,
　　　　217
　　신의 계시로서의, 80, 99, 155, 189,
　　　　219, 229
　　와 사회정의, 85
　　의 권위, 115
　　의 동정녀 탄생, 83-84, 89, 145
　　"기독론"도 참고
　　의 부활, 85, 161, 175, 234
　　"부활"도 참고
　　의 십자가, 85
예의바른 확신, 5, 212-214
예정, 92, 117, 122
오만, 5, 210, 211
오리겐, 103

와딩턴, C. H., 169
와이먼, 헨리 넬슨, 159
와일, 모리스, 154-155
우인론, 58
우주, 24, 153
　　기계론적-태엽장치적, 56
　　의 궁극적 힘, 80
　　의 기원, 94
우주론과 신학, 212, 215
원거리에서 미치는 영향, 44-45, 47-48
원죄, 83-84
유대교, 96, 213, 230
유물론, 28, 52, 57, 60, 64, 66, 74, 161,
　　　　165, 167, 173, 182, 226
유신론
　　과정, 193, 199
　　자연주의적, 29, 195-196, 215, 220
　　전통적인 전-결정적, 117-118, 121
　　전통적인 자유의지의, 123-126, 187
유아론, 15, 63, 167
육체이탈 경험, 203
의식
　　고차원적 형태의 경험으로서의, 169
　　재료로서의, 181
　　주체적, 64
의지주의, 41, 42, 104, 109-110, 139
이레니우스, 103, 104, 105, 139
이슬람, 32-34, 211, 230
이신론, 14, 15, 52, 54-56, 73, 124,
　　　　125, 140, 151, 154, 155
　　가상적, 55
　　이원론적, 57
　　철저한, 54-55
　　초자연주의적, 59
이원론, 42, 57, 59-60, 64, 111, 168,

170-171, 173-174, 181-182,
218
과 초자연주의, 163-176
인과관계
내적관계로서의, 229
목적인, 42, 57, 179, 180, 183, 184,
187, 228
물질인, 181
신의, 145, 215
작용인, 179, 183, 184, 187, 228
정신적, 65
제1원인과 제2원인, 34, 112, 147,
149, 150, 152, 155
인식적 자연주의, 143, 145
인식적 초자연주의, 143-145

[ㅈ]

자연
법정적-기계론적 견해의, 42, 45-46
아리스토텔레스적 관점, 46-48
에 대한 기계론적 이해, 41-42, 52,
160, 146
자기-운동으로서의, 48-50
자연법칙, 37, 38, 39, 43, 52, 139
"자연주의"도 참고
자연과학, 32, 52, 91, 151
"과학"도 참고
자연법칙, 37, 43, 139
자연선택, 55, 223
자연주의
그리스적, 7, 21, 32, 43, 138, 181
무신론적, 56, 61, 66, 225
범재신론적, 164, 215
아리스토텔레스주의, 35

와 정신-육체 문제, 172
유물론적, 30, 66, 160, 161, 212
유신론적, 13, 16, 24, 29, 225
인식적, 143, 145
존재론적, 145
풍부한, 30, 180
"자연주의ppp"도 참고
자연주의nati, 25
자연주의ns, 25-26, 69, 144, 150, 212
자연주의ppp, 164
자연주의sam, 8, 14, 69-70, 140, 164,
233, 166-167, 175, 212
자연주의적 유신론, 29, 195, 196, 215,
220
자연철학, 33, 35-36, 39-40, 52
자유
상대적 무의, 184
시원적, 184
신의, 36, 38, 40, 41
양립가능론적 견해의, 69, 111, 124
의지의 자유, 66
피조되지 않은, 184
자유주의 신학, 14-16, 129, 140-146,
147-161
전능, 9, 29, 36, 38-40, 94, 104-107,
109, 209, 220, 231
강압적, 219, 235
과 종말론, 231, 235
절대적, 39, 107, 233,
정신, "정신-육체 문제"를 참고; 영혼
정신-육체 문제 (관계), 56-57,
64-65, 167-172
정신감응, 67, 165
중국, 71
지속하는 사물, 178-179

종말론, 162, 231

진화, 6, 55, 148, 193, 221-225
    "다윈, 신다윈주의"도 참고

지옥, 46, 91, 92, 108, 231, 235

제1원인과 제2원인, 34, 112, 147, 150,
    152, 155

제임스, 윌리엄, 58, 163, 164, 169, 178
    신의 영향 (섭리)에 대한, 196-197
    유신론적 자연주의자로서의, 196
    의 급진적 경험론, 165-167
    의 범경험주의, 167
    지각의 방울들에 관한, 178-179

존슨, 필립 E., 12, 71

존재론적 자연주의, 146

존재론적 초자연주의, 24, 143-144

종교개혁, 41

종교다원주의, 9, 198, 212-214

종교적 경험, 68, 156-158, 165-167
    유신론적 그리고 비유신론적, 200

좋은 그리고 나쁜 소식, 93, 127

죽음 이후의 삶, 30, 49, 60-61,
    161-163, 174-175, 233-234,
    236

죽음 이후의 생존, 30, 60, 234

지각
    감각적, 166
    비감각적, 67-68, 165-167, 175
    의 감각주의적 견해, 68-69,
        156-158
    의 파악적 이해, 164-166, 176
    인과적 효과성의, 165

진정한 개체들, 168, 173

[ㅊ]

창조, 148
    상대적 무로부터의, 9, 178-186, 190
    설득을 통한, 220-226
    성서적 견해의, 9, 31, 94-98
    와 신의 능력, 43, 55, 88,
    와 악, 52, 93, 96, 106-127
    와 진화, 55, 91, 220-224
    절대적인 무로부터의, 9, 29, 37,
        102-105, 184-185, 215-216
    플라톤적 견해의, 31, 94, 100, 105
    혼돈으로부터의, 9, 29, 31, 40, 94,
        101, 106, 176, 178, 184

창조성, 182-185, 187, 230
    시원적인, 184

천국의 열쇠, 46

초과학적 사건의 발생, 88

초심리학, 132, 175, 235
    "원거리에서 미치는 영향"과 "심령
        연구"도 참고

초자연주의, 24, 25, 26, 142-144
    기계론적, 41-46
    와 무로부터의 창조, 33, 34
    와 초과학적인 것, 132
    이신론적, 59
    이원론적, 52-54
    인식적, 142-143, 145
    존재론적, 143-144
    "기적"도 참고

최초의 지향 (목적), 197, 228, 235

치하라, C., 74

[ㅋ]

카발리즘, 44
카우프만, 고든 D., 158, 160
칸트, 임마누엘, 68, 156, 158, 201
칼빈, 존 (칼빈주의), 38-39, 116-117,
    121-123
칼케돈 회의 (신조), 90, 146, 211, 219,
    227
캅, 존 B., Jr., 23, 211, 229-230,
    234-235
켈러, 케서린, 136
코르다노, Fr. 버질, 236
콘스탄티노플 회의 (신조), 219, 227
콰인, 윌러드, 74
큐핏, 도널드, 160
크세노폰, 96
클레멘트, 알렉산드리아의, 98
클레이튼, 필립, 204

[ㅌ]

타락, 17, 86-88, 115, 121
타티안, 133
탈레스, 27
터툴리안, 103
테오필루스, 안디옥의, 102, 103, 104,
    133
토마스 아퀴나스, 36, 37, 40, 112, 114,
    123, 195, 217
    의 신정론, 107, 112-113
토마스주의, 116, 150
    "토마스 아퀴나스"도 참고
토인비, 아놀드, 213
틸리히, 폴, 158, 159

[ㅍ]

파러, 오스틴, 216, 238
파리 대학, 36-37, 40-41
파악, 164-167, 176, 227
포스트모던 신학, 13, 131
풋남, 힐러리, 69, 74
프리어스, 사무엘, 157
플라톤, 7, 28-33, 41, 62, 69, 94, 98,
    180, 189-190, 223
플라톤의 형상들, 28, 30, 69, 189-190
플라톤주의, 40, 98, 102, 103
    신, 44
플란팅가, 앨빈, 12, 126, 202
플러드, 토마스, 46-48
플로렌스 공의회, 210
피콕, 아서, 204
피타고라스, 28, 68
필로, 97
필연적인 (형이상학적) 원리들, 185, 187

[ㅎ]

하나님의 통치, 131, 162, 210
하르만, 길버트, 71
하지슨, 피터, 141
하지, 찰스, 38
하트숀, 찰스, 130, 168, 169, 170, 183,
    203, 204
합중국 전투송가, 236
헤겔, G., 201
헤라클리투스, 27
헤르메스주의, 44
헤르모게네스, 100-103, 105, 113, 185
헤시오드, 27

현실적 존재 (계기), 179, 180, 196
호머, 27, 28, 34
호슬리, 리차드, 136
혼돈, 9, 29, 94, 96, 176-186
　"혼돈으로부터의 창조 교리"도 참고
홀로코스트
　나치가 일으킨, 129, 211
　아메리카의, 211
홉스, 토마스, 42
화이트헤드, 알프레드 노스, 163-165
　과학과 종교, 163-164
　과학적 자연주의, 24
　근본적인 재료 (창조성), 182-185
　무로부터의 창조, 176-178
　성육신/화육, 227-228
　신의 존재, 194-195
　신의 최초의 지향, 197
　악, 186, 189

예수, 189-190
와 근대 물리학, 163, 178, 182
와 아인슈타인, 163, 182
와 제임스의 급진적 경험론, 165-167
와 죽음 이후의 삶, 174-176
의 비이원론적 상호작용주의,
　175-176
의 새롭고 보다 풍부한 형태의
　자연주의, 165, 180
진화, 220-224
특정한 섭리, 197-198
확고한 상식, 62, 66
흄, 데이비드, 68, 125, 165
히폴리투스, 103
힉, 존, 135, 153-154, 211, 213-214,
　216-218
힌두교, 230, 236

위대한 두 진리

- 과학적 자연주의와 기독교 신앙의 새로운 종합

2010년 11월 28일 초판 1쇄 인쇄
2010년 12월 9일 초판 1쇄 발행

지은이 데이비드 그리핀
옮긴이 김희헌
펴낸이 김영호
펴낸곳 도서출판 동연
기 획 김서정 편 집 조영균
디자인 김광택 관 리 이영주
등 록 제1-1383호(1992. 6. 12)
주 소 서울시 마포구 망원동2동 472-11 2층
전 화 (02)335-2630(영업부), 335-4110(편집부)
전 송 (02)335-2640
이메일 ymedia@paran.com
홈페이지 www.y-media.co.kr

ISBN 978-89-6447-128-9 93200